Half-Earth Socialism

Troy Vettese and Drew Pendergrass

Half-Earth Socialism

지구의 절반을 넘어서

기후정치로 가는 길

트로이 베티스, 드류 펜더그라스 지음 | 정소영 옮김

전환 시리즈 **03** 환경

이콘

부모님께

생태적 제한 내에서 작동하는 사회를 건설하려면 우리의 정치적 상상력이 솟구쳐 나와야 하는데, 이 책이 하는 일이 바로 그것이다. 대담하고 도발적인 내용에 전부 동의하지 않을 수는 있지만 이 책은 꼭 필요한, 긴급한 질문을 우리에게 제기한다.

_『Democracy May Not Exist, but We'll Miss It When It's Gone』의 저자
아스트라 테일러Astra Taylor

살 만한 미래를 위해서는 인류가 역사상 알아온 유일한 고향인 지구와 근본적으로 다른 관계를 맺어야 한다는 사실을 확실하게 증명한 책.

_『Fully Automated Luxury Communism』의 저자
아론 바스타니Aaron Bastani

지금껏 읽어본 어떤 책과도 다른 책이다. 『지구의 절반을 넘어서』는 디스토피아의 시대를 뒤집어 유토피아 장르의 부활을 알린다.

_『Fossil Capital』의 저자

안드레아스 말름Andreas Malm

세계를 구하겠다는 꿈을 꿀 뿐 아니라 세계를 구할 계획도 원한다면 이 책을 읽을 것.

_『The Reality Bubble』의 저자

지야 통Ziya Tong

드디어 우리가 기다려왔던 책이 나왔다. 우리는 식민지를 건설하는 억만장자로 별에 가고 싶은 것이 아니라 그저 별을 바라보고 싶다. 이 놀라운 책은 우리에게 그런 길을 알려준다.

_『Dead Meat』의 저자

수 코Sue Coe

이 책은 불확실한 미래를 향해가는 인류에게 절망적 경고와 유토피아적 희망을 담고 있다. 기후 위기라는 절망적 상황에서 꿈꾸는 유토피아적 희망은 책 제목처럼 '지구의 절반'을 그대로 두어야 한다는 것이다. '지구의 절반'은 진화생물학자 에드워드 윌슨Edward Wilson이 제안한 '지구의 절반'에서 따왔다. 윌슨은 종 다양성이 사라진다면 인류도 생존할 수 없을 거라고 경고했다. 그래서 종 다양성을 지키기 위해 지구 절반에는 인간 발길을 제한해야 한다는 것이다. 저자는 이를 실현하기 위해 자본주의에서 벗어난 새로운 세상을 만들어야 한다고 주장한다.

신자유주의자는 사회 전체에 분산된 정보를 집중시키기가 어렵다는 점을 근거로 사회주의에 대한 인식론적 비판을 가한다. 시장을 조정하거나 규제하려는 사회적 시도들은 실패할 수밖에 없다고 말한다. 그들은 시장만이 사회적 정보를 가격 형태로 최적화시킬 수 있다고 여긴다. 상품만이 아니라 가격을 매길 수 없는 자연과 사회의 모든 가치에도 가격을 매기려 한다. 가격이라는 하나의 척도로 모든 결정을 내릴 수 있다는 맹랑함으로 신자유주의자는 이 세상을 지배하게 되었다. 모든 가치를 짓밟고 돈이 지배하는 세상이 된 것이다.

자본주의는 경제성장에 기반을 두고 있다. 성장은 에너지와 물질의 사용 증가와 불가분의 관계에 있다. 성장하는 만큼 에너지와 자원을 지구로부터 탈취해서 써야 하고 또 그만큼 온실가스와 오염된 먼지를 뿜어내고 쓰레기를 내다버려야 한다. 성장은 공짜로 이루어지는 게 아니다.

지구는 인간의 이기적이고 파괴적인 수탈을 견딜 만큼 크지 않다. 인간의 무한한 욕망이 지구의 유한함을 넘어서면, 지구는 인류 진보를 위한 착취 대상이 아니라 인류 문명을 붕괴시킬 수 있는 주체로 바뀐다. 지구는 우리가 숨 쉬는 공기, 마시는 물, 먹는 식량과 삶의 거주지를 공격한다. 지구 스스로 인류 생존의 기반을 무너뜨리게 된다.

이 위기를 막는 방법 중에서 신자유주의가 제시하는 환경정책은 배출총량거래cap-and-trade다. "이를 심해면 준설이나 수은오염, 산성비, 탄소배출 등 온갖 분야에 적용해왔다. 배출총량거래는 환경에 해를 입히는 대체 가능한 권리를 창출하고, 누가 그런 권리를 행사할지는 과학 전문가나 민주주의적 합의가 아닌 시장이 결정한다."(83쪽) 즉, 맑은 공기와 깨끗한 물조차도 '상품'이 되어버렸다.

기후 위기에서도 경제성장을 위해 배출되는 온실가스가 줄지 않고 있다. 오늘날 문명은 화석연료에 기반하고 있으므로 기후 위기를 막으려면 시장에 제한을 가해야 한다. 신자유주의는 자신이 숭배하는 시장에 제약이 가해지는 일을 묵인하느니 차라리 지구공학에 기꺼이 도박을 걸어보려 한다.

신자유주의는 기술 진보가 그 어떤 문제라도 해결할 수 있다고 약속한다. 이는 경제와 기후 어느 쪽의 희생 없이 기술을 통해 지구를 지켜낼 수 있기에 매혹적이다. 또한 지구공학은 인간에 의한 자연 지배가 가능하다는 것을 증명하는 일이기도 하다. 하지만 기후 위기에 대한 이 서사의 위력은 보잘 것 없다. 언젠가는 암 치료법을 찾을 수 있으니 담배를 계속 피워도 된다는 논리와 같기 때문이다.

지구공학으로 기후변화를 막는 방법은 크게 두 가지로 나눌 수 있다. 태양복사조절Solar Radiation Management: SRM은 햇빛을 차단하거나 반사하는 방법이다. 성층권에 에어로졸을 투입하면 햇빛을 막아 기온이 떨어질 수 있다. 하지만 이 방법은 강우 패턴과 날씨 순환을 변화시켜 부작용을 일으킬 가능성도 배제할 수 없다. 그리고 이산화탄소 제거Carbon Dioxide Removal: CDR는 지구의 기온을 높이는 근본 원인인 이산화탄소를 공기 중에서 줄이는 것이다. 이 중 대표적인 것이 바이오에너지 탄소포집저장Bioenergy with Carbon Capture Storage: BECCS이다. 작물을 재배해 공기 중 이산화탄소를 흡수하고, 그 작물을 바이오 연료로 만들어 에너지로 사용하고, 그때 나오는 이산화탄소는 땅속에 묻는 것이다. 이 방법으로 기후 위기를 막으려면 필요한 토지는 거의 호주 대륙만 한 크기에 달한다. 즉, 원시림을 파괴거나 식량 경작지를 바이오에너지 경작지로 바꾸어야 한다.

지구공학은 개별 증상에만 초점을 맞춘 단편적인 접근 방식이며 본질적으로 자연을 기계로 바라보는 전근대적인 대응 방법이다. 즉, 문제가 발생했을 경우, 기계처럼 문제가 된 부분만 수리하면 정상적인 작용을 다시 할 수 있다고 여기는 것이다. 그러나 지구 가열을 막기 위한 공학적 대응이 여러 가지 요인들로 인해서 의도하지 않은 결과를 낳을 수 있다. 즉, 지구시스템을 명확히 이해하지 못하고 있는 상황에서 지구공학을 통한 섣부른 인간의 기후 조작이 더 큰 재앙을 몰고 올 수도 있다는 것이다.

문명은 자연세계를 인간 통제 아래 두는 것에 맞춰져왔다. 그러나 그로 인한 결과는 자연을 통제하는 것을 더욱 불가능하게 만들었다. 과학기술적 해결이 문제를 낳고 문제가 다시 해결을 낳는 순환 고리로 인해 불확실성과 위험이 더욱 커진다. 성장이 빠를수록 지구 한계에 부딪히는 시간도 그만큼 빠르고 그에 따른 부작용도 그만큼 크고 위험하다.

자본주의는 모두에게 좋은 삶을 제공하거나 생태적 안정성을 유지하기보다는 기득권을 장악한 소수의 이익을 우선한다. 자본의 자기 확장은 사회와 자연에 일으키는 결과와 상관없이 스스로 목적이 된다. "지구 우주선의 조타수가 자본이라면, 우리가 환경 위기라는 거친 바다 위에 들어서게 된 내력만이 아니라 어째서 방향 전환이 불가능해 보이는지에 대한 이유도 분명해진다."(75쪽)

"무엇을 해야 하는지 다 아는데도 탄소배출은 증가하고 대량 멸종은 무자비하게 이어진다. 자본이 배의 키를 잡고 배를 맹목적으로 재난의 방향으로 몰고 가기 때문이다. 폭풍을 느낄 수도 없고 승객의 고함도 듣지 못하는 자본은 오직 뱃길을 인도하는 가격의 신호만 인식할 뿐이다. 이런 식으로 자본은 자신도 볼 수 없는 세계를 파괴한다."(76쪽)

"자본주의가 가격을 통한 무의식적인 통제로 특징지어지는 사회라면, 사회주의는 인간이 역사적 원동력으로서 인간 의식을 회복하는 사회가 되어야 한다."(76쪽) 이를 위해 저자는 신자유주의자들이 사회주의 인식론에 초점을 맞춘 비판—인간은 시장보다 자연을 훨씬 더 정확히 알 수 없다—을 모방한다. 그렇지만 자연적 기후와 안정적 생태계는 생존을 위해 대체할 수 없는 전제 조건일 뿐 아니라 우리가 완전히 인식할 수도, 통제할 수도 없을 만큼 어마어마하게 복잡하다. 그러므로 시장 메커니즘으로는 자연을 제대로 통제할 수 없다. 최적의 가격 정보에 따라 작동한다는 자유시장의 원칙은 생태적으로 불가능한 것이다.

이는 "우리가 자연을 완전히 알고 있으므로 인간을 위해 자연을 변화시킬 수 있다"는 맑스주의자에게서 흔히 볼 수 있는 자만심에 대한 반박이기도 하다. 기후변화, 감염병과 환경 위기는 자연의 인간화라는 허울을 까발린다. 결국은 위기를 일으키는 자연의 인간화를 멈추려면 우리 자신의 불완전함과 한계를 인식해야 한다. 그래야 민주적 합의를 통해 열린 세상을 향해 갈 수 있다.

우리가 만드는 이 세상은 시작부터 끝까지 자연에 의존하면서도 그 모태인 자연을 파괴하고 고갈시킨다. 대기, 바다, 삼림, 경작지, 담수, 자원과 에너지에는 모두 한계가 있다. 지구 환경은 경제 성장을 위하여 자원과 에너지를 공급해주는 '부차적인' 위치가 아니라 그 위험을 넘어서면 안 되는 '최우선적인' 위치에 놓여야 한다. '지구의 한계'가 인간이 만드는 '세상의 한계'를 결정하기 때문이다.

기후 위기는 '필요의 결핍'이 아니라 '욕망의 과잉'으로 일어난다. 넘치도록 생산하는 이 세상에 결핍된 것이 있다면, 우리 공동체가 서로 돌보고 아끼고 나누는 일을 하지 않고 있다는 것을 의미할 뿐이다. 자연과 인간 세상이 지속할 수 있도록 자연 한계 내에서 인간 세상을 재구성해야 한다. "인간 문명은 지구의 절반만 점유하자. 나머지는 다른 동식물의 몫으로 돌리자." 이것은 무슨 대단한 양보가 아니다. 이 정도 조치는 취해야 인간 문명 자체가 붕괴하지 않는다.

유토피아란 미래 가능성을 자유롭게 풀어놓은 것이지만, 지구공학은 꼭 필요한 광범위한 전환에 맞서 현 상태를 지킬 목적으로 상상된 허구적 미래다. 경제 위기, 감염병 위기, 기후 위기가 겹친 이런 시대야말로 유토피아 세상으로의 전환을 절실히 상상하게 만든다. "유토피아가 별난 것은 사실이다. 하지만 바로 그 별남이 유토피아를 향해 갈 힘이 된다."(252쪽)

자연의 한계 안에서 만들어야 하는 인간 세상은 어쩔 수 없이 선택해야 하는 길이 아니라, 더 좋은 삶을 살고자 하는 인간 본성에 더없이 충실한 길이다. 나의 소비 기쁨보다는 우리의 관계 기쁨이 충만한 공동체를 만들어야 한다. 물질에 기반한 낭비적 소비에 탐닉하는 것이 아니라, 삶의 가치를 회복하고 서로 간에 공유와 협력을 증진하는 비물질적인 활동으로 행복을 키워야 한다. "예술, 사랑, 놀이 등 한마디로 인간을 행복하게 하는 모든 것"(93쪽)은 한없이 키울 수 있다. 새 세상은 이런 유토피아를 만들자는 것이다.

이제 희망은 돈이 지배하는 지금 체계를 긍정하지 않고, 부수고 나가는 데서 열리게 될 것이다. 『지구의 절반을 넘어서』는 지금과는 다른 좋은 세상에 대한 놀라운 통찰력을 열어준다.

목차

세계지도에 유토피아가 들어 있지 않다면 거기엔 눈길을 줄 필요도 없다. 인간성이 정착하는 나라는 유토피아 밖에 없기 때문이다. 그곳에 내려 주위를 둘러본 뒤, 더 나은 나라를 보았으므로 다시 출항한다. 진보란 유토피아의 구현이다.

_오스카 와일드Oscar Wilde

우리는 새로 찾아낸, 엄밀한 의미의 유토피아 공간, 즉 욕망의 교육이라는 공간으로 들어간다. 이는 주어진 목적을 향한 '도덕교육'과는 다르다. 그보다는 열망에게 길을 열어주는 교육, '욕망하도록, 더 나은 방식으로 욕망하도록, 더욱 욕망하도록, 무엇보다 다른 방식으로 욕망하도록 욕망을 가르치는' 일이다.

_미구엘 아벤수르Miguel Abensour를 인용하여 E. P. 톰슨E. P. Thompson

오늘날 사람들이 유토피아를, 미래 자기 운명의 강력한 제시를
간절히 바라는 것이 그렇게 이해 못 할 일인가?
_오토 노이라트

뒤를 돌아보며: 2047

오랫동안 가난한 나라의 도시와 촌락을 마구 할퀴고 지나간 기
후변화는 2029년 가을이 되자 전 지구적 자본주의의 심장부까지
무릎 꿇릴 수 있음을 증명했다. 북서 대서양 해수가 계절에 맞지 않
게 따뜻해진 탓에 팽창해서 전례 없이 포악해진 허리케인이 워싱

턴 DC부터 보스턴에 이르는 해안가에 파괴의 원호를 그리며 나아 갔다.[1] 강력한 태풍으로 물이 불어나 해안가 마을이 잠기고 강풍에 전력이 끊겨 3000만 명이 몇 주 동안 암흑 속에서 지내야 했다. 긴급복구반원이 잔해를 파헤치는 사이, 이젠 가장 광적인 공화당원도 더이상 기후변화의 영향을 부인할 수 없는 상황에 이르렀다. 촛불 아래에서 이루어진 의회 회기에서 내린 결정은, 에너지시스템에서 화석연료를 아예 없애는 것이 아니라, 그런 재난이 다시는 미국 땅에서 일어나지 않도록 SRM이라는 아직 검증되지 않은 급진적 기술을 활용하자는 것이었다.

정부는 아이비리그 실험실에서 자라난 신생업체와 계약하여 황산염을 함유한 연무를 대기 중에 뿌리게 했다. 고공비행 전투기에 대기를 바꿀 황산염을 탑재하여 성층권에 쏟아부을 수 있는 새 기능을 장착했다. 그 결과 반사 연무의 '성층권 방패stratoshield'(성층권stratosphere과 방패shield의 합성어—편집자)가 생겨나서, 면밀하게 계산된 수치만큼 태양빛을 가려 몇 년 새에 지구의 온도를 산업화 이전 수준으로 낮췄다. 명망가들은 SRM이 적도 지방 나라에 대규모 흉작을 초래하고 대기에 추가된 황산염이 매년 수천 명을 죽음으로 몰지만, 전체적으로 보아 분명 이득이 손실을 넘어선다고 인정했다.[2] 낙관론자들은 SRM을 극단적이고 위험한 조치라기보다 미국의 정치력과 기술, 사업적 담대함으로 묘사했다.

하지만 곧 SRM으로 인한 손실은 묵과할 수 없는 지경에 이르렀다. 치명적인 국면이 새로 나타났는데, 지구의 모든 생명체가 의존하는 보호막인 오존층을 황산염 연무가 꾸준히 침식하는 것이었다. 지구공학자들은 오존층에 영향을 주지 않는 연무를 곧 찾아낼 거라고 장담했다. 그들은 다이아몬드로 실험을 하고 나노입자를 제작했고, 한동안은 탄산칼슘의 알칼리성이 오존층의 산성화를 역전시킬 수 있을 것 같다며 흥분을 감추지 못했다.[3] 불행히도 대기의 화학 성질이 워낙 복잡한 탓에, 탄산칼슘이 예상치 못한 반응을 일으켜 실제로는 오존층 구멍이 이전보다 더 커졌다.[4] SRM을 시작한 지 십 년이 흐른 2040년대까지도 여전히 이렇다 할 장기적 해결책은 보이지 않았다. 그때쯤엔 SRM을 그냥 중단할 수도 없었는데, 어마어마하게 누적된 온실가스가 임계 수준으로 대기를 한순간에 달궈버릴 수 있기 때문이다.

오존층에 대한 위협이 여전히 사라지지 않는 상태에서 SRM이 지구의 다양한 기후시스템에 초래할 혼란은 분명 눈앞에 닥친 위험이었다. 가장 걱정스러운 것은 몬순monsoon의 약화로, 인도의 수천만 농부들의 생계를 위협했다. 미국 SRM 함대를 격추하겠다고 위협하는 인도를 미국 정부는 외교와 넉넉한 보상으로 잘 구슬려 만류했지만, SRM으로 인한 재앙이 러시아나 중국에서 일어났을 때 과연 상대 정부와 협상하여 유사한 합의에 이를 수 있을지는 미지수였다. 하지만 미국 정부는 이미 2029년에 다른 나라의 반대를 난폭하게 억누르고 SRM을 시행했기에 핵을 보유하지 않은 나라들이 성층권 방패를 어떻게 생각하건 거의 관심이 없었다. SRM 연구에서 미국 일방주의의 역사는 아프리카와 저지대 섬나라들이

연합하여 SRM을 유엔환경계획이나 몬트리올협약Montreal Protocol(오
존층을 보호하는 협약) 같은 국제기관의 지휘를 받게 하려고 거듭 노
력했던 2010년대 후반까지 거슬러 올라간다. 미국은 SRM이 규제
를 피할 수 있도록 그 발의에 거부권을 행사했다. 지구공학은 언제
나 행성의 계급전쟁이라는 형식을 띠어왔던 것이다.[5]

　　기후 제국주의라는 비난을 피하고자 지구공학자들은 SRM이
사실은 가난한 나라의 이해관계에 부합한다고 주장했다.[6] 월스트리
트가 자신의 보유 증권을 친환경으로 위장하기 위해 여기저기 판매
하는 진기한 금융투자인 '대재해 채권catastrophe bond'(손해 보험 회사가
대규모 자연재해의 보상으로 생길 수 있는 손실을 피하기 위해 발행하는
채권—편집자)에서 SRM이 가난한 나라의 위험 프리미엄을 낮춘다
는 주장이었다. 지구공학자들은 시장이 그런 식으로 북쪽 선진국과
남쪽 저개발국 사이의 간극을 건널 수 있다고 믿었다. SRM을 전개
하고 얼마 되지 않은 2029년에 전례 없는 가뭄이 서아프리카를 강
타했을 때 시장의 그런 해결 능력을 시험할 기회가 생겼다. 하지만
그 위기는 대개 계약에 제시된 모든 조건을 충족하지 않았기에 자
금난에 빠진 정부들이 그에 대응하느라 고전해야 했다.[7] 채권 소유
자가 돈을 지불했더라도 자금이 너무 늦게 조달되어 구호활동에 도
움이 되지 못했고, SRM의 새 체제 아래에서 악화된 생태계를 돈으
로 되살 수도 없었다.[8] 그쪽이 겪는 피해는, 대부분 흐린 날씨를 빼
면 일상적인 삶이 그럭저럭 정상적으로 이어지는 핵심 자본주의 국
가 내의 SRM 영향과 극명하게 대비되었다. 그때조차 1세기 전에

전기의 도입으로 별이 빛나는 밤이 아예 사라졌듯이 푸른 하늘도 근대의 불가피한 희생자로 여기는 사람이 많았다.

SRM과 함께 환경운동은 종말 단계에 들어섰다. 화학물질로 태양광 패널의 에너지원이 일부 차단되자, 겁에 질린 투자자들이 자금을 회수하면서 2030년대 초반 재생에너지 관련 사회기반시설에 몰렸던 펀드가 폭락했고, 역청탄tar sand이나 수압파쇄법fracking, 심해석유장비deep-sea rig 따위의 환경파괴적이고 '비통상적'인 고비용 석유 부문이 뜻밖의 호황을 누렸다. 사실 전체 석유 생산량은 삭감은커녕 점점 증가하여, 2040년에 이르면 2020년대 초반보다 16%가량 더 증가해 하루 1억 1600만 배럴에 이르렀다.[9] 성층권 방패를 장착하고 나니 화석연료 산업을 폐기해야 할 긴급한 필요성이 느슨해졌다. SRM으로 기후 안정성과 경제적 안정을 얼마간 되찾았지만(부유한 북쪽 선진국만이지만), 새로운 전 지구적 온도조절장치가 생태계의 악화를 되돌릴 수 없음이 분명해졌다. 서식지 상실과 멸종의 섬뜩한 북소리는 전혀 잦아들지 않고 이어졌다. 짧아진 계절과 이례적 날씨의 충격으로 생활주기가 뒤죽박죽되어 무수히 많은 생물종이 사라지면서 생태학자들은 절망했다. 탄소오염이 줄어들지 않아 대양 내 화학 성분의 균형이 심각한 수준까지 깨져 거대한 산성폐수 속에서 살아남은 것은 아주 강인한 생물뿐이었다. 황산염 연무가 만들어낸 산성비에서 나온 유독 물질로 숲과 호수가 오염되어 1980년대 환경 행동주의의 위대한 승리는 물거품이 되었다.

요컨대 이러한 사건들은 환경운동의 입장에서 기이한 실패를 의미했다. 수십 년 동안 승리에 승리를 거듭했기에 기이했다. 2010년대에 수백만 명이 거리로 나와 기후정의를 요구했고, 2020년대에 들어 세계 곳곳에서 환경을 중시하는 당이 지방정부와 중앙정부에서 세력을 얻었다. 그렇게 마침내 '그린자본주의green capitalism'라는 그들의 꿈이 실현되는 듯했다. 예를 들어, 2020년에 전 지구적 탄소배출의 5분의 1 정도에만 해당되었던 탄소가격제가 2030년에 이르면 절반까지 증가했다.[10] 그러나 유감스럽게도 평균가격은 1톤당 15달러에서 겨우 40달러로 올랐을 뿐이었다(쉽게 말하자면 실제 차를 주유할 때 가격은 1갤런당 0.36달러 오른 것이다). 이는 1톤당 135달러에서 6050달러에 이르는, 기후변화에 관한 정부 간 협의체 Intergovernmental Panel on Climate Change: IPCC가 세웠던 엄격한 목표에는 한참 못 미치는 수준이었다. (즉, 휘발유 1갤런당 53.24달러가 오른 가격을 상한선으로 삼았다.)[11] 녹색정치는 새로운 전 지구적 기준의 도입에도 성공적이어서 2017년에서 2040년 사이에 에너지 효율은 두 배로 증가했다. 하지만 전체 에너지 수요가 훨씬 더 빠르게 상승했기에 그런 식의 개선은 별 의미가 없었다.[12] 한정된 행성 위에서 상대적 이득은 거의 의미가 없다. '녹색' 차량(전기나 연료전지나 하이브리드)의 주창자들도 마찬가지로 모순된 경향에 직면했다. 2040년에 '녹색' 차량이 전 세계 차량의 5분의 1과 신규 판매의 30%—정말 대단한 성취다—를 차지한 것은 사실이었지만, 사람들이 예전보다 훨씬 더 많은 차를 구입하고 더 자주 차를 몰고 다니면서 개인

이동수단이 들이키는 석유의 총량에는 큰 차이가 없었다.[13] 녹색 정부들이 도시 밀집도의 증가와 대중교통 이용의 활성화를 통해 차량의 수요를 줄이지 못한 것이 주요한 원인이었다. 가장 급속히 증가하는 발전 양식임에도 불구하고 풍력과 태양력이 2040년에 전체 에너지에서 차지하는 비중이 4%에 불과했던 반면, 화석연료는 감소 추세이면서도 여전히 압도적인 비중인 76%를 유지했다.[14] 녹색 정치가 환경 위기의 속도 완화를 한갓 미뤄진 패배가 아닌 승리로 착각한 것이 문제였다.

환경론자들이 수십 년 동안 기업과 자연 양자가 '윈윈'할 해결책을 내기 위해 분투한 끝에, 이득이 되지 않는 결정을 내리는 일에 진정한 자유가 존재한다는 사실이 명확해졌다. '자유'시장은 화석연료 기업의 문을 닫거나, 에너지 한도를 정하거나, 대규모 재생에너지 기반시설을 짓는 일을 막았다. 재생에너지가 초래할 '죽음의 소용돌이'가 두려운 민간사업 분야는 대규모 재생에너지 기반시설에 극렬하게 저항했다. 즉, 태양광 패널을 각자 설치하는 사람이 너무 많아지면 기업들은 고객을 잃게 되어 가격을 올릴 수밖에 없고, 그러면 시장점유율이 더욱 떨어지게 될까 우려한 것이다. 더군다나 이 새로운 소비자–생산자들이 바람이 세거나 태양빛이 좋은 날 남는 에너지를 파는 바람에 배전망이 불안정해졌다. 수도전기 부문 기업들은 '발전 차액지원제도Feed-In-Tariff: FIT'나 재생에너지 생산 허가를 막는 로비를 열심히 하는 식으로 대응했다.[15] 정부가 그런 저항을 이겨내더라도, 바람과 태양의 변동성과 불충분한 에너지가 맞물리면 어쩔 수 없이 에너지 공급에 지장이 생겼다.[16] 남쪽 저개발국에서는 오래 전부터 절전 시기가 보편화되었지만 북쪽 선진국에서 그런 불편을 강제하는 일은 정치적 자살행위였다.[17] '그린자본주의'의 전제는 환경론자들이 대중의 지지를 얻기 위해 기업과 소비자에게 적당한 요구만을 한다는 것이었다. 하지만 가장 심각한 세계 문제가 그런 적당한 수단으로 어떻게 해결될 수 있겠는가?

그런 정치적 함구는 육류 문제로까지 이어졌고, 아마 가장 처참한 결과를 가져왔을 것이다. 환경론에서는 대중의 지지를 잃을까 두려워 오랫동안 그 문제를 거론하기를 꺼렸는데, 결국 심각한 오산임이 드러났다. 탄소오염과 SRM 신 계획으로 해양이 산성화되어 많은 생물종이 멸종 위기까지 몰렸지만, 전 지구적 생물다양성을 가장 심하게 해치는 것은 축산업이었다.[18] 축산업이 전 세계 GDP에서 차지하는 비중은 몇 퍼센트에 불과했지만 수십억 마리의 바글거리는 생물을 가둬놓는 데 수많은 야생 생태계를 파괴했다. 육류 생산은 2047년까지 30년 동안 두 배로 증가하여 지역 환경과 전 지구적 기후가 처참한 대가를 치러야 했다.[19] 기업 과학자와 윤리적 공장이 '깨끗한 고기'(실험실에서 기르거나 식물성인)를 공급해서 이러한 미래를 피하리라 예상했지만, 그 새로운 시장의 의미심장한 성장에도 불구하고 전기차나 재생에너지 분야와 마찬가지로 그 자체로는 문제를 해결하지 못했다. 시장은 소비자를 꾀어 독과 해독제를 둘 다 팔면서, 둘 사이의 적절한 비율은 안중에도 없었다.

이 암울한 몇십 년 사이 축산업 분야는 화석연료 산업에 비견할 만큼 행성 전체에 영향력을 행사하며 세계 체제에 거듭 충격을 안겼다. 백만 마리 규모의 기업은 인수공통전염병(사람과 다른 척추동물의 쌍방 간에 자연스럽게 감염되는 전염성 질병의 총칭―편집자)의 온실이라, (위험한 STEC O104:H4 유형을 포함하여) 대장균과 Q열, 물과 공기와 음식의 살모넬라 오염 등 소규모 문제들이 거의 늘 발생했다.[20] 하지만 사람 간 전파가 처음 발생한 지 약 30년이 지난 2035년에 인류 문명을 갈기갈기 찢었던 조류 인플루엔자 팬데믹에 비하면 이런 위기는 아무것도 아니었다. 바이러스 감염자의 치사율이 60%였으니, 전 세계 사망자를 2억 명 수준으로 막은 것은 너무 많은 희생을 치른 무의미한 승리로 보였다.[21] 그 끔찍한 해가 지나간 뒤, 의도적인 멸종을 통해 야생동물 개체군 내 질병 저수지의 물을 고갈시켜야 한다는 요구가 있었다.[22] 공공의료 전문가들이 21세기 초부터 내내 주장했던 대책, 즉 육식을 자제하고 방역선으로 기능할 자연보호구역을 확대하는 방법보다 그것이 더 편리한 대책으로 여겨졌다.[23]

이 기간에는 환경 재난과 경제적 재난을 분리하기 힘들었다. 공장식 축산이 거침없이 증가하면서 만 년 전부터 존재했던 소작농 가운데 그나마 남아 있던 수마저 모두 말살했다. 삶의 기반에서 쫓겨난 이들을 흡수할 산업이 달리 없었으므로 빈민가 거주 인구는 2020년대 초반에서 2047년 사이에 두 배로 늘어 30억 명에 이르렀다.[24] 불평등과 자동화, 그리고 낮은 경제성장률은 곧 2040년 즈음 세계 인구의 약 24%가 본인 의사와 상관없이 할 일이 없음을 뜻했다. 2010년대 중반과 비교하면 네 배 증가한 숫자다.[25] 2050년에 이르면 상위 1%가 전 세계 부의 39%를 다 쓸어가서, 수십억 밑바닥 인구들의 하찮은 몫은 말할 것도 없고 전 세계 중산층(인류의 5분의 2에 이르는 중산층)이 차지하는 비율도 27%로 쪼그라들었다.[26] 상위 1%의 탄소배출이 하위 50%의 두 배에 이르렀으므로 불평등은 환경 차원의 결과도 초래했다.[27] 2030년대 중반에는 처음으로 1조 재산의 갑부가 등장했다. 중국인 첨단기술 거물이 미국인 경쟁자를 제치고 현대 부호가 되었다. 과학자 겸 사업가들은 성층권 방패가 시행된 뒤 곧 자신들의 스타트업기업을 신규 상장한 후 주식을 팔았으니, 지구공학은 그들에게 작지만 꽤 두둑한 돈을 안겨주었다. SRM을 '켐트레일chemtrail'(화학작용을 뜻하는 케미스트리chemistry와 비행운을 뜻하는 콘트레일contrail의 합성어로, 정부나 비밀 조직이 다양한 불법적인 목적으로 비행운으로 위장하여 대기 중에 살포하는 화학물질—편집자) 프로젝트로 여긴 음모론자들이 지구공학 기술자들을 가만두지 않겠다고 공언했고, 몇 명이 암살당하기까지 했다.[28]

자연계가 많은 부분 공장식 축산시설이나 교외나 쓰레기장으로 변했지만, 생물권에 대한 시장의 통제는 전혀 완전하다고 할 수 없었다. 장악력과 의도치 않은 혼란 사이의 간극은 SRM에서 가장 잘 드러났다. 연구와 시행으로 수많은 세월을 보냈지만, 지구공학자들은 여전히 생물과 대양의 느린 순환, 그리고 격변하는 방대한 기후를 포괄하는 고도로 복잡한 지구시스템을 완전히 파악하지 못했다. 이런 난제에 부딪힌 그들의 태도는 자신들이 알지 못하는, 사실은 알 수 없는 존재를 마주한 겸손함이 아닌 안일함이었다. 2029년까지 수십 년 동안 지구공학자들은 기준 자료를 수집하거나 상세한 모형을 세우려 하지도 않았다.[29] 이렇게 그들의 행동은 일부 과학철학자가 의심해왔던 것, 즉 지구시스템이 워낙 복잡해서 소규모 SRM 실험만으로 실제 실행 후의 상황을 절대 파악할 수 없다는 사실과는 어긋나는 것이었다.[30] 현재 탈실험의 시대에는 행동이 지식을 대체했다.

2030년대에 기후변화가 지배질서에 가했던 물질적·정치적 위협은 정점에 이르렀다 수그러들었다. 과학자 겸 사업가와 돈을 아끼지 않는 그들의 후원자들이 SRM을 통해 기후 위기를 극복했다는 사실이 시장에 대한 믿음을 옹호하는 듯했다. 화석연료 기업과 보수적 싱크탱크와 경제 부서는 어차피 아주 초기부터 지구공학을 지지한 자들이었다.[31] 20세기 중반에 환경 재해와 불평등이라는 위기를 초래했던 보수연합은 한 세기가 지난 이후에도 여전히 막강한 힘을 유지했다. 환경론자들은 아주 잠깐 권력의 맛을 보긴 했지만 이룬 것이 거의 없었는데, 기후변화와 팬데믹, 대량멸종 같은 환경 위기의 여러 측면이 서로 어떻게 얽혀 있는지 명확히 해명할 수 없었기 때문이다. 또한 위기 이후의 사회가 실제 어떤 모습일지에 대해서도 분명히 제시하지 못했다. 지배계층이 똑똑하고 무자비한 것은 어제오늘 일이 아니지만, 그들과 맞선 상대가 이토록 불운한 존재였으니 그것만으로도 그들에겐 행운이었다.

몽페를랭에서 내려다본 광경

어떻게 하면 이 디스토피아적 미래를 피할 수 있을까? 환경 붕괴와 봉건제 수준의 불평등은 불가피한 것이 아니다. 지금 생물권의 상황이 대단히 심각한 건 사실이지만, 우리에게는 악화일로의 흐름을 되돌리고 동시에 좀더 공정한 사회를 만들 시간이 있다. 이 책의 목적은 현재 생태적 곤경의 물질적 조건을 개략하고, 경제와 환경 간의 관계를 사고하는 새로운 방법을 제시함으로써 곤경을 넘어설 수 있을 방법을 보여주는 것이다. 우리의 제안이 때로 괴상하게 들리겠지만—어쨌든 이 책은 유토피아 사상의 전통에 속하니까—, 그 의도는 좌파와 환경운동이 단지 다음 한 세기를 버티는 것이 아니라 더 광범위하고 안정된 생물권 내의 더 나은 사회를 창조하는 도전적 과제를 진지하게 생각하도록 하기 위함이다.

앞 절에서처럼 2047년에 이르는 시간을 실험적으로 사고해보면 주류 환경론의 부적절함이 드러난다. 공정을 기하기 위해 탄소시장과 재생에너지와 전기차의 활용이 빠르게 증가한다고 가정했지만, 그렇더라도 금세기 중반의 전 지구적 생태 말살을 막지 못하리라는 점을 보여주고자 했다. 깨끗한 고기나 재생에너지 시장의 급속한 증가로는 충분치 않다. 환경에 해를 입히는 상대 경쟁자 역시 합세해야 하는데, 환경정책이 가격신호(다른 기업이 따라줄 것을 기대하면서 가격인상을 발표하는 일—편집자)에 따라 움직인다면 그런 일은 일어날 것 같지 않다. 우리 연구에 따르면 사실 중요한 것은 금전적 가치나 성장률만이 아니라 전 지구적 경제 신진대사의 물리적 구성이기도 하다. 즉, '얼마만큼의 숲을 목초지로 전환하고 있는가? 얼마만큼의 에너지를 사용하고 있고, 그 물리적 속성은 무엇이며, 어떤 식으로 생산되고 있는가? 강철이나 콘크리트 같은 꼭 필요하지만 환경비용이 높은 자원을 어떻게 할당해야 하는가?' 같은 문제들 말이다.

그렇다면 환경 위기를 고심할 수 없는 것이 분명한 제도인 시장에 정치를 위탁한 이유가 뭘까? 이런 질문을 던지자 불가피하게 시장의 제사장인 신자유주의자와 마주하게 되었다. 2047년에 그들은 그 운동이 탄생한 지 1세기가 되는 날을 기념할 뿐 아니라 그 다음 세기에도 지적·정치적·경제적 주도권을 휘두르고 있을 공산이 크다.

'신자유주의자'라는 호칭은 종종 핀을 뽑지도 않은 채 던지는 수류탄과 같다. 그것을 던지는 입장에서도 폭발력 있는 그 용어를 제대로 이해하는 경우가 드물기 때문이다. 이 혼탁하고도 논쟁적인 이념을 파악하려면 그것이 자기의식적 운동으로 탄생했던 순간으로 되돌아가는 일이 도움이 된다. 1947년 4월 10일, 39명의 유럽과 미국 지식인들이 몽페를랭 산꼭대기에 자리한 호사스러운 스위스 숙소인 호텔 뒤파크에 모였다.[32] 아직도 건재하는 몽페를랭 협회의 첫번째 모임에 참석한 이들은 세계 어디서나 시장이 쇠퇴하는 시대에 자유주의를 재발명하고자 했다. 대공황과 2차세계대전, 그리고 전후 복지국가 등으로 자유방임주의에 대한 고전적 자유주의의 믿음이 이제 한물간 존재임이 분명해졌다. 18세기 전통에서 벗어난 신자유주의자들은 시장이란 전혀 자연적이지 않아서 강력한 국가의 육성과 보호가 필요하다는 사실을 깨달았다. 시장을 잘 관리해야 하는 까닭은, 그것이 사회 전반에 퍼진 지식을 가격이라는 측정 기준으로 응집할 수 있기 때문이다. 이 회의의 기획자인 프리드리히 하이에크Friedrich Hayek는 가격체계가 단지 상품교환만이 아니라 '정보 소통을 위한' 기제라고 보았다.[33] 시장 덕에 사람들은 가격이 변동하는 이유를 제대로 모르더라도 합리적으로 행동할 수 있는데, 그 뜻은 사회의 '최적의 무지'가 놀랄 만한 수준이라는 것을 의미했다.[34]

시장만능주의에 대한 신자유주의의 믿음에 동조하지 않지만, 단순하고 강력한 공리를 향한 헌신은 경탄할 만하다. 그들 주장대로 지식 생산에서 과학이나 중앙 계획 따위의 다른 제도보다 시장이 낫다면, 모든 사회와 자연이 신자유주의 국가가 세운 가격체계의 논리에 맞춰져야 한다는 결론이 나온다. 이런 철학적 비약을 통해 신자유주의는 세계의 불행을 진단하고 처방전을 적어 내놓고,[35] 사람들로 하여금 **행동**할 수 있게 한다. 우리는 정치적 가속도를 되찾으려면 환경론자와 사회주의자에게도 흡사한 비약이 요구된다고 믿는다. 34년 전에 스튜어트 홀Stuart Hall은 "그 방안에 일관성을 부여하는 이념적 틀도 없이 좋은 방안이 하늘에서 뚝 떨어지는 법은 없다"는 사실을 신자유주의가 증명했으므로 "대처주의에서 배우자"고 제안했다.[36] 많은 점에서 우리 정치철학은 신자유주의의 거울

상으로 주조된다. 우리도 그와 유사하게 사회 속 지식의 문제와 시장의 역할에 중점을 두기 때문이다. 이런 지적 교환을 통해 우리는 '지구절반 사회주의Half-Earth socialism'의 기초가 될 몇 가지 원칙을 고안했다.

'지구절반Half-Earth'이라는 개념을 제시한 사람은, 생물다양성의 출혈을 멎게 하려면 지구의 절반을 다시 야생 상태로 되돌려야 한다는 사실을 조사 연구를 통해 보여준 곤충학자 에드워드 윌슨이다. 지구온난화와 밀렵과 외래유입종이 동식물계를 심각하게 훼손하기는 하지만 멸종을 초래하는 가장 큰 요인은 여전히 서식지 파괴라고 윌슨은 강조한다.[47] 그렇다면 4분의 1이나 5분의 3도 아니고 왜 '지구의 절반'인가? 연구 초기에 윌슨과 그의 동료 로버트 매카서Robert MacArthur는 택지 구역과 생물다양성 간의 간단한 수학적 관계를 발견했다. 섬의 생물지리학 연구에서 그들은 생물종의 수가 대략 대지면적의 네 제곱근과 비례한다는 사실을 알았다.[38] 모든 조건이 동일할 때 큰 섬보다 작은 섬에 생물종의 수가 더 적다는 뜻이다. 몇십 년이 흐른 후 윌슨은 자연보호구역이 육지의 섬에 해당한다는 사실을 깨달았다. 현재 전 세계 대지면적의 15%(그리고 대양의 경우 보잘것없는 2%)가 보호되고 있으므로, 여섯번째 대멸종The Sixth Extinction에서 살아남을 생물종은 절반 정도뿐이다.[39] 생물종의 84%를 보호할 전 지구적 방주를 만들기 위해서는 지구의 50%가 보존될 필요가 있다($0.50^{0.25} = 0.84$).[40] 비용은 많이 들지만 그러한 생태적 관리를 통해 되살아난 생태계에서 대기 중 탄소가 격리되거나 새로

33

운 인수공통전염병의 출현을 막는 완충지대가 생겨나는 식으로 많은 이득이 생겨날 것이다.[41] 그런데 윌슨은 지구절반이 존재하려면 그것이 반드시 '사회주의'적이어야 한다는 점을 놓쳤다. 그렇게 어마어마한 개혁은 당장 채굴업체부터 농장주까지 갖가지 견고한 경제적 이익과 충돌할 텐데, 그들 대다수는 최종 결산액을 지키는 일이라면 손에 피를 묻히는 일도 서슴지 않을 것이다.[42]

지구절반 사회주의가 어떠한 것일지 개략적으로 그려보면서, 설사 현재 정치적으로 가능한 방편이 되기 힘들지라도 어쨌든 우리는 필요하고 실현 가능한 것을 세심하게 설명하고자 했다. 하이에크가 만약 1947년의 정치 현실에 한정해서 정치적 목표를 세웠다면 우리는 지금 신자유주의 사회에 살고 있지 않을 것이다. 그래도 우리의 유토피아적 상상은 에너지 생산, 토지이용과 계획, '지구위험 한계선Planetary boundary'에 대한 과학 문헌에 등장하는 꽤 보수적인 한도에 제약을 받을 수밖에 없다. 넓은 정치 스펙트럼에 걸쳐 사랑받는, 원자력nuclear power이나 지구공학, 그린 성장, 탄소포집저장Carbon Capture and Storage: CCS 따위 만병통치약의 정체를 폭로하는 일에 이 책의 많은 부분을 할애했다. 알프스 꼭대기에서 모이는 다보스의 박애주의적 제왕들(어째서 스위스 호텔이 과대망상에 빠진 인물들의 마음을 그렇게 끄는지 알다가도 모를 일이다)에게 비주류 브루클린 사회주의자들이 제안하는 해결책을 향해서도 역시 회의주의적 시선을 던진다. 이 책은 신자유주의를 비판하면서 동시에 정치적 좌파와 중도의 망상 역시 전면적으로 다룬다.

하지만 이 책의 주목적은 현재를 비판하는 것이 아니라 그에 맞설 미래의 긍정적 전망을 제시하는 것이다. 우리는 현재의 위기를 점검하고, 생태사회주의eco-socialism적 대안이 실제로 어떻게 작동할 수 있을지 상술하려 한다. 우리의 틀은 생태학과 에너지 연구, 전염병학, 인공두뇌학, 역사, 수학, 기후모형제작, 유토피아 사회주의, 그리고 물론 신자유주의까지 모두 활용한다. 오늘날 세계를 병들게 하는 모든 것에 적용되는 단 하나의 해결책을 구상했다는 말이 아니다. 이 책은 자본주의 이후의 삶에 대해 더 광범위하고 더 진지한 논의를 촉구하는 출발점일 뿐이다. 생태 붕괴의 시대에 우리는 정치와 관련된 어려운 질문을 던지고자 한다. 사회주의란 무엇인가? 사회민주주의는 어떻게 작동하는가? 진정 환경적으로 안정적인 사회는 어떤 사회일까? 생태–사회주의 연합은 어떻게 권력을 잡을 수 있을까? 한 지역의, 한 나라의, 전 지구적 차원의 행정부는 어떻게 상호작용해야 할까? 지구절반 사회주의에는 유토피아와 현실성 사이의 긴장이 있기에 우리는 당면한 임무의 규모에 어울리면서 동시에 우리 생애에 사회주의를 위한 기반을 마련할 수 있을 만큼 현실적인 틀을 만들어낼 수 있었다.

1989년에서 2047년까지

신자유주의의 주도권이 이렇게 오래 지속되어온 까닭은 위기가 닥칠 때마다 반대 세력이 거듭 자신의 기회를 날려버렸기 때문이다. 2008년 대침체로 혼란에 빠진 앨런 그린스펀Alan Greenspan(전 연방준비제도 이사회 의장이자 몽페를랭 협회의 정식회원인)은 직접적인 규제에 의존하기보다 시장이 재정 주체를 인도할 수 있다고 믿었던 자신의 '실수'를 인정했다.[43] 처참한 사스와 코로나바이러스 팬데믹으로 신자유주의 질서는 훨씬 더 심하게 동요했지만, 환경론이든 사회주의든 그로부터 의미심장한 이득을 얻어내지 못했다.

그와 달리 신자유주의는 지적으로나 조직적으로나 틈만 나면 복지국가를 공격할 태세를 갖추고 있었다. 1970년대의 경제 불안을 이용하여 칠레에서 유혈 쿠데타를 부추겼고, 이어서 영국(1973년)과 미국(1980년) 선거에서 승리를 일구었다. 수십 년에 걸친 이념 전쟁을 기꺼이 수행할 마음이 있었던 데다 돌연한 무자비함까지 갖추었기에 이길 수 있었다. 신자유주의는 패배할 수도 있지만, 그것은 오직 사회주의와 환경론이 공동의 정치적 목표 아래 다양한 연합을 이룰 때만 가능하다. 그런 일이 생기기 전까지, 신자유주의가 맞설 유일한 진짜 경쟁자는 '인종차별주의적 자유 옹호자'―브렉시트의 설계자, 극보수주의, '독일을 위한 대안' 같은―뿐일 텐데, 이는 진정한 이념의 충돌이라기보다는 근본적으로 하이에크주의 내부의 분란이라 하겠다.[44] 만약 좌파와 환경운동이 1980년대 패배 이후에 몽페를랭의 규모를 이론적·조직적으로 수정했다면 현재 상황이 이렇게 암울하지는 않았을지 모른다.

동구권의 몰락 이후 몇십 년 동안 좌파는 정치적 재탄생의 시간뿐 아니라 붕괴의 충격을 덜어줄 핵심적인 생태적 완충장치마저 상실했다. 2022년 현재의 시점에서 되돌아보면 1980년대 말과 1990년대 초 자연계는 거의 에덴동산처럼 보인다. 1988년에 대기 중 탄소오염 수치는 겨우 350ppm이었다. 미국의 환경운동가 빌 맥키번Bill McKibben이 350.org 운동(대기 중 탄소오염 수치를 350ppm 미만으로 유지하자는 취지에서 시작된 환경운동—편집자)을 시작하며 목표로 삼은, 그림의 떡에 불과한 목표치와 같다.[45] 이 글을 쓰는 현재 기준으로, 2021년은 대기 중 평균 탄소오염 수치가 산업화 이전 기준(278ppm)에서 50% 증가(417ppm)한 첫 해가 될 전망이다.[46] 전체 탄소배출의 절반 이상, 그리고 아마존 삼림 파괴 대부분이 1990년대 이래 일어났다.[47] 그사이 4억 2000만 헥타르의 삼림이 완전히 파괴되었는데, 그것은 인도와 파키스탄을 합친 면적이다.[48] 냉전이 끝났을 때 중국은 축산업을 막 구축하기 시작했고, 그것은 곧 어마어마한 규모가 되어 천 년 동안 이어진 지속 가능한 농업을 끝장낼 것이었다.[49] 이러한 농업의 공업화로 인해 1997년에 처음으로 조류독감(H5N1)이 가금에서 인간으로 전파되어, 이후 중국과 여타 지역에서 수시로 발생했다. 환경 위기가 1989년 이후 가속화된 것은, 지금까지 가장 광범위하고 빠른 공업혁명이었던 중국의 호황 때문이었다.[50] 1980년대에 덩샤오핑Deng Xiaoping이 중국의 시장 자유화를 추구하고, 사회주의 정부들이 실권하고, 전 지구적으로 소작농의 수가 급감하면서 세계 시장은 이제 지구 끝까지 확장되어 자원의 추출이 가속화되고, 가는 곳마다 생태 파괴를 초래하고 있다.

기회를 잃었다고 희망마저 잃을 필요는 없다. 신자유주의 아래 신음하는 인구에 비하면 신자유주의자들의 수가 보잘것없다는 사실만으로도 그렇다. 다종다양한 수백만을 통합하는 일이 쉽다는 말이 아니다. 그런 연합을 만들어내려면 각 운동이 서로 배우고 필요할 때 양보해야 한다. 환경운동가들은 생태와 경제의 문제를 '인구과잉overpopulation'의 탓으로 돌리는 맬서스주의Malthusianism를 자제해야 한다. 지나간 시대의 편협한 환경주의가 아닌 환경정의에 대한 헌신을 중심으로 삼아, 환경 위기에서 가장 큰 타격을 받는 유색인종이 미래 사회 건설의 선두에 설 수 있어야 한다. 환경론자들은 자연보호구역이 식민주의 제도로 지속되지 않도록 원주민 민족에게 세심한 주의를 기울일 필요가 있다.[51] 사회주의자는 자본주의 이후의 무릉도원이라는 환상을 포기하더라도, 현재 위기의 심각성에 비추어 환경적 한계를 진지하게 받아들여야 한다. 좌파 지식인들이 '생태'나 '인류세Anthropocene'(인류가 지구 기후와 생태계를 변화시켜 만들어진 새로운 지질 시대—편집자)를 들먹이기는 하지만, 이는 현재 과학을 엄밀하게 검토해서 나온 것이라기보다 고작해야 분석적 곁들임인 경우가 지나치게 많다. 과학자들은 사회운동과 협력해야 한다. 그렇지 않으면 훨씬 허무맹랑한 기후시나리오모형을 만들거나 SRM 같은 무모한 조치를 지지하는 불운한 처지에 빠질 것이다. 사회주의와 과학 사이의 간극이 늘 지금처럼 크지는 않았다. 1941년에 하이에크는 좌파를 "과학기술 종사자들이 강력하게 뒷받침하거나 주도적으로 이끌기까지 한다"며 조바심을 냈다. 그 동맹관계를

되살리면 석탄으로 시커메진 신자유주의의 가슴이 공포에 사로잡힐 것이다.[52]

　기후 위기와 멸종 위기의 주범이 축산업이라는 점을 고려하면 종종 '좌파의 고아'로 취급되는 동물권 운동 대표단이 지구절반 사회주의 연합에 포함되어야 할 것이다.[53] 광범위한 좌파 내에서 채식주의자는 종종 곤란한 위치를 차지하는데, 무비판적으로 자본주의를 받아들이는 공리주의를 전반적으로 고수하기 때문이다. 그들이 동물의 곤경을 장애인이나 흑인, 2차세계대전 당시 유대인 학살의 희생자 같은 주변부 집단과 막무가내로 비교하는 일도 그 대의에 도움이 되지 않았다.[54] 하지만 이것이 극복하지 못할 문제도 아니고, 간혹 잘못된 정보로 인한 오해와 상투적 표현으로 실제보다 과장된 것도 사실이다. 한 예로 미국에서는 채식주의자의 상당 부분이 노동계급 유색인종이다.[55] 한 세기 전에 업튼 싱클레어Upton Sinclair가 자신의 프롤레타리아 소설 『정글The Jungle』에서 상상하기로는, 누구도 '인간의 존엄을 파괴하는 역겨운' 도축업에 종사하라고 강제해서는 안 되므로 사회주의는 대체로 채식주의가 되리라고 보았다.[56] 축산업이 폐지될 때까지 생산라인의 속도를 낮추고 임금을 올려 이윤 폭을 줄이려 했던 싱클레어의 목표를 달성하기 위해 동물권 단체와 노동자가 협력할 수도 있다.

　이 싸움에서는 페미니즘도 핵심적 동맹이다. 지구절반 사회주의를 이루건 못 이루건, 노동시장은 이미 여성 노동자가 주축이 되는 식으로 변화하기 시작했고 이 경향은 앞으로 지속될 것이다. 주로 여성이 수행하는, 보건의료와 교육 부문의 이른바 '핑크 칼라'(생계를 유지하기 위해 일터에 나선 여성 노동자―편집자) 일자리는 오늘날 노동운동의 아주 강력한 부문일 뿐 아니라, 추출노동보다 돌봄노동이 우위를 점하는 제로탄소 경제로의 전환을 예견한다. "19세기와 20세기의 노동운동은 노동자들이 글자 그대로 세계를 건설해야 한다고 주장했다"고 알리사 배티스토니Alyssa Battistoni는 말한다. "21세기 노동운동은 우리가 이 세계에서 살아갈 수 있도록 하는 노동자를 전면에 내세울 필요가 있다."[57] 생태사회주의의 미래는 여성에게 있다. 하지만 그렇게 밝은 지평에 도달하기 위해서는 현재 사회주의와 환경론과 동물권 운동에 광범위하게 존재하는 여성혐오에 대처할 필요가 있다.[58]

이렇게 이질적인 운동을 함께 묶어줄 공통된 세계관이 없다면 각 파벌은 고립으로 인한 정치적 무능력이라는 위험을 초래하거나, 더 큰 문제로는 신자유주의의 집권 연합에 끌려 들어갈 수 있다. 그린뉴딜을 통한 녹색 기반시설의 확충이 한없이 미뤄진다면, 얼마 안 되는 파이프라인 건설 일자리를 받아들이는 노동조합을 비난하기는 어려울 것이다. 동물착취를 끝낼 필요는 있지만, 다른 삶의 방식에 대한 존중에서나 전략적으로나 동물권 활동가는 원주민의 사냥을 향한 공격을 자제해야 한다.[59] 원주민 종족들은 지금까지 성공적인 환경운동의 선봉에 서왔고, 결국 지금 상황이 이렇게 엉망이 된 것이 원주민의 사냥 탓도 아니기 때문이다. 사실 원주민이 관리하는 영역의 생물다양성은 자연보호구역보다 더 높다.[60] 지구절반 사회주의의 실현 가능성이 어떻게든 생겨나려면 전 지구적 평등의 추구 역시 그 일부가 되어야 한다. 부유한 나라의 에너지 소비 제한을 지지하는 일을 주저했던 북쪽 선진국의 환경주의자들은 남쪽 저개발국의 잠재적 동맹들과의 연대를 거의 일궈내지 못했다.[61] 비슷한 예는 더 많다. 해방운동이 알아서 이렇게 한없이 분란을 겪었으니 신자유주의는 굳이 적을 분열시켜 정복할 필요도 없었다.

지구절반 사회주의 연합이 과연 어떻게 권력을 잡을 수 있을지는 우리도 확실히 말할 수 없다. 남아프리카에서 일어난 넬슨 만델라Nelson Mandela와 아프리카국민회의의 발흥과 유사하게 파업과 주식매각, 태업, 선거, 보이콧, 폭력 등이 혼합된 길을 걷는 나라도 있을 수 있다. 순전히 선거를 통한 전략이 통할 나라도 있겠지만, 그렇게 해서 승리해봐야 새로운 투쟁 국면의 시작에 불과할 것이다. 칼 맑스Karl Marx는 선거에 나가 경쟁하는 일은 인정했지만, 사회주의에 헌신하는 정당이 설사 선거에서 승리하더라도 지배계급은 '평화롭고 적법한 혁명'에 대항해 '노예제 찬성 반란'을 촉발하리라 예견했다.[62] 거의 한 세기가 지나서 1973년 칠레의 대학살로 이 예견이 옳다는 것이 증명되었다. 피로 물든 선거의 여파를 두고 역사가 에릭 홉스봄Eric Hobsbawm은 이렇게 말했다. "우파의 두려움과 증오, 잘 차려입은 남녀가 얼마나 기꺼이 피 맛을 즐기게 드는지를 좌파는 대체로 과소평가했다."[63] 신자유주의가 순순히 패배를 인정하기를 기대해서는 안 된다.

서사 방주

1888년에 에드워드 벨러미Edward Bellamy는 2000년 미래를 상상하며 조화로운 사회주의의 전망을 그린 『뒤를 돌아보며Looking Backward』를 출간했다. [64] 그런데 우리가 2047년의 시점에서 뒤를 돌아본다면 벨러미의 낙관주의는 공유하기가 더 힘들다. 미래가 암울하기 그지없지만, 그럴수록 낙심한 대중에게 동기를 부여하면서 그들을 동원할 수 있는 유토피아적 대안을 상상하는 일이 더욱 시급하다. 급진적 경제학자 J. A. 홉슨J. A. Hobson은 이렇게 말했다. "『뒤를 돌아보며』는 산업과 정치의 구조적 개혁이라는 커다란 프로젝트에 대한 뚜렷한 도덕적 뒷받침과 자극을 수천 명의 고립된 사상가들에게 처음으로 제공했다."[65] 그 유토피아가 어떤 모습일지 세세한 부분에 동의하는 것보다는, 미래에 대한 사고가 꼭 필요한 정치 행위라는 데 동의하는 것이 중요하다. 그것은 너무 오랫동안 맑스주의라는 '과학적 사회주의'에 의해 주변화된 유토피아 사회주의 전통을 되살리는 일을 뜻한다. 맑스가 했던 것은 유토피아 사회주의에 대한 은근한 비판이었지만, 혁명 이후에 관한 제안을 경박한 '미래 반찬가게 요리법'이라며 비웃었던 그의 추종자의 수중에서 그것은 마구 휘두를 수 있는 몽둥이가 되었다. [66] 유토피아주의를 낮잡는 태도는 시적 상상력의 빈곤일 뿐 아니라 전술적 실수이기도 한데, 권력을 잡기 위한 사회주의 프로그램을 시행하는 좌파의 능력을 제한해서 그렇다. 환경 위기를 맞아 그 요리점들이 채식 식당

이어야 한다는 사실이 분명해진 만큼, 말 그대로 혁명 이후 사회의 요리법을 작성해야 할 필요가 있다. 그렇다면 지구절반 사회주의를 철학적 측면, 물질적 측면, 기술적 측면, 그리고 상상적 측면의 네 코스로 이루어진 요리책이라고 생각해보자.

첫번째 장은 섬세한 전채 요리로 볼 수 있다. 그 장에서는 1940년대 신자유주의자들이 자유주의를 되살리기 위해 기본 원칙에 공들였던 방식과 유사하게 새로운 생태사회주의의 철학적 기초를 다지고자 한다. 그를 위해 세 가지 경합하는 자연철학—G. W. F. 헤겔G. W. F. Hegel과 토머스 맬서스Thomas Malthus와 에드워드 제너 Edward Jenner의 철학—이 동시에 출현했던 1798년으로 돌아가보고자 한다. 헤겔은 인류가 궁극적으로 자연을 완전히 '인간화'하여 통제하리라고 믿었다. 자연에 대한 이러한 입장은 이후 '프로메테우스주의Prometheanism'라고 지칭되고 맑스를 비롯한 그의 추종자들에 의해 전폭적으로 받아들여졌다. 맬서스가 환경운동에 끼친 영향력은 1960년대와 1970년대에 정점에 이르긴 했지만, 인구과잉에 대한 그의 두려움은 지금도 여전히 녹색 활동가와 사상가 사이에 만연하다. 천연두백신smallpox vaccine을 연구하여 보급한 제너는 선견지명이 있어서, 인류가 자연을 거스르며 동물계에 족쇄를 채우는 일을 경고했다. 18세기 말을 이렇게 살펴보면, 20세기 중반 신자유주의가 맞닥뜨렸던 중심 문제인, "우리는 무엇을 알 수 있는가?"라는 질문에 이른다. 신자유주의는 시장만능주의—바로 이 때문에 중앙집권적 계획이 절대 시장을 대체할 수 없다—를 강조하지만, 우리는 자연이야말로 훨씬 더 복잡하다는 반론을 제기한다. 환경 위기로 인해 우리는 시장의 통제와 자연 통제 가운데 하나를 선택할 수밖에 없게 되었는데, 이 딜레마는 SRM의 경우에 특히 두드러진다. 그렇다면 새로운 생태사회주의는 자연의 불가지성, 즉 안전한 한계 내에서 경제를 통제해야 할 필요성에 기반을 두어야 한다.

두번째 장은 좀더 든든한 전채 요리로, 1장에서 발전시킨 원칙을 사용하여 그 물질적 특성에 기초한 일련의 해결책을 마련한다. 다양한 농업과 에너지시스템의 1헥타르 당 산출량이나 1제곱미터 당 전력량에 관심을 기울일 것이다. 우선 주류 환경론에서 제시하는 해결책인 BECCS와 원자력, 윌슨의 지구절반을 중점적으로 다룬다. 이 정책들—그렇다, 지구절반조차도—이 생태계의 악화를 되돌리기에 충분치 않다는 사실을 보여줄 것이다. 그 까닭은 에너지와 탄소포집과 생물다양성이 환경주의 담론에서 나타나듯이 따로 떨어진 세 분야가 아니라 '토지 부족'을 매개로 하는 하나의 문제이기 때문이다. 위에 말한 세 가지 해결책의 단점을 살펴보다가 얻어진 이 통찰력이 지구절반 사회주의의 물질적 면모—채식주의, 에너지 할당량, 지구의 재야생화—를 발전시키는 데 도움이 되었다.

메인 요리인 세번째 장은 계획이라는 지독히 난해한 문제를 파고든다. 시장이 자연 전체를 상품화하고 통제하는 일을 막을 필요가 있고, 우리가 어떤 물질적 목표를 이루고 싶은지 그 점도 인식한다면, 시장 없이 생산과 소비를 조직하는 일은 어떻게 가능할까?

우리는 소련의 인공두뇌학cybernetics과 수학부터 칠레의 '사이버신cybersyn' 프로젝트, 기상학meteorology, 그리고 현재 기후학자들이 사용하는 최첨단 통합평가모형Integrated Assessment Models: IAMs까지 다양한 자료를 동원한다. 그런 사회가 헤쳐나가야 할 맞교환이라는 어려운 과제를 모의시험할 지구절반 사회주의 계획 게임도 만들었다. 원하면 누구나 http://half.earth의 모형을 이용해 지구절반 사회주의자가 되어볼 수 있다. 이 예비적 모형을 수중에 지니고 전체 지구의 시뮬레이션은 어떠할지, 그로써 세계를 계획하는 일에 좀더 가까이 갈 수 있을지 그려보고자 한다.

후식으로 유토피아 사회주의를 꿈꾸는 짧은 이야기를 즐겨보고자 한다. 우리의 이야기는 토머스 모어Thomas More의 『유토피아Utopia』(1516)—칼 카우츠키Karl Kautsky가 '현대 사회주의의 맛보기'라고 했던—와 벨러미의 『뒤를 돌아보며』(1888), 윌리엄 모리스William Morris의 『에코토피아 뉴스News from Nowhere』(1890), 어슐러 K. 르 귄Ursula K. Le Guin의 『빼앗긴 자들The Dispossessed』(1974), 그리고 다른 많은 작품을 포괄하는 문학 장르에 바치는 소박한 헌사다. 인식론에 대한 추상적 사고나 기후모형에 관한 전 지구적 규모의 사고 대신 우리 인근에 초점을 두고 지구절반 사회주의 아래에서 일어날 일상적 삶을 상상해보고자 한다. 실업의 위협 없이 일한다는 것은 어떤 것일까? 돈이나 시장 없이 경제조정이 어떻게 기능할 수 있을까? 지구의 절반이 야생 상태로 돌아가고 보호되어, 자연이 회복된 세계에서 사는 것은 어떤 삶일까? 경제가 의식적이고 민주적으로 통제되는 사회에서 산다는 것은 어떤 의미인가?

네 층의 구조를 지닌 이 책은 두 가지 방식으로 이용할 수 있다. 하나는 환경 위기를 넘어서기 위해 해야 할 일을 개략적으로 그려 보는 안내서로 이용하는 것이다. 재야생화와 중앙 계획에 회의적인 독자도 있을 테니, 그런 경우라면 이 책을 두번째 방식인 유토피아 사고실험의 안내서로 이용하기를 바란다. 똑같이 세 차원의 분석을 이어가면서도 미래를 꿈꾸는 다른 신진세력은 우리와 다른 판단을 내릴 수 있다. 생태사회주의 철학의 핵심 원칙이 자연의 불가지성이 아니라 다른 것, 가령 자연과 문화의 잡종이라고 말할 수도 있다. 완전한 재생에너지보다는 원자력이나 심지어 SRM을 선택할 수도 있다. 다른 한편 멸종 수준을 더 낮추기 위해 '지구 3분의 2'를 만들어내는 것도 또다른 선택지다($0.67^{0.25}=0.90$). 마지막으로 우리의 인공두뇌 중앙 계획과는 다른 방식의 경제분배 양식을 고안해서 '시장의 생태계'를 옹호할 수도 있다.[67] 그런 독자들이라면 지구절반 사회주의와 다른 유토피아를 고안해낼 텐데, 우리 세계의 아주 난해한 문제를 풀 해답을 우리가 다 아는 것도 아니니 아무래도 좋다.

좌파는 자신의 실질적인 제안을 창조하는 일보다 비판하는 일에 너무 오랫동안 능했다. 간혹 권력을 잡을 기회가 생긴다 한들, 자본주의 이후의 이행기를 이끌 프로그램이 없다면 비틀거리다 쓰러지고 말 것이다. 지구절반 사회주의가 자원배분 계획부터 피부로 체감하는 삶의 방식까지 모든 것을 포괄하는 자본주의의 총체적인 대안으로 발전하는 미래의 전망이 되기를 바란다. 해방을 추구하는 전통을 따른다면 누구나 우리와 함께 혁명 주방에 들어와 수많은 새로운 조리법을 생각해내고 그것을 실현하기 위해 함께 노력했으면 한다. 정말이지 정치적 지평에 황산염 연무가 자욱해지고 신자유주의 주도권이 고착된 잿빛 하늘만큼 어둑해진 미래가 도래하기 전에 많은 사람이 여러 창의적 방안을 보탰으면 한다.

화려함을 좋아해서, 사치에 빠져서, 오락을 즐기느라 인간은 수많은 동물과 친밀해졌는데, 그 동물들이 원래 인간과 어울릴 존재는 아니었을 수도 있다.

_에드워드 제너

소노라 사막에 유리와 강철로 만든 신전이 있는데, 화성 우주정거장처럼 생긴 번쩍거리는 시설이다. 바이오스피어Biosphere 2라는 이름의 그 건물은 투손의 준교외지역 바로 바깥쪽, 오라클이라는 작은 마을에 있지만, 한때는 세계의 중심인 듯했다. 그것은 바이오스피어 1(즉, 지구)의 섬세한 균형을 모사하여 자체의 대기와 식물과 물의 순환을 생산할 수 있는 폐쇄체계로 고안되었다. 장대한 생태계에 바친 이 기념비는 1989년 시너지아랜치Synergia Ranch라는 공동체의 구성원들에 의해 세워졌다. 그 공동체는 그 기념비보다 20년 전에 만들어졌고, 구성원은 다들 어느 정도는 배우이자 인공두뇌학자, 정원사, 선원, 기업가였다. 지도자였던 존 앨런John Allen이 바이오스피어 2의 원동력이었지만, 자금은 역시 시너지아랜치의 구성원이자 텍사스 석유 왕국의 자손인 에드 배스Ed Bass에게서 나왔다. 각각 히피의 가슴과 사업가의 두뇌를 내보인 배스와 앨런은 상당한 이윤을 거둬들인 동시에 자연계에도 깊은 관심을 보였다. 미래에는 환경 위기로 인류가 다른 행성으로 이주하거나 핵전쟁이 벌어져 모든 생물종이 지하로 내려가 살 거라고 그들은 믿었다. 그들이 세운 회사, 스페이스바이오스피어스벤쳐스Space Biospheres Ventures는 양쪽 시장의 요구를 충족하기 위한 것이었다.

바이오스피어 2는 지구 표면을 벗어나는 일에 매진했던 냉전 시기 환경 연구의 긴 계보에 속했다. '환경 수용력carrying capacity'(특정 환경이 안정적으로 부양할 수 있는 특정 종의 최대 개체―편집자) 같은 생태 개념은 우주선이나 잠수함, 방공호에서의 삶을 연구하는 1950년대 '선실 생태cabin ecology'에 관한 연구프로그램에서 처음 등장했다.[ ] 현재 '탄소포집격리Carbon Capture and Sequestration: CCS'시스템을 뒷받침하는 이산화탄소(CO_2) 흡수기술도 원래 최초의 핵잠수함인 USS 노틸러스Nautilus를 위해 개발되었던 것이다. 노틸러스는 재래식 잠수함보다 오래 잠수할 수 있었고, 그래서 더욱 진전된 공기순환기술을 필요로 했다. (당시에는 선원이 담배를 피울 특권이 있었으므로 특히 그러했다.)[2] 불운한 아폴로 13호 임무에서 결정적인 순간은 우주비행사들이 망가진 우주선을 타고 돌아오는 동안 생존하기 위해 임시방편으로 CO_2 흡수제를 만들어내야 했던 일이었다. 그런 인위적인 생명유지시스템에 고무되어 1960년대 초반에 군 설계가 벅민스터 풀러Buckminster Fuller는 지구가 현대과학으로 재생산할 수 있는 일종의 고대기계라고 상상하여 '지구 우주선Spaceship Earth'이라는 용어를 만들어냈다.[3] 풀러는 그 설계에서 전형적인 '생태적' 구조인 측지선測地線 돔을 비롯한 전투기 제작기술에 의존했다.[4] 바이오스피어 2가 세워지기 거의 30년 전인 1962년에 미국생태학회는 동식물과 우주비행사가 함께 살면서 영양소와 산소와 CO_2를 순환할 수 있는 '전반적인 생명유지시스템'이 완비된 달 기지의 건설 가능성을 논의하는 회의를 열었다.[5]

초기 냉전이 폐쇄체계에 대한 관심을 촉발했다면, 1980년대의 '신냉전'으로 이 별세계 시장이 되살아났다. 배스는 자신의 파릇파릇한 생태적 설계가 생명이 없는 NASA의 '스페이스 캔'보다 우월하다고 자신했기에, 1992년에 계획된 미국 우주정거장 프리덤Freedom의 착수 이전에 그 도급업자가 되려고 했다.[6] 새로운 생태우주 산업이 유행할 때까지 배스는 오라클의 '생태적 디즈니랜드'에 관광객을 끌어모아 투자액을 되찾을 수 있기를 바랐다.[7] 반짝이는 바이오스피어 2의 벽 안에는 열대우림, 안개사막 해안, 맹그로브 습지, 대초원, 대양(산호초까지 있는!), 이 다섯 가지 생태계가 축소판으로 존재했다. 농작물과 가축을 기르는 농경지와 실험실에 직원의 거처도 있었다. 바이오스피어 2를 유지하기 위해서는 기계적 시스템과 생물학적 시스템을 조합해야 했다. '테크노스피어'가 기온과 습도를 제어했고, '에너지센터'가 환기를 시키고 수온을 조절했으며, 거대한 기계 '허파'가 기압을 관리했다. 또한 물을 맑게 할 조류藻類 여과기와, 흙에 공기를 통하게 하고 필수 미생물 생태계를 공급할 토양 기반 원자로도 있었다. 그런 시스템에는 돈이 많이 들었고, 배스는 바이오스피어 2—본질적으로 1헥타르의 땅에 세워진 화려한 온실—에 2억 달러를 쏟아부었다. 그렇게 어마어마한 자원을 들인 것치고 목적은 참으로 소박했다. 그 무엇도, 공기조차 드나들지 않는 상태로 여덟 명의 '바이오스피어인'이 2년 동안 생존하는 것이었다. 1991년에서 1994년까지 두 번의 '임무'가 있었고 둘 다 결과는 처참했다.

첫번째 임무가 끝나기도 전에 바이오스피어인들은 의도치 않게 환경 위기의 다양한 면모를 축소판으로 복제해냈다. 오라클이라는 이름을 붙인 장소에서 이루어진 실험에 아주 적절한 결과라 할 만 했다. CO_2 수준의 상승, 멸종, 꽃가루 매개자의 손실, 죽어가는 산호초, 침입종, 부영양화(인이나 질소 따위를 함유하는 더러운 물이 호수나 강, 연안 따위에 흘러들어, 이것을 양분 삼아 플랑크톤이 비정상적으로 번식하여 수질이 오염되는 일—편집자) 등으로 실험은 파탄에 이르렀다. 화석연료 배출이 아닌, 지나치게 활성화된 토양미생물이 바이오스피어 2의 대기 중 화학 구성을 불안정하게 했다. 미생물이 뿜어내는 숨이 콘크리트와 반응하여 탄산칼슘을 생성해서, 내부에서 살아가는 생물에게 필요한 산소를 격리했던 것이다. 산소부족으로 바이오스피어인들이 무기력함에 시달렸다면, 상당수의 생물은 그냥 폐사했다. 곧 꽃가루 매개자가 죽었고 대다수 식물이 죽을 날만 기다리게 되었다.[8] 바이오스피어인들이 직접 손으로 농작물을 수분受粉해야 했는데, 이는 그로부터 20여 년 후 바이오스피어 1에서 이루어지게 될, 벌 없는 농사의 섬뜩한 예견이었다.[9] 수확은 힘들게 이루어졌지만 만족스럽지 않았다. 고기는 어쩌다가 한 번 먹을 수 있었고, 먹을 것이 거의 없는 경우도 잦았다. 굶주린 직원들은 땅콩을 껍질까지 먹었고, 그사이 주변의 인공 생태계는 점점 시들어 빈 껍질이 되어갔다.[10] 사령부는 결국 마음을 바꾸어 액화산소 1톤을 주입했다. 이 인위적 해결사에 바이오스피어인들은 환호했지만, 그런 식의 개입은 폐쇄체계 연구라는 프로젝트의 과학적 가치를 포기한 것이었다.

하늘에서 내려온 양식으로 바이오스피어인들이 살아났을지는 몰라도 바이오스피어 2를 살려내지는 못했다. 곤충 125종 대부분과 함께 척추동물 25종 가운데 19종 정도가 멸종했다.[11] 곤충이 대량으로 죽는 일은 드문 현상으로, 오직 세번째 대멸종기(약 2억 5200만 년 전인 페름기 말기)에 일어났고, 현재 진행되는 여섯번째 대멸종 시기에 일어나고 있을 뿐이다. 그에 반해 침입종은 번성했다. 건설자재나 흙에 섞여 들어간 얼마간의 개미와 바퀴벌레가 어마어마한 수로 늘어나 어디나 득시글거렸고, 특히 영양소 순환과 종자 확산을 위해 세심하게 고른 11종의 개미 대신 '미친 개미'만 남았다.[12] 거칠 것 없이 확산하는 조류로 대양이 질식 상태에 이르러, 그 안에 갇힌 세계 최대 산호초를 일일이 손으로 닦아줘야 했다. 사방을 둘러싼 배스와 앨런의 에덴동산은 죽어가는 작은 세계가 되었다.

바이오스피어 2의 난파에서 그나마 구해낼 가장 중요한 교훈이라면 소소한 규모의 생태계라도 그것을 제어하는 일은 불가능하다는 사실이다. 두번째 임무 직후에 과학자들은 《사이언스Science》 지면을 통해 이 실험으로 다음과 같은 사실이 명백해졌다고 주장했다. "자연생태계가 공짜로 생산하는 생명유지서비스를 인류에게 공급하는 시스템을 어떻게 설계 및 제작할지 아직은 아무도 모른다…… 미지의 요소와 위험 요소에도 불구하고 여전히 지구는 생명을 유지해주는, 우리에게 알려진 유일한 집이다."[13] 하지만 배스와 앨런의 어리석음을 반면교사로 삼은 이는 별로 없는 모양이다. 신자유주의자와 정치 중심에서 그에 동조하는 동료들, 그리고 좌파까지, 지구시스템을 마치 온도조절장치처럼 제어할 수 있다는 듯이 기후 위기의 해결책으로 지구공학을 열렬히 지지하니 말이다. 금세기가 끝날 무렵 동식물의 절반이 멸종될 '여섯번째 대멸종'을 걱정하는 사람은 한 줌의 환경보전운동 세력을 제외하면 거의 없는 것으로 보인다.[14] 하지만 주요 생태학자들에 따르면 고도로 복잡한 생태계에 미칠 영향과 불가역성으로 인해 지구공학이야말로 '가장 심각한 환경 문제'다.[15] 더구나 바이오스피어 2의 실험을 통해 '생태계 서비스'의 가격—전 지구적으로 125조 달러 가치라고 추산했던—을 매기는 대중적 접근이 신빙성을 상실했다.[16] "온갖 것의 가격을 안다면서 그 무엇의 가치도 알지 못하는" 이는 이제 오스카 와일드식의 냉소주의자가 아니라 순진한 환경론자가 아닌가 싶다.[17] 2억 달러를 들여봐야 겨우 축구경기장 두 개 정도 크기의 생태계에서 여덟 사람이 생존하는 일에 성공하지 못했다면, 전 세계의 가치는 도대체 얼마겠는가?

이 장에서는 환경 재난의 시대에 적합한 사고체계를 확립하고자 할 것이다. 우리가 알 수 있는 것은 과연 무엇인가? 우리는 어느 정도까지 자연을 이해하는가? 우리의 무지로 우리 자신과 자연계에 어떤 결과가 초래되는가? 이런 질문이 출발점이 될 것이다. 그 질문은 1930년대와 1940년대에 하이에크가 자유주의를 신자유주의로 새로이 정립하려 노력하면서 경제와 관련해 던졌던 질문과 유사하다. 그는 인류가 결코 시장을 파악하지 못한다고 주장하며 경제권에 생태적인, 심지어 신학적인 속성을 부여했다. 시장이 자기 조직적 자연시스템으로 나타났던 것이다. 우리 믿음의 인식론적 지층을 깊이 파고 들어가는 그의 선례를 따르면서도 하이에크가 시장에 씌웠던 (시장에 대한 우리의) 무지라는 막을 우리는 자연에 씌운다. 그런데 자연을 완전히 인식할 수 없다는 사실의 사회적·경제적·정치적 함의는 무엇인가? 이 질문에 답하기 위해 우리는 1990년대 애리조나를 떠나서, 2세기 전으로 거슬러 올라가 대서양을 건너 근대환경사상의 기원을 찾아보고자 한다.

도킹의 싸움

현재 환경 위기를 이해하는 인식론적 틀은 대부분 1798년에 출간된 세 편의 저작으로 거슬러 올라간다. 워낙 격동의 시대였으므로 그 해가 딱히 두드러지는 해는 아니었다. 나폴레옹 보나파르트Napoleon Bonaparte는 이집트에서 성과도 없는 군사작전을 벌이느라 바빴고, 쿠데타까지는 아직 일 년이 남아 있었다. 13년에 걸친 아이티혁명은 중반으로 치닫고 있었다. 알레산드로 볼타Alessandro Volta가 세계 최초의 배터리를 발명하려면 1800년까지 기다려야 했다. 하지만 이렇게 잘 알려진 사건들 사이에 가려진 채로, 헤겔과 토머스 맬서스와 에드워드 제너는 미래에 세 가지 주요 환경패러다임을 정의하게 될 저작을 펴냈다. 헤겔의 『기독교의 정신과 그 운명The Spirit of Christianity and Its Fate』은 신학과 정치경제 분야의 책을 읽고 그에 대한 생각을 펼친 사적인 산문이다. 세 권의 저작 중 가장 유명한 맬서스의 『인구론An Essay on the Principle of Population』은 경제학과 인구통계학, 인구생태학에 지속적인 영향을 주었다. 반면에 제너는 천연두백신 실험으로 자신이 발견한 사실을 아무도 전파하려 하지 않을 것이라 판단해 『우두의 원인과 효과에 관한 연구An Inquiry into the Causes and Effects of the Variolæ vaccinæ』를 자비로 출간했다. 우리는 이 세 저작이 자연의 인식 가능성에 대한 무언의 논쟁에 속한다는 사실을 안다. 각 사상가는 환경사상 내 존재하는 세 갈래의 굵직한 계보, 즉 프로메테우스주의, 맬서스주의, 그리고 생태회의주의ecological scepticism를 탄생시킨 이들이다.

이들이 환경사상의 윤곽을 완성하기도 전에 프랑스혁명이라는 태풍이 덮쳐왔다. 헤겔은 보수적인 프로이센학계의 원로로 주로 기억되지만, 젊은 시절에는 급진적 학생이었다. 튀빙겐에서 대학을 다니던 시절, 연감에 휘갈겨 쓴 '자유여 영원하라!Vive la liberté!'는 글씨가 아직도 남아 있다.[18] 그사이 맬서스의 『인구론』은 도킹Dorking(잉글랜드 서레이Surrey주의 도시—편집자)의 무명의 사제였던 그에게 정치경제학과의 최초 학과장(동인도회사가 운영하는 대학에서) 자리만이 아니라 단박에 명성과 오명을 안겨주었다. 급진적 교육환경—부친이 루소를 대단히 존경했다—에서 자랐지만, 맬서스가 『인구론』을 쓴 것은 프랑스혁명이 '쪼그라드는 지구 주민을 말살하기' 전에 그 '활활 타는 혜성'의 방향을 바꾸려는 보수적 바람에서였다.[19] 천연두백신에 관한 제너의 논문은 프랑스 전쟁으로 영국에 '반점투성이 괴물'이 한꺼번에 발생했던 1799년에 불려 나왔다.[20]

『기독교의 정신과 그 운명』은 덜 알려진 헤겔의 저작이지만, 우리의 목적에는 아주 요긴하다. 아직 정확히 이름 붙이지는 않았지만 '자연의 인간화'라는 그의 개념—『정신현상학The Phenomenology of Spirit』부터 『미학강의Lectures on Aesthetics』까지 대부분의 철학 저작에서 핵심적인—이 처음으로 도입된 글이기 때문이다.[21] 자연의 인간화는 인류가 노동과정을 통해 자연에 인간의 의식을 주입, 곧 야생의 자연을 정원으로 변형함으로써 자연으로부터의 소외를 극복하는 과정을 의미한다. 인간노동이란 그 자체로 본질적인 행동으로 자기의식적이다. 혹은 헤겔이 『철학백과Encyclopedia』에서 말한 바에 따르면, "자연의 목표는 자신을 파괴하여 직접적이고 감각적 존재의 껍데기를 부수고 나오는 것, 이 외재성을 벗어나 정신으로 다시 태어나기 위해 불사조처럼 자신을 불사르는 것이다."[22] 이런 기반에서 헤겔과 그의 후계자들은 자연의 정복이 실현 가능할 뿐 아니라 역사적으로 필연적이라는 믿음을 발전시켰다.

『기독교의 정신과 그 운명』은 이 개념의 기반을 성서 속 과거에서 구한다. 에덴동산에서의 추방과 노아의 홍수 사이, 오직 "흐릿한 몇몇 흔적만이 우리에게 남아 있던" 시기에 인간은 "야만에서 벗어나" 자연과의 '합일'을 회복함으로써 은총의 상태로 돌아가려 애썼다.[23] 자연은 그러한 노력을 홍수로 무산시키고, 각각 성서의 인물로 대표되는 세 가지 선택지를 인류에게 남겨 놓았다.[24] 노아는 사람 간의 폭력뿐 아니라 인류와 자연 사이의 폭력까지 통제하는 신의 법을 통해 세계를 재건했다.[25] 니므롯은 이런 법률에 따른 평화를 거부하고 인간과 자연을 자신의 의지 아래 굴복시켰다. "그는 담장을 세워 물로부터 자신을 보호했다. 그는 사냥꾼이자 왕이었다."[26] 아브라함은 자연과 사회로부터 독립하기를 열망했기에 노아와 니므롯의 사회계약을 거부했다. 정착지를 기피하고 농사가 아닌 유목을 선택함으로써 아브라함은 "지상의 이방인, 흙과 인간 모두에게 이방인"이었다.[27] 헤겔은 애초에 유대 일신교의 발흥을 설명하기 위해 이 글을 썼지만, 이 세 가지 접근을 전부 거부함으로써 자연의 인간화라는 개념의 초기 형태 또한 고안해냈다. 노아는 인류와 자연을 모두 신의 의지에 굴복시켰다면, 니므롯은 어떤 화해도 제시하지 않고 순전한 적대감만 남겼다. 아브라함 역시 자유가 아닌 독립만을 추구함으로써 막다른 골목을 제시한다. 헤겔이 주장하게 될 진정한 역사는 노동을 통해서, 즉 자연을 인간의 목적에 맞도록 전용함으로써 자연과 인류의 대립이 화해에 이르러야만 비로소 시작될 수 있다.[28]

1798년에 출간된 두번째 저작인 맬서스의 『인구론』은 1793년에 『정치적 정의와 그것이 도덕과 행복에 미치는 영향Enquiry Concerning Political Justice and Its Influence on Morals and Happiness』의 출간과 함께 두각을 나타낸 최초의 무정부주의자 윌리엄 고드윈William Godwin을 공격하기 위해 집필되었다. 결혼과 군주제라는 억압적 제도에 비난을 퍼붓는 고드윈은 인간이 궁극적으로 '완전해질 가능성'을 믿었다.[29] "각자 노동의 몫이 가벼워지고 여가가 차지하는 부분이 풍부해질" 사회의 '일구어진 평등'이라는 고드윈의 낙관적 전망에서 허점을 찾기 위해 맬서스는 펜을 들었다.[30] 고드윈의 유토피아를 가로막을 '정복할 수 없는' 온갖 어려움 가운데 맬서스는 인구과잉에 초점을 두었다. "억제되지 않을 때 인구는 기하학적 비율로 증가"하는 반면, "자급수단은 겨우 산술적 비율로 증가한다"고 주장했다. 다시 말해서 인구는 기하급수적으로—그의 추정으로는 25년마다 두 배로—증가할 수 있지만, 농업 생산량의 증가는 매년 일정하다는 것이다. "산수를 약간만 알아도 두번째 요소와 비교했을 때 첫번째 요소의 막강한 힘을 알 수 있을 것"이라고 비꼬듯이 적었다.

사회를 농경 기반과 균형을 이루는 상태로 되돌릴 유일한 방법은 기근이나 전쟁, 질병이라는 '억제'를 통한 것이다. 그렇게 획일적인 인구 조절의 효과는 "분명 어딘가에서 발생할 것이고 틀림없이 많은 인류가 호되게 겪을 것이다."[31]

1798년에 출간된 세번째 중요한 저작인 제너의 『우두의 원인과 효과에 관한 연구』는 지금까지 좀처럼 인정되지 못한 자연철학의 개요를 제시한다. 그 책은 천연두백신을 시험하기 위해 실행한 '바이러스 접종 실험' 보고로 더 잘 알려져 있다. 그는 소 젖 짜는 여성들이 대대로 천연두 면역을 지닌다는 사실에서 우두접종으로 천연두를 예방할 수 있다는 방안을 떠올렸다. 제너의 백신 전에는 사람의 바이러스를 이용하는 방법이 널리 퍼져 있었는데 그것은 더 위험했다. 아시아와 서아프리카의 여러 지역에서 쓰였던 방법으로 1721년에 메어리 워틀리Mary Wortley가 영국으로 들여왔다. 병의 예방을 위해 의도적으로 우두를 이용한 것은 제너가 처음이 아니었다. 거의 알려지지 않은 농부인 조지 제스티George Jesty가 1770년대에 자기 가족을 보호하기 위해 그 방법을 쓴 일이 있었다.[32] 제너의 공헌은 실험의 엄격성과 역사적 해석에 있었다. 그의 실험으로 우두 예방접종을 더 확실히—여전히 완벽에는 한참 못 미쳤지만—이해할 수 있었고, 결국 신뢰도가 쌓여 동일한 방식으로 널리 퍼뜨릴 수 있었다.[33] 그를 위해서 제너는 여러 기술적 난제를 해결해야 했는데, 다른 병원균이 아닌 우두 바이러스임을 확실히 하기 위해 서로 다른 소의 상처를 구별한다든지, 백신이 천연두에 오염되지 않

도록 하는 일 등이 그것이었다.[34]

우리가 주목해야 할 부분은 천연두류의 질병이 애초에 왜 생겼는지에 관한 제너의 설명이다. 그는 질병이 자연에 어긋나는 인류의 동물 지배에서 초래했다고 주장했다. "인간이 본래의 자연적 질서에서 벗어났다는 점이 질병이 만연하게 된 원인임이 분명한 듯하다."[35] 자연을 통제하려는 시도에서 새로운 질병이 출현했다고 가정한 사람은 그가 처음이었다. 제너는 어떤 목적으로 이용되는 어떤 동물이든 질병의 매개체가 될 수 있음을 알았다.

사나움을 다 빼앗긴 늑대는 이제 부인의 무릎을 베고 누워 있다. 본래 숲이 고향이었던, 우리 섬의 작은 호랑이인 고양이 역시 마찬가지로 길들여진 채 모두의 귀여움을 받는다. 암소, 수퇘지, 양, 말, 모두가 여러 목적으로 인간의 보살핌과 지배 아래 놓였다.[36]

동물과 인간의 건강이 연결되어 있다는 점에 대한 강조는 '백신'이라는 단어에 반영되어 있다. 백신은 '소'를 뜻하는 라틴어 vacca를 이용해 그가 만들어낸 단어다. 놀랍게도 제너의 역사적 통찰력은 거의 주목을 받지 못했다. 대신 그로부터 3세대가 지난 후 독일 의사인 루돌프 비르쇼우Rudolf Virchow가 '하나의 건강one health'—인간과 동물의 안녕을 포괄하는 의학적 패러다임—의 창시자라는 공을 차지했다.[37] 실험자로서 제너의 기술을 칭송하는 일

은 흔한 일이지만, 그의 자연철학에 관심을 가진 사람은 별로 없었다.[38]

1798년에 나온 이 세 저작은 우리가 인식하고 제어할 수 있는 것, 즉 자연과 인구와 경제에 기반한 서로 다른 인식론을 대표한다. 헤겔이 당대 영국 정치경제학자들처럼 시장의 자기교정능력에 열광하지는 않았지만, 현대사회에서 경제의 자율성이 필요하다는 사실은 인정했다.[39] 그와 달리 자연은 궁극적으로 인류가 완전히 알고 제어할 수 있다고 보았다. 반면에 맬서스는 인구법칙이 "모든 살아 있는 자연계에 스며들어 있으므로" 인류의 생물학적 삶은 다른 생물종과 마찬가지로 쉽게 이해할 수 있다고 믿었다.[40] 인구를 관리하는 가장 좋은 수단은 규제 없는 시장이라고 보았고, 그런 맥락에서 인구 증가를 촉진하고 가난을 심화시킨다며 구빈법에 반대했다.[41] 제너가 경제나 인구에 대해 직접적으로 언급한 적은 없지만, 그의 주장에는 인류가 계속해서 다른 동물을 착취하는 한 질병이 여러 생물종을 옮겨 다닐 것이라는 논지가 함축되어 있다. 이제 이 사상이 18세기에서 현시대까지 어떻게 이어졌는지 살펴보자.

1798년부터 2022년까지

헤겔의 가장 중요한 계승자는 칼 맑스다. 독일 라인주 트리어시 출신의 이 선지자는 선배 철학자의 원단에서 많은 부분을 잘라

내어 자신의 사회주의 역사철학에 통합했다. 자연의 인간화까지.[42] 1798년에 헤겔이 글을 썼을 때와 마찬가지로, 맑스가 1844년『경제학-철학 초고Economic and Philosophic Manuscripts』를 쓴 것도 출간을 위해서가 아니라 새로운 주제, 즉 헤겔에 대한 생각을 정리하기 위해서였다. 헤겔식의 문장으로 맑스는 이렇게 쓴다. 인간에게 "객관세계의 건설에서…… 자연은 인간의 작업이자 현실로 나타난다…… 단지 의식에서, 지적으로만이 아니라 실제로 행위를 통해 자신을 복제하기 때문이다. 따라서 인간은 자신이 창조한 세계에서 자신의 모습을 바라본다."[43] 맑스가 예견하기를, 궁극적으로 역사의 종말에 이르면 "사회 속 인간에게 객관세계는 어디에서나 인간의 본질적 힘의 세계가 된다…… 모든 객체는 그에게 자신의 객관화가 되고, 그의 개성을 확인하고 구현하는 대상이 된다."[44] 자연력이 인간의 목적을 위해 전용되고 나면 인류는 이제 자연을 이질적이고 위협적인 힘이 아니라 인간 의식의 반영으로 여긴다는 것이다.

맑스에게는 '프로메테우스적'이라는 명성이 있다. 곧 인간의 자유를 위해 자연에 대한 총체적인 통제가 필요하다고 믿었던 사상가로 여겨진다. 헤시오도스가 '복잡하고 비틀린 정신'을 지닌 티탄Titan이라고 묘사한 프로메테우스는 빛이 없는 세계의 인류를 위해 제우스에게서 몰래 불을 훔쳐 '회향의 빈 줄기' 속에 숨겨 나온다.[45] 제우스는 프로메테우스를 코카서스의 바위산에 묶어놓고 매일 독수리가 그의 간을 쪼아 먹도록 하는 벌을 내렸다. 프로메테우스의 문제는 근본적으로 새와의 관계로 이해될 수도 있을 법하다. 제너는 뻐꾸기를 다루는 빼어난 동물행동학 논문—백신 실험이 아닌 이 논문으로 그는 왕립협회에 가입할 수 있었다—을 썼는데, 맑스는 "유치하게도 다른 새의 둥지에 알을 낳는 뻐꾸기에 놀라워하는" 사람들을 비웃었다.[46] 불행히도 조류에 대한 맑스의 경멸은 20세기 사회주의자의 전형적 특성이기도 했다. 레온 트로츠키Leon Trotsky는 오리 사냥을 했고 스탈린Stalin은 자신이 키우던 앵무새를 죽였다. 얼마 안 되는 예외적인 인물로는 로자 룩셈부르크Rosa Luxemburg가 있는데, 그는 1차세계대전 당시 감옥에서 새를 보고 새 소리를 들으면 무슨 종인지 알아맞히곤 했다.[47]

맑스의 프로메테우스주의는 제너와의 견해차(그를 직접 언급한 적은 없다)가 아니라, '그 표절의 명수'이자 '토지 귀족의 전문적 아첨꾼'인 맬서스의 반反유토피아주의를 향한 강한 유감에서 비롯된 것으로, 여태껏 어떤 다른 '부르주아 경제학자'를 향했던 비판보다 더 심한 독설을 그에게 쏟아부었다.[48] 맬서스 이론을 근거로 삼으면 자신이 간단히 그려 보인 공산주의 '자유의 영역'이라는 유토피아조차 공격받을 수 있다는 사실을 맑스가 잘 알았기 때문이다.[49] 철학자 버텔 올먼Bertell Ollman은 맑스의 공산주의 개념을 재구성한 그의 저서에서, 국가가 없는 즐겁고 자유로운 새로운 사회는 전례 없는 정도로 엄청난 자원을 자연에서 빼내야만 가능하다고 주장했다. 결국 부족함이 없어야 즐거움만을 위해 일할 테고, 남의 것을 빼앗을 일도 없을 테니까.[50] 맬서스를 향한 사회주의자들의 일반적 반응은, 프리드리히 엥겔스Friedrich Engels가 "과학은 적어도 인구가 증가

하는 만큼 발전할 것"이라고 주장했던 1844년에서 그다지 달라지지 않은 것 같다.[51]

　　최근 해설에 따르면 노년의 맑스에게선 날카롭던 프로메테우스식 칼날이 무뎌졌다고 하지만, 여하튼 사회주의 전통에 그림자를 드리우는 존재는 프로메테우스적 맑스다.[52] 트로츠키는 공산주의 사회가 "산맥을 잘라 산을 움직이고…… 자연 속에서 거듭 개선을 이뤄내서," 결국 "[인간은]…… 자신의 입맛에 맞게 지구를 재건할 수 있을 것"이라고 믿었다.[53] 소련이 블라디미르 베르나드스키 Vladimir Vernadsky나 블라디미르 스탄친스키Vladimir Stanchinsky 같은 최고 생태사상가를 내세우고 야생보전구역시스템을 혁신하기는 했지만 동시에 수많은 프로메테우스식 프로젝트를 상상하고 또 실현했다.[54] 1959년에 보리스 류비모프Boris Lyubimov는 베링해에 댐을 세워 러시아 기온을 높이자고 제안했다. 그 댐은 북극의 얼음을 녹여 없애고 그 지역 해수의 흐름(우리 지구의 중앙난방시스템)에 영향을 줄 것이었다. 류비모프는 이렇게 선언했다. "자연을 정복하는 인간의 능력은 무한하다. 근대과학기술의 도움으로 인간은 척박한 사막을 개간하고, 우주를 정복하고, 기후를 변화시키고, 강력하고 무궁무진한 원자 에너지를 지배할 강력한 수단으로 무장하게 되었다."[55] 20만 톤의 황산염을 성층권에 쏘아 올려 화석연료로 인한 온난화를 되돌리자던 1974년 미하일 부디코Mikhail Budyko의 계획도 지구의 최적 기온을 찾고자 했던 류비모프와 유사하다.[56] (그렇다, 소련의 기후학자들이 바로 'SRM'을 최초로 옹호한 장본인이었다.) 다행히도 류비모프와 부디코의 프로젝트는 실행에 옮겨지지 않았지만 실제로 구현된 프로메테우스주의는 여전히 재앙이었다. 하나만 예를 들자면, 1950년대 말 중앙아시아의 면화밭과 밀밭에 물을 대기 위해 시르강과 아무강의 물길을 바꾸었던 니키타 후르시초프Nikita Khrushchev의 '처녀지virgin land 개간' 운동으로 세계에서 네번째로 큰 호수인 아랄해가 파괴되었다.[57] 1980년대쯤엔 강이 마르면서 호수의 물은 반으로 쪼그라들었고, 요즘엔 10분의 1밖에 남지 않았다. 죽어가는 거인은 현재 말라붙은 호수 바닥에서 바람에 쓸려 올라온 살충제와 소금의 '마른 눈물'을 흘리며 농부와 예전 어부들에게 죽음의 비를 내리고 있다.[58]

요는, 일부 맑스주의자들의 시도처럼 청록색 안경을 끼고 『자본론Capital』을 읽어봐야 맑스주의가 환경친화적이 될 수는 없다는 것이다.[59] 맑스주의 사상에는 프로메테우스주의가 워낙 깊숙이 뿌리박혀, 환경 재난의 시대에 적합한 사회주의를 만들려면 정면으로 상대하고 논박해서 그것을 뿌리 뽑아야 한다. 안타깝게도 그런 식의 심판이 이루어지는 조짐은 거의 보이지 않는다. 사실 대부분 좌파는 생태계가 죽어 갈수록 오히려 더욱 프로메테우스식이 되는 경향을 보인다. 2013년에 '가속화주의자Accelerationist' 알렉스 윌리엄스Alex Williams와 닉 스니섹Nick Srnicek은 "사회와 환경을 최대한 지배하는 프로메테우스식 정치"를 요구했다.[60] 4년 뒤, 《자코뱅Jacobin》은 환경을 주제로 한 특별호를 펴냈는데, 거기에는 공산주의를 뒷받침할 지구공학과 원자력을 칭송하는 글도 실렸다.[61] 사회주의자이자 자칭 '지구공학자'인 홀리 진 벅Holly Jean Buck은 "실행하거나 창의적이거나 균열을 일으키는" 기업가를 "중점적으로 비판하는 것은 잘못"이라고 좌파에게 경고했다.[62] 그러면서 언젠가는 탄소배출권 '기프트카드'와 AI가 조정하는 SRM(진정한 스카이넷)이 생길지 모른다고 예측한다.[63] 맑스주의자—그 콧대 높은 자본주의 비판가—는 아랄해의 유독성 먼지가 아니라 여전히 열광의 안개 사이로 자연의 지배를 바라본다.

1798년 이후 몇 세기 동안 맬서스주의도 프로메테우스주의와 마찬가지로 흥하게 나이가 들어갔다. 맬서스가 경제학자나 생태학자, 인구통계학자 사이에서 인기가 떨어진 적은 없었지만, 1960년대와 1970년대의 이른바 '맬서스 시기'에 환경운동 내 그 영향력은 정점에 이르렀다.[64] 그런 변화는 일부분 파울 에를리히Paul Ehrlich의 『인구 폭탄The Population Bomb』(1968) 때문이었다. 젊은 나비류 연구자였던 그는 인도에서 휴가를 보낸 뒤 인구 문제에 대한 고민에서 벗어날 수가 없었다. "먹는 사람들, 씻는 사람들, 자는 사람들. 서로 찾아가고 싸우고 고함지르는 사람들. 택시 창문 안으로 손을 쑥 집어넣어 구걸하는 사람들. 똥 싸고 오줌 누는 사람들. 버스에 매달려 가는 사람들. 가축을 모는 사람들. 사람들, 사람들, 사람들, 사람들"의 모습에 공포에 질렸다.[65] 이미 악명높은 대목이지만, 에를리히의 책은 이런 예언으로 시작한다. "모든 인류를 먹여 살리려는 분투는 이제 끝났다…… 지금 비상계획을 착수해봐야 1970년대와 1980년대에 수억 명이 굶어 죽을 것이다."[66] 파멸은 돈이 된다. 책이 200만

부가량 팔리고, 조니 카슨Johnny Carson의 〈투나잇 쇼Tonight Show〉에
스무 번이나 초대를 받으며 에를리히는 곧 누구나 아는 이름이 되
었다.

　『인구 폭탄』이 나온 해에 인구생물학자이자 공격적인 백인
민족주의자 개릿 하딘Garrett Hardin은 「공유지의 비극The Tragedy of the
Commons」이라는 짧은 글을 발표했다. 그는 목초지에서 지나친 방목
을 하는 이기적인 농부의 은유를 사용해서, 특정 인종이나 종교나
계층이 '아이를 낳을 자유'에 보조금을 주는 복지국가의 선의를 부
당하게 이용한다며 경고했다.[67] 1974년에 그는 풀러의 '지구 우주
선'과 유사하게 맬서스식의 '구명정 윤리lifeboat ethics'의 개요를 제시
했다. "각각의 부유한 나라는 은유적으로 말해 상대적인 부자들이
가득 탄 구명정에 해당한다"고 했다. 반면 가난한 나라는 너무 많은
사람이 들어찬 구명정으로 "가난한 자들은 배에서 떨어져" 부자 구
명정의 '착한 사람들'이 선의를 베풀기를 기대한다는 것이다.[68] 맬
서스적 명령은 간단했다. 빠져 죽게 내버려둬라.

　맬서스주의 내에 다양한 변형이 존재하지만, 점잖은 성향과
집단학살적 성향이 종종 구분하기 어렵게 섞여 있다. 가난한 영국
인이 굶주리는 일은 용납하면서 북아메리카의 원주민 학살—그는
이 비극이 미국 인구의 증가 탓이라고 보았다—에는 경악하던 맬서
스 자신에게서 이미 그런 균열을 찾아볼 수 있다.[69] 그렇다면 하딘
이 '자식을 더 많이 낳는' 유색인종에 의해 백인이 '소극적인 집단학
살'을 당할 수 있다고 경고하며 비백인 여성의 재생산을 강제로 통

제할 것을 미국 정부에게 요구한 것은 아이러니한 일이다.[70] 그 혐오스러운 수사법에도 불구하고 하딘은 여전히 인용지수가 아주 높은 학자이고 그의 분석틀이 무비판적으로 학부생에게 전수되는 일도 종종 일어난다.[71] 데이비드 애튼버러David Attenborough와 제인 구달Jane Goodall을 비롯한 잘 알려진 많은 환경주의자들도 비록 강제적인 조치를 대놓고 지지하지는 않더라도 인구가 훨씬 더 줄어야 한다는 맬서스식 견해에 동조한다.[72] 임신 허가의 한도를 위한 거래제가 맬서스식 제안의 가장 온건한 예라면, 강제 낙태와 불임수술을 만지작거리는 사람도 있다.[73] '생태파시스트' 총기난사범의 등장은 극단적이긴 하지만 맬서스 사상의 논리적 종착점이다.[74]

제너의 생태회의주의는 지금 검토하는 세 가지 패러다임 가운데 가장 덜 발전했지만, 그 기본 원칙에서 생산적 추론을 끌어내기에 충분하다. 제너는 질병을 세월이 가도 변치않은 짐으로 여기기보다는 생물종 사이의 관계라는 역사적 맥락에 주목했다. 축산업 이전에 인간이 이따금 발생하는 기생충이나 운 나쁜 감염 외에 시달리지 않았다는 사실은 이제 널리 받아들여진다. 현재 인류를 괴롭히는 병원균이 궁극적으로 다른 동물에서 왔음을 암시하는 것이다.[75] 인류가 존재했던 30만 년을 통틀어 인수공통전염병은 만 년 전의 초기 축산업 이후에 나타난 상대적으로 최근에 발생한 전염병이다. 홍역도 7000년 전 우역(소의 질병)에서 진화했을 공산이 크다. 인플루엔자는 물새의 가축화가 시작된 이후인 4500년 전부터 인간에게 감염되기 시작했다. 나병은 물소에서 나왔고 감기의 변종은 말에서 유래했다.[76] 제너의 전문 분야인 천연두는 아마 4000년 전 동아프리카에서 유래했을 텐데, 모래쥐 바이러스가 막 가축화를 시작한 낙타에게 옮아가고 그것이 인간에게 전파되었을 것이다.[77] 1492년 이전까지는 가축화된 동물종이 거의 없었고, 그래서 잉카나 아즈테카처럼 커다란 도시사회도 질병에 별로 시달리지 않았던, 신세계 원주민 민족의 대조적인 면모는 시사하는 바가 크다.[78] 헤겔은 아브라함의 유목이 자연의 인간화에 속한다고 보지 않았지만, 제너는 인류의 삶의 방식 중에서 축산업이 가장 위험하고 심각한 영향을 끼친다고 보았다.

제너의 생태회의주의는 환경 위기의 전 범위에 걸쳐 폭넓게 적용될 수 있다. 인수공통전염병은 동물실험(마르부르크 바이러스Marburg virus), 소 목축(쥬닌 바이러스Junin virus), 벌목(말라리아malaria), 공장식 사육(MRSA), 공장식 사육과 벌목(니파 바이러스Nipah virus), 애완동물(앵무병psittacosis), 생물다양성의 상실(웨스트나일 바이러스West Nile virus), 댐(주혈흡충병schistosomiasis), 서식지 해체(라임병Lyme), 진기한 동물의 거래(SARS) 등 사실상 생태계를 교란하는 모든 상황에서 발생하여 확산될 수 있기 때문이다. 지금껏 자연을 통제하려는 인류의 시도가 이렇게 대규모로 이루어진 적이 없을 뿐 아니라, 속도 역시 훨씬 더 빨라졌다. 축산업의 확장으로 새로운 질병이 나타난 질병의 1차 시기가 만 년 전부터 19세기 중반까지 지속했다면, 효과적인 공중위생과 백신과 항생제로 대표되는 2차 시기는 훨씬 짧아서 1세기 후 1970년대에 막을 내렸다. 지금은 3차 시기가 진행중이고, 유행병학 학자들은 인류를 유행병의 석기시대로 되돌려놓을 수 있는 '세균의 위협이라는 재앙적 폭풍'에 대해 경고한다.[79] 1975년 에볼라의 출현은 2차 시기에서 3차 시기로의 이행을 나타내는 유용한 지표다. 그 일을 겪은 뒤, 이제 과학자들 사이에서 "인공적인 환경 변화의 규모가 더 커지고 인간이 드나들지 않는 지역까지 점점 더 확대될수록 인수공통전염병의 출현 가능성은 더 커진다"는 것은 이미 명백해졌다.[80]

질병 문제에 대한 제너식의 해결책은 인간화된 자연을 상당 부분을 되돌려서 영원히 불완전한 상태로 두는 것이다. 이는 멋진 철학적 주장이라기보다 공중위생의 문제. 2003년 사스 유행 이후 《미국공중위생저널American Journal of Public Health》에 실린 사설은 질병 예방의 기본 조치로 "인간이 동물을 대하는 방식"을 바꾸고, "가장 기본적으로는 육식을 중단하거나 적어도 잡아먹는 동물의 양을 근본적으로 줄일" 필요가 있다고 주장했다.[81] 미국공중보건학회The American Public Health Association는 이미 오래전에 공장식 축산업의 중단을 요구했다.[82] 자연보존지역이 방역선의 역할을 하기 때문에 야생 보전은 이제 공중위생의 핵심 요소로 간주된다.[83]

제너가 인수공통전염병이 오랜 기원을 지닌 현상일 뿐 아니라 자기 당대에도 벌어지는 일이었음을 깨달았는지는 확실치 않다. 콜레라cholera를 예로 들어보자. 초목이 우거진 벵골만 해안지형에는 갑각류를 먹고 사는 박테리아인 콜레라균을 포함하여 보기 드문 생물다양성을 지닌 숲이 수천 년 동안 존재했다. 하지만 1760년대에 동인도회사가 벵골을 정복한 뒤 불과 몇십 년 사이에, 그 지역 맹그로브의 90%가 잘려 나가고 대신 강둑과 벼 농장이 들어섰다. 이러한 생태교란에서 살아남기 위해 진화한 콜레라균은 "다른 비브리오 세포와 결합하는 능력을 강화하기 위해 꼬리쪽에 머리카락처럼 길고 가는 실이 생겨나서…… 인간 장기 내부에 달라붙을 수 있는 강인한 미세집락microcolony을 형성했다."[84] 1817년에 비가 억수같이 쏟아지면서 숲에서 흘러든 콜레라에 감염된 물이 제소르 마을을 덮쳐 첫번째 콜레라 유행이 촉발되었다. 생전 본 적 없던 무시무시한 질병에 걸린 사람들은 설사와 구토로 허약해지고 피부색이 퍼렇게 되었고 몇 시간 만에 사망에 이르렀다.[85] 무시무시한 질병은 제소르에서 시작해서 유라시아를 무자비하게 휩쓸고 1831년에 베를린에 이르렀다. 헤겔은 가족과 함께 교외로 몸을 피했지만 콜레라의 손아귀를 벗어날 수 없었다. 자연의 인간화의 예언자가 맞은 시적 운명이 아닐 수 없다.[86]

프로메테우스주의가 종종 망각하는 사실이지만, 프로메테우스의 신화는 단지 인간의 자연 정복에 대한 찬가가 아니라 그런 오만함에 대한 경고이기도 했다. 이 점은 헤시오도스를 읽어보면 분명한데, 그의 신화는 헤겔의 초기 글과 현재 유행병학 둘 다와 공명한다. 프로메테우스가 불을 훔치기 전의 시기는 낙원의 분위기가 도드라져서, "인류는 모든 악과 고된 노동에서 자유롭고, 인간을 쇠하게 하는 어떤 질병도 없이 지상에서 살고 있었다."[87] 문명 이전의 이 행복한 삶이 마셜 살린스Marshall Sahlins가 예전에 '본래의 풍요로운 사회'라고 일컬었던 삶이다.[88] 프로메테우스가 불을 훔친 뒤 신들은 아름다운 판도라를 내보냈고, 그는 유리병을 열어 '인간의 통탄할 고난'을 풀어주었다.[89] 프로메테우스 혁명 후에 고대 그리스인들은 (헤겔의) 이스라엘 민족이 대면했던 자연과 유사한 (고통과 두려움의 대상이었던) 자연을 대면했다. 육지와 바다가 "사악한 것들로 가득하고 낮이면 인간을 찾는 질병이 있어…… 필사必死의 존재에게 슬픔을 안겨주었다."[90]

자동 주체

진보—자연의 인간화—의 속도와 방향을 자본에게 빼앗겼다는 점에서 자본주의는 인간 역사상의 단절을 나타낸다. 앞선 역사 시대와 달리 우리는 이제 자연의 **자본화**로 추동되는 사회에 살고 있다. 인간은 이제 더이상 의식적으로 그 방향을 조정하지 못하기 때문이다. 이렇게 시장을 무의식적이고 전능한 힘으로 이해한다는 점에서 맑스주의와 신자유주의는 놀랍도록 유사하다. 차이라면 전자는 시장을 혐오하고 후자는 숭배한다는 것뿐이다. 앞으로 보겠지만 신자유주의의 시장 구상이 맑스주의에서 비롯되었기에 이런 식의 접근은 우연이라고 할 수도 없다. 하지만 복잡하게 뒤얽힌 이 지성사를 탐구하기에 앞서 우선 자본이 무엇인지 이해할 필요가 있다.

맑스에게 자본은 실체라기보다 일단의 사회관계다. 그것은 노

72

동자가 '생산수단'(예를 들어, 농지나 도구)에서 분리되어 노동시장에서 노동을 팔 수밖에 없게 된 이후 노동자와 자본가 사이의 관계에서 처음 생겨났고, 최대 이윤을 추구하며 서로 경쟁하는 자본가들로 지탱된다. 그래서 불평등하게 작용하기는 하지만, 한쪽에서는 실업을, 다른 쪽에서는 현행 이윤율을 유지할 필요가 두 계급의 자유를 옥죈다. 전前 자본주의 사회처럼 (부역이나 십일조 등으로) 상류층이 하층계급의 노동을 직접 통제하지 않고, '사용가치'(투자 결정이 생산품의 직접적 유용성)가 아니라 '교환가치'(그것을 다른 사람에게 팔아서 이윤을 얻을 기회)에 좌우된다는 점에서 자본주의는 이례적인 사회형태다. 인간의 사회적 관계에서 나온 산물임에도 불구하고 자본은 인간의 행위를 인도하는 자율적 힘으로 인간과 맞선다. 시장이 자체의 생명을 갖게 된 것이다. 그렇다면 자본주의는 네 명의 공연자가 환각의 다섯번째 목소리를 만들어내는 사르디니아의 칸투아 테노레(이탈리아 사르디니아주에서 발달한 음악으로 남성 사중창으로 이루어진 목가를 일컫는다―편집자)와 유사하다.

이 문제를 헤겔식 용어로 다시 정리하자면, 전 자본주의 역사는 '주인'과 '노예'의 관계로 추동되었다고 할 수 있다. 주인은 인정투쟁에서 죽음을 불사하는 반면, 노예는 생존하기 위해 굴복한다. 노예의 노동은 자연을 변화시키고 주인을 위해 자연을 인간화하는데, 주인이 항상 그대로인 반면, 노예는 바로 이 과정을 통해 배우고 스스로 변화한다. 헤겔과 맑스 둘 다 깨달았듯이, 직관적으로 기대되는 바와 달리 자본가는 자본주의 사회의 '주인'이 아니다.[91] 주인은 자본 자체다. 맑스는 그것을 '자동 주체,' 즉 무의식적 힘으로 부른다. "끊임없이 돈과 상품의 형태를 번갈아 취하면서 그것은 자신의 규모를 바꾸고, 본래 가치로 여겨지는 자신으로부터 잉여가치를 생성하여 독립적으로 자기 가치를 정립한다."[92] 자본의 자기 확장은 사회와 자연에 초래하는 결과와 상관없이 스스로 목적이 된다. 이렇게 '도치된 세계'에서 이제 노동은 인간 의식을 반영하는 환경을 생산하는 것이 아니라, "부의 세계가 확장되어 노동자를 지배하는 소외된 세계로 [노동자] 앞에 등장한다."[93] 공장에서 노동자는 생산수단을 사용하지 않는다. 그보다는 "생산수단이 노동자를 사용한다."[94] 미출간 저작인 『예나의 진정한 철학Jenaer Realphilosophie』(맑스는 이 책을 읽지 않았다)에서 헤겔은 시장을 "대규모 사람들의 공동 사회이자 상호의존의 무시무시한 시스템, 자기 신체 안에서 알아서 움직이는, 맹목적인 움직임으로 변동하는 죽은 신체의 삶"이라고 정의하는데, 놀라울 만큼 맑스를 예견하는 분석이라 할 수 있다.[95]

다른 주인과 자연의 의지에 의해서만 자신의 의지가 제약되었던 고대 폭군이나 중세 왕과 비교하면 자본가는 기이한 지배층이다. 시장의 압박이 자본가를 비인간화해서, 맑스가 지칭한 바 "의식과 의지를 부여받은, 의인화된 자본"이라는 잡종의 존재로 전락한다.[96] 테오도르 아도르노Theodor Adorno와 막스 호르크하이머Max Horkheimer 는 『오디세이아Odysseia』에서 영감을 받아, 노동자와 자본가 양자의 이중적인 감금 상태를 예시한다. 유혹하는 사이렌의 노랫소리가 들리지 않도록 밀랍으로 귀를 막은 채 노를 젓는 오디세우스 배의 선원들은 기술적 아름다움과 즐거움을 모두 빼앗긴 공장 노동자에 비유된다. 선원들은 노동을 즐기기보다 "정신을 바짝 차리고 집중해서 저 앞쪽을 내다보며 특정한 한 방향에 있는 것은 무엇이든 무시해야" 한다.[97] 이 우화에서 자본가에 해당하는 오디세우스 역시 자유롭지 않다. 삶의 감각적이고 미적인 즐거움을 대표하는 사이렌에 굴복하지 않으려고 돛대에 묶여 있기 때문이다. 이마의 땀방울은 선원보다 덜하겠지만, 그 점만 빼면 자유롭지 못하기는 부하들과 매한가지다. 아도르노와 호르크하이머에게 이 우화는 "자연을 사회적으로 통제해야 할 자본의 불가피한 충동" 탓에 원시적인 세계를 뒤로 한 채 예술의 향유와 육체노동이 갈라서는 순간"을 나타낸다.[98]

지구 우주선의 조타수가 자본—노동자는 확실히 아니고 자본가라기보다는 자본—이라면, 우리가 환경 위기라는 거친 바다 위에 들어서게 된 내력만이 아니라 어째서 방향 전환이 불가능해 보이는지 그 이유도 분명해진다.[99] 재생에너지로의 전환, 자연보존지역의 확장, 육식의 감소 등 해야 할 일은 오래전부터 명백했다. IPCC가 발행한 무미건조한 과학기술 전문 서적을 보면 이러한 합의를 반영하는 놀랄 만큼 급진적인 제안을 찾아볼 수 있다. IPCC는 비용편익분석의 포기에 덧붙여, 탄소중립 건물 법규나 신규 화석연료 발전소의 금지, '효율적인 도시계획'을 통한 차량 축소 등을 요구했다. 심지어 기후 위기의 부정이 극심해지는 원인으로 개혁을 가로막는 '기업체의 로비'와 '기득권의 이익'만이 아니라 '개인의 자율성'과 '자유시장 이념'에 대한 믿음을 지목한다.[100] 무엇을 해야 하는지 다 아는데도 탄소배출은 증가하고 대량멸종은 무자비하게 이어진다. 자본이 배의 키를 잡고 바보들의 배를 맹목적으로 재난의 방향으로 몰고 가기 때문이다. 폭풍을 느낄 수도 없고 승객의 고함도 듣지 못하는 자본은 오직 뱃길을 인도하는 가격의 신호만 인식할 뿐이다. 이런 식으로 자본은 자신은 볼 수도 없는 세계를 파괴한다.

자본주의가 가격을 통한 무의식적인 통제로 특징지어지는 사회라면, 사회주의는 인간이 역사적 원동력으로서 인간 의식을 회복하는 사회가 되어야 한다. 즉, 계획이 시장을 대체해야 함을 의미한다. 어찌 보면 맑스주의 분석의 필연적 귀결로 보이지만, 자본의 '도치된 세계'에 대한 비판을 논리적 결론까지 이어가는 이론가는 별로 없다. 하나의 예외적 경우가 20세기 초반 오스트리아 빈 출신의 뛰어난, 하지만 안타깝게도 대체로 잊힌 박식한 학자 오토 노이라트Otto Neurath다. 노이라트식 철학의 고갱이는 무엇이 되었건 단 하나의 척도가 모든 결정을 인도할 수 있다고 믿는 '유사 합리성pseudorationality'의 부정이었다.[101] 주된 공격 대상은 이윤이었지만 칼 포퍼Karl Popper의 '반증 가능성falsifiability'이나 공리주의적 '즐거움', 에너지나 노동시간에 입각한 당대 사회주의적 제안 같은 다른 보편적 척도도 마찬가지로 배격했다.[102] 노이라트는 보편적 등가물에 기초한 사회주의 경제에도 불합리한 결과를 예방할 긴요한 의식적 통제가 부족할 수 있음을 알았다. 영향력 있는 오스카르 랑게Oskar Lange

와 아바 러너Abba Lerner의 '시장사회주의market socialism'에 들어맞을 비판이다. 이미 1919년에 노이라트는 "통제 불가능한 분열된 통화 질서를 고수하면서 동시에 사회주의식 운용"을 추구하려는 동료 사회주의자의 열망을 '내적 모순'이라고 비판했다.[103]

노이라트는 화폐보다는 서로 다른 사물에 대한 '자연적'(혹은 '실물') 단위에 기초한 고대와 당대의 경제 사례연구를 통해 이러한 결론에 도달했다. 1906년에 그는 고대 이집트의 비화폐경제를 연구한 박사 논문을 끝마쳤다. 그는 화폐가 반드시 경제사의 진보를 나타내지는 않는다고 확신했다. "회계 시설과 현물임금과 여타 다른 제도와 함께, 창고를 유지하는 고대 이집트 왕과 영주의 거대 경제가 기원전 4세기의 그리스 화폐경제보다 훨씬 더 높은 차원에 있기" 때문이다.[104] 노이라트는 고대 이집트 경제에서 얻은 통찰력을 이용하여 자신이 직접 목격했던 발칸전쟁 당시 화폐경제의 몰락을 이해하고자 했다. '실물' 전쟁경제에 관한 후속 연구로 그는 1차세계대전 당시 오스트리아 전쟁성省 내 계획설계자의 자리를 얻었다. 이 경험으로 그는 '실물' 계산을 유사 합리성이라는 문제의 해결책으로 삼게 되었다. 결국 전함 사령관의 결정을 인도할 '전쟁 단위'는 없다고 노이라트는 주장했다. 중요한 것은 "배의 항로, 엔진의 힘, 총의 사정거리, 탄약 비축량, 어뢰, 식량 공급" 같은 통약通約 불가능한 것들이었다.[105] 비상시에는 가격이 어떤 정보도 전달할 수가 없다.

1919년에 바이에른 소비에트 공화국의 중앙 계획국 국장으로 임명된 노이라트는 자신의 무기이론을 사회주의의 보습(농기구) 이론으로 재정립했다. 당시 루조 브렌타노Lujo Brentano(동료 경제학자이자 소비에트 성원인)는 '낭만적인 고대 이집트 경제학자'라며 노이라트를 무시했는데, 사실 그것이 그의 세계관을 한마디로 요약한 것이었다.[106] 노이라트는 「전쟁경제를 거쳐 현물경제로Through War Economy to Economy in Kind」(1919)라는 소논문에서 자신의 계획이론planning theory을 개략적으로 제시했다. 전쟁은 이윤이 투자를 인도하는 척도의 기능을 상실할 수 있다는 유익한 사실을 알려주었는데, 사회주의 아래에서 그런 경향을 계속 발전시킬 수도 있었다.[107] 사회주의 경제는 '현물(즉, '실물') 척도 중앙국'을 설치할 것이고, 그 기관은 '결정권이 있는 중심체'로서 유용한 자원을 바탕으로 '다양한 가능성'을 고려하여 '총체적 계획'을 작성할 것이었다.[108] '실물' 계산이 화폐의 '은폐'를 추방하여 "만사가 투명하고 통제 가능하게 될 것"이다.[109]

노이라트의 소책자는 전쟁성의 전 동료이자 이후 몽페를랭협회의 창시자 중 하나인 루드비히 폰 미제스Ludwig von Mises의 관심을 끌었다. 미제스가 쓴 비판적 글, 「사회주의 공화국의 경제계산Economic Calculation in the Socialist Commonwealth」(1920)은 경제계획의 가능성과 관련한 '사회주의 계산 논쟁'을 촉발했을 뿐 아니라 태동하는 신자유주의 운동의 최초의 글이기도 했다. 재능 있는 사회주의자들이 넘쳐나던 시기에, 미제스의 분노를 일으킨 대상이 룩셈부르크나 레닌이 아니라 상대적으로 덜 알려진 노이라트였다는 사실은 뭔가 암시하는 바가 있다.[110] 아마 노이라트가 사회주의적 통치 원칙의 윤곽을 보기 드물게 명료하게 제시했기 때문일 것이다. 후에 하이에크는 노이라트의 초기 소논문을 사회주의 계산 논쟁의 상대 입장 가운데 '가장 흥미롭다'고 칭찬했다.[111]

미제스의 자본주의 옹호는 노이라트의 자본주의 비판의 거울 상으로 구성되었다. 미제스는 화폐의 보편성을 경제 합리성의 기초로 보았다.[112] 그는 소비재를 노이라트식 계획경제로 분배할 수는 있다고 인정하면서도 '고차재'(즉, 강철처럼 소비자가 아닌 생산자가 사용하는 '중간재')를 생산하는 기업에게는 "압도적으로 풍부한 경제적 잠재성을 뒷받침할" 가격체계가 필요하다고 보았다.[113] 강철이 풍력발전기에 쓰일지 값비싼 SUV에 쓰일지는 시장이 결정한다는 것이다. 미제스의 주장이 '사회주의 계산 논쟁'에서 일제사격의 포문을 열었다고 볼 수는 있지만 가장 강력한 공격은 아니었다. 1930년대 중반에 시장사회주의자인 랑게와 러너는 계획위원회가 효율적으로 수요와 공급의 균형을 맞출 수 있는 경매인 역할을 할 수 있음을 보여줌으로써 미제스를 완전히 치워버렸다. 하지만 이런 주장을 하기 위해 두 사람은 합리적 계산을 위해 보편적 등가물이 필요하다는 미제스의 비판에 동의했다.[114] 노이라트는 어떻게 실물 계산을 사용해서 합리적인 경제적 결정을 내릴 수 있을지 설득력 있게 제시할 수는 없었다.[115] 그로부터 10년도 지나지 않아 수학 분야의 혁신—특히 선형계획법linear programming—이 실물 계획에 도움을 줄 도구를 제공했다. 하지만 1945년에 세상을 뜰 때까지도 노이라트는 이런 발전이 이루어진 사실을 알지 못했다.[116] (이 혁신적 방법에 대해서는 3장에서 자세히 다루겠다.) 여하튼 사회주의 사상에서 주도적인 자리를 차지하게 될 것은 랑게와 러너의 '시장사회주의'였고, 노이라트의 실물 계획은 거지반 잊혔다. 하지만 사회주의 계산 논쟁에는 또다른 예상 밖의 전개가 기다리고 있었다.

미제스가 휘청거리는 사이, 그의 제자인 하이에크가 그를 돕기 위해 신자유주의 사상을 혁신하는 두 편의 획기적인 논문―「경제학과 지식Economics and Knowledge」(1937)과 「사회에서 지식의 효용The Uses of knowledge in Society」(1945)―을 들고 나타났다. 하이에크는 각 개인의 경제적 결정을 단순화하는 데 가격이 도움이 된다는 미제스의 주장에 동의하면서도 그 주장을 한 걸음 더 밀고 나가서 문제의 핵심은 단지 수학이 아니라 '인식론'이라는 점을 강조했다. 하이에크의 주장에 따르면, 랑게와 러너, 그리고 여타 시장사회주의자들은 계획이란 "어떤 두 상품이나 요소가 아무리 그 용도는 다를지라도 그 둘 간의 한계대차율the marginal rates of substitution이 동일하도록" 최적 문제에 대한 수학적 해결을 찾는 문제라고 간주했다. 따라서 경매인으로서의 국가가 수요와 공급이 균형을 이룰 때까지 시행착오를 거치며 그러한 해결에 도달할 수 있다는 것이다(즉, 발라의 모색). 하지만 하이에크는 필요한 모든 자료가 제공되어야 계획이사회가 계산을 풀 수 있다고 지적했다. 계획자가 필요로 하는 정보가 "불완전하고 종종 모순된 지식의 흩어진 조각"인 상황이 좀더 현실에 부합한다고 보았다.[117] 오직 시장을 통한 행위로써 개인은 각자 지식의 작은 조각을 보탤 수 있고 그렇게 해서 "각자의 제한된 시야가 충분히 겹치고, 수많은 평균을 통해 적절한 정보가 모두에게 전달된다"는 것이다. 그래서 "모든 정보를 소유한 단 하나의 정신"과 똑같은 효과를 지니는 "정보 전달의 기제"라는 정의가 시장에 대한 가장 정확한 이해다.[118] 놀랍게도 하이에크의 시장 개념은, 자본이 사회관계로부터 마술처럼 생겨난 무의식적이지만 강력한 힘이라고 보았던 맑스와 상당 정도 공명한다.

하이에크가 개진한 인식적 측면의 사회주의 비판은 좌파가 아직 논박하지 못한 강력한 비판이다. 그를 위해서는 하이에크가 선호했던 지적 지형인 무지 연구 또는 '무지학agnotology'(정확하지 않거나 오해의 소지가 있는 과학적 정보에 대한 사람들의 사회문화적 무지와 의심을 탐구하는 학문—편집자)을 살펴볼 필요가 있다.[119] 신고전주의(수요-공급의 균형에 의해 시장가격이 결정되는 미시경제—편집자) 경제학자들(시장사회주의자건 아니건)은 평형상태가 만물의 자연스러운 상태이며, 자신들의 모형을 작동시키기 위해 '완벽한 지식'을 가정해도 무방하다고 여겼던 반면, 맑스주의와 신자유주의에게 시장은 제대로 알 수 없는 혼돈의 시스템이다. 시장에는 독점과 과잉, 불평등, 환경적 외재성이 득시글하다. 통제하는 주체가 아무도 없고 무슨 일이 벌어지는지 아무도 모른다. 최초의 신자유주의 이론가라 할 프랭크 나이트Frank Knight는 사업가는 "시장과 관련하여 진정한 정보를 제대로 제공 받지 못하고" 회사는 그저 "무지하고 허약한 무리"일 뿐이라고 생각했다.[120] 하이에크는 회사가 본인의 비용곡선

같은 기본조차 알지 못한다고 생각했다.[121] 신자유주의 자본가란 냉정하고 합리적인 호모 에코노미쿠스Homo Economicus라기보다 줄무늬 정장을 입은 네안데르탈Neanderthal인이라는 것이다.[122] 신자유주의는 시장을 탈중심적이고 비합리적인 시스템이라고 비판했던 노이라트를 반박하기보다 시장의 약점을 미덕으로 만드는 일에 모든 것을 걸었다. 계획은 불가능하겠지만, 중도좌파적인 케인스나 신자유주의 경제학자들의 온건한 개혁조차 역시 불가능할 것이다. 시장이 그렇게 불투명하다면 어떻게 정부가 공급부족분을 보충하겠다며 개입하겠는가? 외부효과세(환경부과금이나 탄소배출권 등—편집자)를 부과하려면 환경훼손의 진정한 비용을 알아야 하는데, 정부가 그것을 어떻게 알 수 있겠는가? 하이에크의 논리에 따르면 시장 실패의 유일한 해결책은 더 많은 시장이다.[123]

신자유주의는 시장을 자연적인 존재로 만들기 위해 그 설명에 생물학적 은유, 심지어 신학적 은유까지 동원한다. 생물학자 집안 출신인 하이에크는 시장을 "고도로 복잡한 유기체"로 보았다.[124] 이런 시각은 경제가 마치 결과를 예측할 수 있는 당구 경기라도 되는 양 뉴턴의 물리학을 판단 기준으로 이용했던 신고전주의 경제학자들의 접근방식과 대조된다. 하이에크의 사상에는 시장은 신적 존재이고 경제학자는 그를 섬기는 성직자인 양 여기는 강한 신학적 면모도 존재했다. 시장의 작용이 "우리는 알지 못하는 힘에 좌우되는 …… 천체의 움직임"에 가깝다면, 경제학자들은 "스스로 수학적 가치라고 일컬었던 것이 수많은 특정한 상황에 좌우되어 결국 신만이

알 뿐이지 인간은 절대 알 수 없다고 강조했던" 16세기 예수회 교인처럼 행동해야 할 것이다.[125]

하지만 환경 위기가 신자유주의의 근본적 공준公準에 압박을 가하게 되었다. 시장과 자연 중에서 어느 쪽이 더 알 수 없고 복잡한 존재인지 결정해야 했던 것이다. 환경 위기를 다루는 그들의 태도로 판단하건대 신자유주의의 견해는 명확하다. 비록 자연을 시장에 대한 은유의 원천으로 삼기는 했지만, 시장을 이용해서 자연을 인식하고 통제할 수 있다고 믿는다. 바로 이런 까닭으로 신자유주의자들이 대부분 과학을 경멸하는데, 시장과 비교하면 자연을 인식하는 방법으로 과학은 오류투성이라는 것이다. 시장이 어류 개체군 상태를 해양생물학보다 더 잘 예측할 수 있다고 주장하는 사람도 있고, 새로운 치료법이 안전한지 아닌지를 식품의약청 같은 정부기관이 아니라 시장이 결정해야 한다고 믿는 사람도 있다.[126] 즉, 신자유주의는 한 입으로 두말하는 식―그들은 자신의 수사를 믿을 만큼 어리석지 않다―으로 기후 위기를 부인하며 자신들이 선호하는 SRM 해결책을 위한 시간을 버는 것이다.[127]

서로 다른 무수한 접근법 중에서 신자유주의의 가장 복잡하고도 광범위한 환경정책은 배출총량거래다. 이를 심해면 준설이나 수은오염, 산성비, 탄소배출 등 온갖 분야에 적용해왔다. 배출총량거래는 환경에 해를 입히는 대체 가능한 권리를 창출하고, 누가 그런 권리를 행사할지는 과학 전문가나 민주주의적 합의가 아닌 시장이 결정한다. 1968년에 배출총량거래의 접근법을 고안한 존 데일스

John Dales는 대다수 신자유주의자보다 자연에 대한 애정이 유난했지만(열렬한 탐조가였다), 그조차 맑은 공기와 깨끗한 물이 필수품이라기보다 사치품이라고 믿었다.[128] 파괴되는 자연을 보면서도 태평한 신자유주의의 태도는 그것이 본질적으로 생태나 보건의 문제가 아니라 미학의 문제라는 믿음에 그 뿌리가 있다. 노이라트와의 논쟁에서 미제스는 댐 건설의 잠재적 이윤과 비교했을 때 가격이 폭포의 진정한 가치를 제대로 반영하지 못할 수 있다고 인정하지만, 그때 그가 의미하는 바는 단지 오로지 폭포의 아름다움이다.[129] 기후변화의 시기에 이런 논리는 본질적으로 지구공학으로 귀결된다. 그것이 극히 복잡한 지구시스템에 명백한 위협이 된다는 사실에도 불구하고 말이다. 신자유주의는 자신이 숭배하는 시장에 제약이 가해지는 일을 묵인하느니 차라리 SRM처럼 위험한 방법에도 기꺼이 도박을 거는 것이다.

사유화된 지구공학이 최적의 기후를 만들어내리라는 발상이 얼마나 어리석은지 감을 잡으려면 오존층 구멍의 충격을 기억하는 게 좋다. 성층권 높은 곳의 오존층은 태양의 위험한 자외선을 막아서 생명을 지켜준다. 오존 감소의 화학적 영향은 초음속 비행기로 인한 질소오염을 우려했던 파울 크뤼첸Paul Crutzen—인류세로 명성을 얻은—덕에 1970년부터 관심사가 되었다.[130] 4년 뒤 마리오 몰리나Mario Molina와 F. 셔우드 로우랜드F. Sherwood Rowland는 프레온기체(CFCs)가 어떻게 오존층에 추가적 위협이 되는지 연구했다.[131] 초음속 비행기는 제대로 이륙한 적이 없었던 반면, CFCs는 흔히 쓰는 냉각제(냉장고의 치명적 가스를 대체하는)였기 때문에 그로 인한 오염은 심각했다.[132] 실험실 환경에서 CFCs 분자는 비활성 상태이지만, 성층권 높은 지점에 이르자 극지방의 채운과 연루된 진기한 반응이 일어나기 시작했다. 남극 하늘에서 무슨 일이 벌어지는지는 알지 못한 채 여전히 과학자들은 오존층이 5% 감소하는 데 50년에서 100년이 걸릴 거라고 믿었다.[133]

하지만 남극의 대기 상황은 기후가 따뜻한 지역과는 다르다. 1982년에 영국의 지구물리학자인 조세프 파먼Joseph Farman은 1957년부터 매년 해오던 대로 핼리만에 있는 남극 연구 기지에서 정기적인 대기 측정을 했다. 놀랍게도 오존층이 40%로 줄어든 것을 발견했다. 그는 이전 데이터를 샅샅이 뒤졌고, 자신이 알아채지 못하는 사이에 이미 1977년부터 감소가 지속되었음을 깨달았다. 파먼은 단지 한 지역에 국한된 이례적 현상이 아님을 확실히 하기 위해 이듬해에 팀을 이끌고 1600km 떨어진 남극의 반대편으로 가서 다시 측정했지만 결과는 마찬가지였다.[134] 그는 1985년에《사이언스》에 조사 결과를 발표했는데, 그때쯤 남극의 오존층은 반으로 줄어 있었다. 계절마다 극도로 다른 일조량이 극지방 성층권 구름의 이례적인 화학반응과 결합하면 곧 남극 상공의 대기에 많은 양의 염소―CFCs에서 쉽게 떨어져 나올 수 있는 라디칼―가 집중된다는 것을 의미했다. 1987년에 이르러 곧 상황의 심각성을 인식한 전 세계 정부들이 프레온가스의 사용을 모든 곳에서 금지하는 몬트리올협약에 합의했다. 이렇게 두드러진 외교적 업적이 얼마간의 효력을 가지려면 시간이 걸렸고, 그사이 오존층은 점점 얇아져서 1990년대 후반에는 정상적인 두께의 고작 33%만 남게 되었다.[135] 지금도 어느 곳에서든 완전한 회복까지는 갈 길이 멀다. 아마 이 이야기에서 가장 기이한 면모라면 NASA 위성이 오랫동안 남극의 오존층을 매일 측정했고 퍼먼과 똑같이 감소량을 기록했지만, 워낙 이례적인 결과라 정보처리 프로그램이 그 결과를 폐기 처분했다는 사실일 것이다.[136]

오존 위기는 자만하는 지구공학 프로그램에 대해 경고하는 유용한 비유에 그치지 않는다. SRM이 오존층에 해를 입히기 때문에 직접적인 관련이 있다.[137] 이 문제를 해결하기 위해 선도적인 지구공학자인 데이비드 키스David Keith는 황산염 연무를 중성 방해석(바이오스피어인에게서 산소를 빼앗았던 종류와 유사한 탄산칼슘 합성물)으로 교환할 것을 제안했다. 이 수정된 SRM이 "지구의 온도를 내리는 동시에 오존층을 회복할 수도 있다"고까지 주장한다.[138] 성층권의 화학 성질이 그렇게 간단하지 않다는 사실이 다시 한번 확인되었는데, 대기과학자인 대니얼 칙조Daniel Cziczo는 방해석이 이미 성층권에 존재하는 황산엽과 반응하여 "효과적으로 오존 감소를 초래할" 합성물을 만들어낼 수 있다는 사실을 간과한다고 키스를 비판했다. 이어서 말하길, 키스가 "지나치게 단순화된 가정들"에 의존하여 자기 제안의 "의도치 않은 결과"를 알아채지 못했다고 했다.[139] (CFCs를 발명한 이가 1930년대에 제너럴모터스General Motors의 연구원이자 현대 판도라라고 할 토머스 미즐리 주니어Thomas Midgley Jr.였으니 꽤 어울리는 사실일지도 모른다. 그가 이룬 또다른 악명 높은 혁신이 가연가솔린이니 말이다.)[140] 기후처럼 거대하고 복잡한 시스템을 마주할 때는 인식상의 겸손함이 미덕이지만, 지구공학자들과 그들을 찬양하는 신자유주의자들은 그런 교훈을 배울 생각이 없는 듯하다.

성장하는 식물

여섯번째라는 이름이 붙었으니 여섯번째 멸종은 당연히 지구 생물이 처음 겪는 멸종이 아니다. 오늘날 들려오는 생물종 상실의 꾸준한 북소리는 3억 7500년 전의 재앙인 데본기 말기 대멸종을 상기시킨다. 오래전 그 종말을 촉발한 것은 식물계의 육지 점령이었다. 균류와 시아노박테리아를 제외하면 생명체는 해양에 한정되어 있었는데, 새로이 진화한 관속식물은 흙과 공기의 혹독한 자연상태를 견딜 수 있었다. 바위투성이였던 지구 표면을 뿌리로 파고들었고, 바위를 부수어 최초의 흙을 탄생시켰다. 처음 외부로 나온 무기질이 비가 내릴 때 바다로 흘러들면서 조류가 엄청나게 번성했고, 곧 산소가 부족한 죽음의 구역이 전 지구의 해안가를 따라 확산되었다. 위험에 처한 해양생물의 상황을 더 악화시킨 것은 미세한 유기체가 조류를 실컷 먹은 뒤 남긴 유독한 찌꺼기인 황화수소였다. 식물은 이제껏 생명이 존재하지 않던 대륙 안쪽 깊숙이까지 밀고 들어가 잎이 무성한 거칠 것 없는 왕국을 세웠고 그곳에 곤충보다 더 큰 초식동물은 아직 존재하지 않았다. 식물은 자기 모습대로 육지를 녹색으로 바꿨을 뿐 아니라 하늘도 새로 만들었다. 잎과 줄기와 뿌리로 대기의 CO_2를 들이마셔서 온실효과가 감소되었다. 그렇게 해서 기온이 내려간 지구 여기저기에 빙하가 있는 내륙해가 생겨났고, 해수면이 낮아지면서 해안선이 바다 쪽으로 더 뻗어나가 더 많은 바닷속 생물종을 위험에 빠뜨렸다. 바이오스피어 1과 2의 인간들처럼 고대 식물은 부영양화와 기후변화와 대량멸종이라는 역병으로 자기 집인 지구를 황폐화시켰다.[141]

아르카이옵테릭스—멸종한 속屬으로 균류와 비슷한 나무—와 인간의 차이라면, 인간이라는 종은 임박한 파멸을 의식한다는 점이 아닐까. 그렇지만 재앙을 앞에 두고도 무대책이 지속되는 걸 보면 과연 그런가 싶기도 하다. 인간이 과시하는 인식의 힘을 증명할 유일한 방법은 몰지각한 자연의 자본화를 끝내고 광범위하면서도 세심한 계획을 통해 인간과 자연의 교류를 제한하는 것이다. 그렇지 않으면 불평등의 심화와 질병, 기후 재앙, 생태계 피폐라는 세계가 우리를 기다릴 것이다. 이런 추세를 뒤집으려면 다양한 잠재적 해결책과 더불어 문제의 철저한 이해가 요구된다. 이 장에서 우리의 자연철학에 영감을 준 다방면의 사상가들을 거론한 것도 그런 목적에서였다.

그들 대다수가 일종의 항해 은유를 사용했지만, 아마 가장 적절한 은유는 경제학자이자 반핵 행동가인 케네스 볼딩Kenneth Boulding이 정교화한 개념인 풀러의 '지구 우주선'이 아닐까 싶다.[142] 1966년에 발표한 논문에서 볼딩은 역사를 두 시기로 나눴다. 하나는 무한해 보이는 개척지 자원에 기초한 카우보이 경제cowboy economy고, 다른 하나는 "추출할 것이든 오염시킬 것이든 그 무엇도 무한한 보유량이 없는 단 하나의 우주선이 되어버린 지구의" 우주비행사 경제spaceman economy다.[143] 지구 우주선은 일반적으로 두 가지 방식으로 이해되어왔다. 첫번째는 지구를 완전히 이해하고 축소하고 조립식으로 만드는 일이 가능해서, 방주나 지구라는 우주선 함대 안에 담을 수 있다는 것이다. 1990년대의 바이오스피어 2와 2020년대 억만장자들이 줄줄이 내보인 우주 식민화 환상이 바로 이런 접근방식에서 영감을 받았다.[144] 두번째 해석은 인류와 자연을 모두 품어 지속하게 할 존재는 지구라는 단 하나의 우주선뿐이므로 우리 삶에 꼭 필요한 이 우주선을 제대로 유지해야 한다는 것이다. 볼딩의 생각에서 더 나아가 그 인식틀에 제너의 생각을 덧붙일 수도 있다. 지구는 아주 오래되었지만 동시에 우리에게 생경한 자연 기계로 우리는 절대 그 작동 기제를 헤아릴 수 없으니, 우리가 그것을 항상 이해하지 못하더라도 공각기동대가 그 전기회로를 제어하게 놔두는 편이 가장 현명한 일이라고 말이다.

헤겔과 제너의 자연철학 사이의 긴장은 '앞을 생각하는 자'라는 의미의 프로메테우스라는 이름에서도 잘 나타난다. 프로메테우스주의는 현명하게 자연에 개입할 수 있는 능력에 달려 있지만, 지식은 행동을 통해 생산되므로 그런 행동은 헤겔의 논리 안에서도 불가능하다. 따라서 자연의 인간화는 무지의 상태에서 온갖 위험을 수반하며 진행될 수밖에 없다. 그런 까닭으로 그 행동의 예기치 못한 결과로 인수공통전염병 같은 간접적 영향이 발생하는 것이고, 따라서 인간 의식과 (자기 의지적) 자연이라는 삶의 두 영역을 모두 보호하려면 둘이 섞이는 일을 제한해야 한다. 그에 반해 헤겔의 사생아인 신자유주의는 자연의 인간화가 아니라 자연의 완전한 자본화를 꾀한다. 확실히 기이한 프로메테우스주의자가 아닐 수 없다. 신자유주의는 자연에 대한 의식적인 통제보다는 하나의 무의식적 영역(자연)을 또다른 무의식적 영역(자본)으로 억누르고자 한다. 몽페를랭 협회 첫번째 회의에서 참석자들이 프로메테우스를 따서 이름을 지으려다 말았다는 사실은 시사하는 바가 있다.[145]

20여 년 전 지구공학자 데이비드 키스는 전 세계가 인간의 '인공물'이 되는 미래를 상상했다. 신기원을 이룰 이 전환이 얼마간 자신의 전문 분야 덕에 생겨나리라고 가정했다. 이러한 인공 세계에서는 "기후와 날씨가 적극적으로 제어되고", 유전자가 변형된 식물과 동물이 "어느 곳에서나 공통된 풍경을 이루고", 인류 자신의 유전적 유산도 "급속히 갈리는 시기"에 들어설 것이라고 했다. 진화―인간의 진화까지―는 시장에 의해 결정될 것이다. 자연사의 무의식적인 방향성은 상실되고 "[생태계]가 어떻게 진화되었는지가 아니라 그것이 왜 거기에 놓여 있는지 묻게 될 것이다."[146] 자동주체가 지배하는 그런 세계는 신자유주의자 동행자들이 깨닫는 것 이상으로 언제나 더 불안정하고 위험하고 불합리할 것이다. 지구공학자의 꿈은 호르크하이머와 아도르노의 공포의 대상이었던 "대재앙

의 불길로 타오르는…… 완전히 계몽된 지구"의 실현이 될 듯하다.[147]

　　제너의 생태회의주의와 신자유주의 헤겔주의 사이, 바로 그곳이 바로 한 세기나 묵은 사회주의 계산 논쟁에 우리가 개입해야 하는 핵심 지점이다. 노이라트는 사회주의란 생산과 분배의 의식적 통제, 경제를 '의지의 영역'으로 전환하는 정치적 행위여야 한다고 설득력 있게 주장했다.[148] 미제스, 그리고 특히 하이에크는 강력한 인식론적 비평으로 노리아트 사회주의의 기반을 허물었고, 그로 인해 좌파는 유사 합리적인 시장사회주의로 방향을 틀었다. 이에 대해 우리는 숫제 하이에크보다 더 나아가, 무의식적이고 탈중심화된, 그리고 상상을 초월할 정도로 복잡한 시스템인 자연에 경외심을 바쳐야 한다고 주장하려 한다. 자연이야말로 시장보다 더 불가지한 존재이기 때문이다. 　노이라트 자신은 자연의 인간화를 사회주의의 목표로 끌어안았기에 이런 주장을 할 수 없었다.[149] 그래서 생태학이 처음부터 신자유주의의 아킬레스건이라는 사실을 보지 못했던 것이다.

　　인간이 생태계와 관련해 영원히 무지하다는 사실을 강조하면 헤겔의 자연철학을 재해석할 수 있다. 우리가 보기에 자연의 완전한 인간화라는 그의 목표는 헛된 것이지만, 그렇다고 '역사의 종말'이 존재하지 않는다는 뜻은 아니다. 자연의 인간화 과정은 그것이 완전히 실현되었을 때가 아니라 이 과정이 인간 자유의 기초를 허문다는 사실을 인류가 깨닫는 순간 중단된다. 기후변화와 인수공통 전염병의 발생과 여타 환경 위기에 이르러서야 비로소 인간의 통제라는 허울이 벗겨진다. 자연의 인간화를 멈추려면 집단의식이 자신의 한계를 인식해야만 한다. 다른 맥락에서 노이라트가 했던 말처럼 "합리주의는 실질적인 통찰력의 한계를 분명히 깨달을 때 최고의 승리를 인식한다."[150] 분명 인류와 자연 간 대사代謝 교환의 정확한 형태는 시간이 흐르며 변화하겠지만, 이 교환이 생태적으로 안정적인 규모로 축소되면 '역사'는 대략 종말에 이를 것이다.

미래에 해야 할 일은 대체로 자연의 인간화가 아닌 재야생화일 것이고, 그것을 이론화하자면 건설된 세계를 허무는 일이다.[151] 강을 운하로, 초원을 옥수수밭으로 바꾸는 헤겔이나 맑스식의 노동과 비교해보자. 허무는 일은 자기 의지를 지닌 자연에서 인간의 의식을 떼어내는, 마찬가지로 힘든 작업이 될 것이다. 이것이 1798년 이래로 우리가 알아온 노동이라는 개념과 진보에 대한 이해를 깨뜨려, 일과 여가의 새로운 혼합 가능성만이 아니라 인류와 자연의 새로운 관계를 창조할 것이다. 이는 허무는 임무이기에, 환경주의가 '원시' 자연의 이상화(아직 온전한 상태의 생태계 보존은 물론 좋은 일이지만)가 아니라 망가진 세계를 고치는 일이 아직 가능하다는 인식임을 분명히 보여준다.

지구절반 사회주의는 허무는 일과 건설하는 일—아주 많은 풍력발전기를 세워야 할 테니까—양쪽에서 노동을 요구하지만, 재미를 위한 시간도 제공한다. 이렇게 해서 역사의 종말이라는 우리 관념은 어쩌면 예상외로 헤겔과 공유하는 점이 많기도 하다. 잘 알려진 알렉상드르 코제브Alexandre Kojève의 해석을 생태학적으로 덧칠할 수도 있다.

따라서 역사의 종말에 인간의 소멸은 우주적 재앙이 아니다. 자연세계는 영겁의 시간부터 지녔던 모습을 그대로 유지하니까. 그리고 생물학적 재앙도 아니다. 인간은 자연이나 소여所與와 **조화**를 이루는 동물로 여전히 살아가니까. 사라지는 것은 고유하다고 여겨지는 인간, 그러니까 소여를 부정하는 행위와 오류, 혹은 일반적으로 말해 객체에 **반하는** 주체다. 사실 차원에서 인간의 시간이나 역사의 종말—즉, 고유하다고 여겨지는 인간, 혹은 자유로운 역사적 개인으로서의 인간의 확실한 절멸—은 그저 완전한 의미에서 행위의 중단이다. 실질적으로 이것이 의미하는 바는 전쟁과 피비린내 나는 혁명의 소멸이다. 또한 **철학**의 소멸이다. 인간 자신이 이제 본질적으로 변화할 일이 없으니 세계와 자신을 이해하는 일의 기초가 되는 (진정한) 원칙을 바꿀 까닭도 더이상 없기 때문이다. 그러나 나머지—예술, 사랑, 놀이 등 한마디로 인간을 **행복하게** 하는 모든 것—는 전부 한없이 보존될 수 있다.[152]

사회주의의 목표는 소련 방식의 스타하노프운동(노동생산성 향상을 높이기 위한 방책으로 벌인 노동력 착취 운동—편집자)이 아니라 "짐승처럼 아무것도 하지 않는" 것이다.

이렇게 역사의 종말에 이르렀지만, 우리 계획이 완성된 것은 아니다. 다음 장에서 우리는 지구절반 사회주의의 앙상한 뼈에 살을 붙이기 위해 미래의 반찬가게로 돌아가서 우리 철학 원칙의 물리적 구현체가 어떤 모습일지 살펴보겠다. 이 작업은 정치 행위와 실제 계획을 인도할 완전히 실현된 새로운 유토피아를 꿈꾸라고 사회주의자에게 요구했던 노이라트에게 영감을 받아 시작했다. 바이에른 소비에트 공화국이 패한 것은 "뚜렷한 목적이 없었던 것이 적잖은 원인"이라고 그는 생각했다. "맑스주의가 장난스러운 유토피아주의를 죽여 버려…… 새로운 형식을 생각해내려는 다짐을 마비시킨" 것이 문제였다.[153]

자연이 궁극적으로 불가지하다는 것은 갈피를 잡을 수 없는 아름다운 우리 세계를 최대한 이해하려는 노력이 필요 없다는 뜻이 아니다. 자연에 대한 우리의 지식은 그 지휘를 받는 사회 및 기술과 마찬가지로 변화할 것이다. 곧 경제의 의식적 통제와 그것을 허무는 일 역시 시간이 흐르며 변화한다는 뜻이다. 여기서 다시 노이라트가 우리를 인도할 텐데, 그가 처음으로 지식의 변화무쌍한 특성을 인식한 과학철학자 중 한 명이기 때문이다. 그는 과학자를 "망망대해에서 배를 개조해야 하기에 바닥부터 뜯어고칠 수 없는 선원"에 비유함으로써 이 통찰력을 간결하고 함축적으로 표현했다.[154] 반쯤 지어진 우리 배 아래로 무자비한 바닷물이 굽이치고 있으니 사회주의를 창출하는 일이 쉽지는 않겠지만, 적어도 항로를 짜는 주체는 우리다.

2장

새로운 공화국

우리가 먹는 음식은 엄청난 잔인함을 가리고 있다. 자리에 앉아 닭고기를 먹으면서, 이 나라에서 얼마나 끔찍한 환경에서 공장식으로 닭이 사육되는지 생각하지 않는다는 사실은 자본주의의 위험을, 자본주의가 어떻게 우리 정신을 식민화했는지를 알려주는 표시다. 우리는 상품 자체 너머를 보는 일이 없다. 일상적으로 사용하는 상품 밑에 깔린 관계를 이해하지 않으려 한다.
_앤절라 데이비스Angela Davis

아마 최초의 유토피아일 플라톤Plato의 『국가론Republic』에서 소크라테스Socrates는 농부, 집 짓는 사람, 직공, 신발 수선공부터 시작해서 완벽한 자기 도시에 필요한 직업을 줄줄이 덧붙인다. 애초 계획에 따르면 자족하는 시민은 포도주와 음악을 곁들여 보리와 밀로 만든 빵이라는 '소박한 음식'을 먹었다.[2] 플라톤의 형인 글라우콘이 이렇게 밋밋한 식사에 항의했고, 소크라테스는 "소금과 올리브와 치즈"에 채소 스튜, 그리고 디저트로 "무화과와 병아리콩과 콩"까지 덧붙이게 된다. 그래도 글라우콘은 성에 차지 않아, 그건 '돼지 도시'에나 어울리는 '사료'라며 경멸한다.[3] 그러자 소크라테스는 그의 요구를 받아 이번에는 자기가 상상한 식단에 고기를 추가하는데, 그러자 그의 국가에는 사냥꾼과 돼지치기와 '엄청난 수의 소'가 추가되어야 했다. 목초지가 필요한 시민들은 "이웃의 땅에서 한 조각씩 잘라 가져야" 했다. 그러자 다른 도시국가들도 "불가피한 결핍으로 인한 제한을 무시하고 무한정 재물을 얻으려고 혈안이 된다면" 그의 국가를 공격할 수 있었다.[4] 평화로운 채식 사회라는 이상을 포기하자마자 토지와 육류가 결합하여 정치경제의 근본적 문제만이 아니라 '전쟁의 기원'으로 모습을 드러낸 것이다.[5]

아테네 담장 밖으로 나가는 일이 드물었던 소크라테스는 숲에서 배울 것이 하나도 없다고 믿었다. "시골 지역과 나무는 내게 가르쳐주는 것이 없을 것이다. 도시 사람들에게는 배울 것이 있겠지만."[6] 하지만 식단 같은 일상적인 문제만 해도 그로부터 경제와 경제를 떠받치는 생태계가 서로 주고받는 영향이 봇물처럼 쏟아져 나왔기에, 그 역시 인류와 자연의 관계를 고려하지 않고는 국가의 문제를 끝까지 사고할 수 없었다.

'유토피아'라는 용어는 플라톤의 저작이 나온 뒤 2000년이 흐른 뒤 그의 철학을 따랐던 토머스 모어의 동명의 저작에서 나왔다. 『유토피아』에서 다루는 주제가 한둘이 아니지만, 그 역시『국가론』 과 마찬가지로 자연을 지배하려는 욕망과 그 위험 사이의 긴장에 직면한다. 비록 유토피아에서는 "사냥을 살생 중에서도 가장 저속 하고 악하고 미천한 부분으로 여기고," 죽음을 즐기는 것을 "정신의 잔인한 감정"이라고 보았지만, 자유로운 시민은 여전히 육식을 하 면서 살육이라는 천한 행위는 노예계급에게 떠넘긴다.[7] 모어는 가 축사육이 주변 나라와의 전쟁을 촉발하지 않을까 우려하는 대신 영 국의 내부 식민화라는 측면에서만 맹공격했다. 그 당시 양모 상인 들은 "길든 양순한" 양들을 "들판은 물론이고, 주택과 도시까지 소 비하고 파괴하고 잡아먹는" 괴물로 바꿔놓았다.[8] 아주 예리하게도 모어는 태동하는 영국의 농업자본주의라는 새로운 정치형태가 사 적 소유와 돈―"만사를 관장하는" 측정 기준―으로 전통적 토지 경 영방식의 기반을 약화한다는 것을 깨달았다.[9] 현재의 소작료에 만 족하지 못하는 지배계층 사업가는 호황중인 양모 사업에서 이윤을 얻기 위해 목양장을 확장하려고 자기 땅에서 소작농을 쫓아냈다. 수가 급증한 양들은 자주 유행병에 시달렸고, 모어는 이를 "목양업 자의 머리에 떨어져야 훨씬 마땅하지만, 양에게 해로운 전염병을 보내는 식으로 엔클로저enclosure(영주나 대지주가 목양업이나 대규모 농업을 하기 위해 미개간지나 공동 방목장 같은 공유지를 사유지로 만든 일―편집자)를 행하는 자들의 만족할 줄 모르는 과도한 탐욕에 신께 서 내리는 복수"로 해석했다.[10] 하지만 예전 공유지의 엔클로저를 신랄하게 공격했던 모어 자신도 엔클로저를 했으니, 육식하는 유토피아 시민과 마찬가지로 예민한 감수성과 위선의 결합을 보여준 셈이다.[11]

선견지명이 있었던 모어는 자신의 세기가 끝나갈 무렵 더욱 확실해질 축산업과 초기 자본주의의 유대관계를 포착했다. 셰익스피어의 『리처드 2세Richard Ⅱ』에서 곤트의 존John of Gaunt은 "우리 왕국이…… 공동주택이나 하찮은 농장처럼…… 이제 임대되었다"고, 그런 식으로 영국이 "수치스럽게 스스로 정복당했다"고 한탄한다.[12] 농업자본주의는 영국 사회와 풍경을 빠르게 재편했을 뿐 아니라, 역사가 엘렌 메익신스 우드Ellen Meiksins Wood가 주장하다시피 '자본주의 제국주의capitalist imperialism의 기원'과도 연결되었다.[13] 1585년에 튜더왕조는 아일랜드 소작농에게서 토지를 몰수하여 영국인 정착민에게 주었고, 그들은 이국땅에 처음으로 자본주의의 씨앗을 뿌렸다.[14] 내란으로 영국의 구체제가 무너진 후 이 과정은 오히려 가속화되었다. 승리한 부르주아는 미적지근했던 튜더왕조가 엔클로저에 부과했던 규제를 전부 철폐하여 아일랜드의 식민화를 다시 활성화했다.[15] 곧 아일랜드 동부 대부분이 영국과 스코틀랜드의 목축업 권력자들의 지배 아래에 놓였고, 그들은 가축을 영국으로 수출해서 상당한 이윤을 챙겼다.[16]

식민화는 농업 '개량'을 명분으로 정당화되었는데, 존 로크John Locke가 이런 주장을 했던 것으로 가장 유명하다. 헤겔의 '자연의 인간화'가 로크의 노동이론에서 영향을 받기도 했는데, 로크는 "자연이 제공해서 놓아둔 상태의 것에서 [인간은] 무엇이든 빼내어 자기 노동과 섞고 뭔가 자기 것을 결합한다. 그렇게 해서 그것을 자기 소유로 만든다"고 믿었다.[17] 로크주의자인 뉴잉글랜드 식민주의자들이 구미가 당기는 땅에서 원주민을 마주했을 때, 복잡하고 놀랍도록 건강한 사회의 정교한 체제는 그들 눈에 보이지 않았다. 그들의 눈에 원주민들은 땅을 부리지 않으므로 땅에 대한 권리가 없는 사람들로만 보였다. 그런데 거의 2세기나 앞선 양가적 유토피아 선조인 모어가 『유토피아』에서 했던 주장도 로크의 주장과 똑같이 교활했다.[18] 플라톤부터 모어를 거쳐 우리 시대에 이르기까지, 자연과 동물의 문제가 유토피아적 가능성의 경계를 구획하는 듯하다.

유토피아 전통의 단점이 무엇이든, 그 강점은 식량과 토지와 생태와 정치를 단 하나의 분석틀 안에서 연결하는 능력—지금 우리에게 몹시 부족한—에 있다. 반면 현재 주요한 세 가지 환경적 '해결책' 가운데 그런 식으로 상호연결된 접근법을 제공하는 것은 하나도 없다. 주류 환경론의 접근법은, 사회의 자본주의적 기초는 그대로 놔둔 채, 환경 위기의 면면이 단편적인 개혁으로 처리할 수 있는, 일단의 서로 다른 기술적 문제라고 여긴다. 절반 유토피아인, 좁은 시야의 이 세 가지 전망이란 BECCS, 더 많은 원전, 식민지가 절반을 차지한 지구다.

신자유주의는 시장의 자율만 보존된다면 배출총량거래든 SRM이든 자신의 계획이 효과가 있건 없건 별로 관심이 없지만, 주류 환경론자들은 자신의 절반 유토피아로 고장난 지구를 충분히 고칠 수 있다고 진심으로 믿는 듯하다. 앞으로 살펴보겠지만, 이들이 아무리 부자와 권력자를 달래기 위해 기꺼이 정치적 양보를 하더라도 그들의 제안이 시행될 가능성은 거의 없다. '고속 증식로fast breeder'나 3세대 바이오연료biofuel 같은 기적의 녹색 특효약에 들떠 있지만, 위기를 되돌릴 수 있다는 희망과 함께 그 거품도 곧 꺼질 것이다.

현재 지배적 환경론에서 제기한 세 가지 주요 제안을 검토함으로써 우리는 그것이 불충분한 까닭은 어떤 기술적 단점(이것도 물론 많지만)이 있어서가 아니라 유토피아적 상상력이 부족해서라는 점을 보여줄 것이다. 그 제안들은 범위의 측면에서는 야심만만하지만 동시에 실행의 측면에서는 미적지근하다. 마치 환경 위기가 그것을 초래한 사회구조와 별개로 이해될 수 있다는 듯이 현재 정치경제체제에 대한 엄밀한 비판과 거리를 둔다. 이런 식의 자연과 경제와 정치의 기이한 분리는 유토피아를 상상한 플라톤과 모어에게서는 찾아볼 수 없는 것으로, 우리는 그들의 인식론적 전체론을 다시 살려내고자 한다. 아무리 기를 쓴들, 주류 환경론은 미래의 기술적 해결과 현재의 정치경제체제의 영역을 분리하는 담장을 세울 수가 없다. 우리는 BECCS와 원자력과 지구절반에 대해 비판을 해나가면서,『국가론』과『유토피아』의 대담한 범위를 모방하여 우리의 유토피아를 개괄적으로 그려 보이려 한다.

BECCS: 난 루저야, 자기야……

기후정치에 조금이라도 관심이 있는 사람에게 BECCS는 물리적인 형태가 아닐 뿐, 어디에나 존재하는 듯하다. 그 기술의 바탕이 되는 구상은 꽤 단순하다. 바이오매스biomass를 태워서 발전소를 돌리고 CO_2를 포집해서 지하에 격리한다는 것이다. 바이오매스는 약간의 임업과 농업, 특별히 개발한 나무 농장, 빨리 자라는 잔디 등에서 얻을 수 있는데, 아마 언젠가는 조류에서도 뽑아낼 것이다. 2000년대에 등장했던 기술적 조상으로, 그 원리가 좀더 간단했던 CCS는 시설비용에 비해 탄소가격이 너무 낮아 실패했다.[19] 이런 골치 아픈 선례가 있음에도 BECCS는 2015년 파리협약 이후 기후정치에서 핵심적인 위치를 차지해왔다. 취약한 작은 섬나라 국가들은 협약에 1.5℃ 목표를 집어넣는 일에 성공했고, 이로 인해 학계의 소규모 사업체들이 다들 에너지 경로 시뮬레이션에 뛰어들었다.[20] 1.5℃라는 목표치는 CCS 같은 탄소중립 기술만이 아니라 BECCS 같은 탄소흡수 기술을 요구한다는 사실이 곧 명백해졌다.

인류의 '탄소예산'을 고려하면 탄소중립 기술의 필요는 명확하다. 기후변화 이전에 방출될 탄소로도 지구에 재앙을 초래할 수 있기 때문이다.[21] 대기는 마치 욕조와도 같아서 예산은 상대적이기보다는 절대적이다. 이미 물이 가득해 찰랑거릴 정도라면 똑똑 떨어지는 물방울에도 물은 넘쳐흐를 것이다. 남은 탄소예산이 너무 적기 때문에, 온난화를 1.5℃나 하다못해 2℃로 막으려 해도 탄소배출은 아주 가파르게 감소해야만 한다. 1.5℃ 목표를 이루려면 탄소 오염이 2020년대 내내 매년 7.6%씩 축소되어야 한다. 이는 2020년 팬데믹 와중의 불경기 덕에 가능했던 5.5% 감소보다도 더 높은 수치다.[22] 2018년에 IPCC가 「1.5℃ 지구온난화Global Warming of 1.5℃」를 발간한 직후, 《카본 브리프Carbon Brief》는 탄소예산의 적자 때문에 특별보고서에 사용된 모형들이 '사실상 전부' 탄소흡수에 의존했다고 보고했다.[23] 시뮬레이션을 작동시키는 얼마 안 되는 방법 가운데 하나가 모형제작이기에 BECCS는 모형제작자에게 호소한다. BECCS 해결책은 간단해 보이지만, 단 하나 문제점이 있다면 그 시설이 작동하는 곳이 지구 어디에도 없고, 가까운 시일에 대량으로 건설될 가능성도 별로 없다는 것이다.

파리협약으로 BECCS에 대한 관심이 촉발되긴 했지만, 그 구상은 2000년대 초로 거슬러 올라간다. 케네스 묄러스텐Kenneth Möllersten과 데이비드 키스―신자유주의 과학의 라이프니츠와 뉴턴― 두 사람이 공허한 BECCS의 왕관자리를 탐낸다. 22년 전에 묄러스텐은 화학공학 박사과정 학생으로, 스웨덴의 임업이 어떻게 BECCS를 이용해서 탄소거래 프로그램에서 탄소거래권을 얻을 수 있을지 연구중이었다.[24] 2001년에 제12차 지구온난화 국제회의 및 박람회에서 연구 내용을 발표하기 위해 케임브리지 대학교에 갔다가, 전 지구 환경모형제작의 초기 중심부(이에 대해서는 다음 장에서 좀더 살펴보겠다)였던 국제응용시스템분석연구원International Institute of Applied Systems Analysis: IIASA에서 일하는 마이클 오버슈타이너Michael

Obersteiner를 만났다. 묄러스텐은 오버슈타이너를 비롯한 여러 사람들과 함께 BECCS 및 기후 위험 요인을 다루는 중요한 보고서와 논문을 발표했다. 그들은 BECCS가 비용이 많이 들지만 "위험성이 점증하는 상황에서" 전개할 수 있는 유연한 기술이라고 주장했다.[25]

1장에서 만났던 지구공학자인 키스는 다른 방식으로 BECCS에 접근했다. 그는 2001년에 「흡수원, 에너지작물, 그리고 토지의 사용Sinks, Energy Crops and Land Use」이라는 제목의 사설에서 BECCS에 회의적 시선을 보내면서, 그 기술이 야생 구역 및 농업과 경쟁함으로써 토지의 '본질적 결핍'을 악화시킬 것이라고 주장했다.[26] BECCS에 기반한 정책은 "'자연을 위해 얼마만큼의 땅을 남겨두어야 하는가'라는 훨씬 어렵고 가치판단에 더욱 좌우되는 질문에 대응해야 한다"고 경고했다.[27] 놀랍게도 그는 재야생화가 더 나은 탄소격리 방법이라고 생각했던 듯하다. (그는 여전히 BECCS에 회의적이지만, 현재는 재야생화에도 반대한다.)[28] 키스의 회의주의는 선견지명이 있었던 것으로 판명되었다. 2018년의 한 연구에서는 BECCS 프로그램이 아홉 가지 핵심적인 '지구위험 한계선'(담수, 생물다양성 등)에 의해 제약된다면 그것으로 격리되는 탄소는 고작해야 연간 배출량의 0.5%일 뿐이라는 사실을 발견했다.[29] 몇십 억 톤의 탄소를 격리할 효과적인 BECCS 프로그램에는 적어도 3억 5000만 헥타르의 땅이 필요한데, 인도보다 넓은 면적이다.[30] 이런 규모로 전개된다면 BECCS는 사실상 전 지구적 삼림파괴를 확대하여 여섯번째 대멸종을 가속화할 것이다.[31] 역설적이게도, 그렇게 엄청난 서식지를 파괴함으로써 BECCS는 온실가스의 순전한 원천이 될 수도 있다.[32] 탄소흡수는 고사하고.

예측되는 결과가 이렇게 형편없는데 어째서 BECCS가 현재 기후 정책에서 주도적인 자리를 차지하게 되었을까 의아할 수밖에 없다. 다시 통찰력 있는 키스로 돌아가면 그는 "CCS나 핵의 확대나 비화석 재생연료 비용의 획기적인 인하"가 실패한 후에야 상황에 밀려 "대규모의 바이오매스 에너지가 불가피해질 것"이라고 예언했다.[33] 지금 벌어진 일이 대략 이러하다. 키스는 BECCS에 드는 비용이 워낙 어마어마해서 투자를 거의 받지 못하리라는 사실도 추측했을지 모른다. 온난화를 2°C로 제한하려면 BECCS는 2030년부터 전 세계 GDP의 3%에 해당하는 환경세가 되어야 한다.[34] 이렇게 보면 키스가 그즈음 BECCS보다 SRM에 중점을 두기로 결심한 것도 이해할 만하다. SRM은 비용이 낮아 늘 좀더 가능한 선택지로 여겨졌기 때문이다. 그렇다고 BECCS가 신자유주의와 전혀 무관하다는 뜻은 아니다. 어쨌든 묄러스텐이 애초에 배출총량거래에서 영감을 받았기 때문이다. 신자유주의는 단 하나의 해결책에 몰두하는 일이 없고, 항상 공적영역을 메우기 위한 여러 정책을 장착하고 있다.[35]

정리해보면 지구절반은 상대적으로 작지만 긴밀한 유대를 이루는 보존주의 공동체의 지지를 받고, 원자력의 확장은 세간의 이목을 끄는 환경주의자들이 나서서 옹호하는 반면, BECCS의 지지자는 기후모형제작자뿐인 듯하다. 또한 BECCS가 기후변화의 진정한 해결책이라기보다 그들의 모형으로 생산된 가공물이라는 점에서 그들이 그 기술에 보이는 관심은 정치적이라기보다 기술인 듯하다. 엄정하고 근본적인 기후 운동이 없다면 그 무엇도 과학자들에게 정치적 기반을 제공하지 못한다. 기후모형제작이라는 보수적 변수 내에서 기후변화라는 문제를 해결하려 애써봐야 부질없는 노력일 뿐이다. IPCC의 구성원 일부가 놀랍도록 급진적인 태도를 지니게 된 것도 어쩌면 그래서일지 모른다. 예를 들어, 기후 재앙을 미연에 방지할 약간의 희망이라도 가질 수 있으려면 "사회 모든 측면에서 신속하고 광범위하고 전례 없는 변화"가 필요할 것이라고 말한다.[36] 유토피아란 가능성의 개념을 자유롭게 풀어놓기 위한 것이지만, BECCS 같은 절반 유토피아는 꼭 필요한 광범위한 전환에 맞서 현상태를 지킬 목적으로 상상된 허구적 미래다.

후쿠시마, 내 사랑

원자력이 BECCS의 뒤를 이어 기후 논쟁의 상위 자리를 차지하게 된 것은 그것이 기후모형에 편재해서라기보다는, 제임스 한센James Hansen, 마이클 셸런버거Michael Shellenberger, 조지 몬비오George Monbiot, 스튜어트 브랜드Stewart Brand, 제임스 러브록James Lovelock 등을 비롯하여 그 지지자들이 환경운동에서 지니는 명성 때문이다. 지금까지 평범한 환경론자들의 두려움의 대상이었던 원자력을 끌어안는 논거는 다음 세 가지 가정에 근거한다. 첫째, 원자력은 안전하다. 둘째, 원자력발전소는 '탄소를 배출하지 않는' 에너지를 제공한다. 셋째, '고속 증식로' 같은 전도유망한 새 기술이 존재한다. 그런데 면밀히 따져보면 어느 것도 설득력이 없다.

원자력에 상당히 동조하는 환경론자로 전 NASA 과학자인 제임스 한센이 있다. 그는 1988년 의회 증언에서 기후변화를 대중에게 널리 알린 최초의 인물로 잘 알려져 있다. 최근에는 백악관에서 내내 시위를 벌이다가 체포되었다.[37] 그럼에도 불구하고 친원전 환경론자 셸렌버거(보수 쪽 싱크탱크)나 켄 칼데이라Ken Calderia(지구공학자이자 키스의 공동 연구자)와 공동 집필한 글을 신문에 실었다.[38] 한센은 탄소배출이 없는 에너지시스템을 만들기 위해 현재 전 세계에 깔린 440기의 원자로가 무색하도록 새로운 원자로를 대규모로 신속하게 건설하는 안을 옹호한다. 그의 계획대로라면 35년 동안 매년 115기의 원자로를 새로 지어야 한다.[39] 그렇게 엄청난 과업으로 얻어질 결과는 놀랍도록 보잘것없는데, 그래봐야 거기서 공급될 에너지는 전 세계 전기 부문(전체 에너지 소비의 대략 5분의 1)만 충당할 것이기 때문이다.[40]

앞서 나가는 환경론자들은 북쪽 선진국의 부르주아지(환경운동의 사회적 기반)에게 생활 방식을 바꾸라고 장려하기보다, 차라리 원자력 같은 위험한 기술을 신뢰한다. 현재 추정되기로는, 후쿠시마 규모나 그보다 더한 참사가 62년마다 발생할 가능성이 50%고 미국 펜실베니아주 스리마일 섬 규모의 참사는 15년마다 발생할 가능성이 50%다.[41] 만약 한센의 뜻대로 해서 수천 기의 원자로가 지어진다면, (체 게바라Che Guevara의 표현을 빌면) 후쿠시마 참사가 두 번, 세 번, 수많은 후쿠시마가 있을 것이 거의 확실하다. 친원전 환경론의 핵심 부분은 후쿠시마나 체르노빌처럼 커다란 사고가 나도 원자력 사고로 인한 사망자는 상대적으로 적다는 것이다. 한센과 그 동료들에 따르면, 1986년 우크라이나에서 원자력 노심용융(원자로의 냉각장치가 정지되어 내부의 열이 이상 상승하면서 원자로의 노심부가 녹는 사고—편집자)으로 아마 몇십 명이 사망했겠지만, 2011년 일본의 경우 사망자는 하나도 없었다고 한다.[42]

터무니없는 이야기다. 세계보건기구World Health Organization: WHO는 2006년에 마침내 우스꽝스러운 가식을 내던지고 체르노빌의 추정 사망자 수를 54명에서 9000명으로 올렸다.[43] 이후 추정치는 가파르게 증가했다. 같은 해에 유럽의회European Parliament: EP의 의뢰로 수행된 연구는 3만 명에서 6만 명 사이로 보았고, 2019년 역사가 케이트 브라운Kate Brown은 최소로 잡아도 사망자는 3만 5000명에서 15만 명 사이라고 주장했다.[44] 40일 동안 발전소가 화염에 휩싸였던 체르노빌과 비교하면 후쿠시마 재난은 통제 불가능한 정도는 아니었고, 사고 이후 수년간 공식적으로 기록된 사망자도 세 명에 불과했다. 이 역시 너무 적게 추산했을 공산이 크다. 후쿠시마에서 방출된 세슘-137(Cs-137)의 양은 체르노빌의 두 배에서 다섯 배였다.[45] 그보다 잘 알려진 동위원소 스트론튬-90(Sr-90)과 마찬가지로 Cs-137도 쉽게 인간 체내에 머물면서 방사선 중독과 암을 유발

할 수 있다. 암으로 인한 사망이 천 명 더 증가했다는 추정이 더 현실적으로 들린다.[46]

원자력산업의 규모와 비밀스러움과 전략적 중요성을 고려하면 그것이 실패했을 경우에도 책임을 묻기 어렵다. 후쿠시마에서 방사능을 제거하려면 7360억 달러의 비용이 들고 40년은 걸리리라 예상된다.[47] 참사 진원지와 동일한 조건에서 생존할 수 있는 맞춤형 로봇 제작에도 8년이 걸렸고, 그때에도 용융물―콘크리트와 우라늄과 원자로 자체가 혼합된 마그마 같은 물질―만 접촉할 수 있었다.[48] 사고 발생 초기에 후쿠시마 원자력발전소 운영 주체인 도쿄전력Tokyo Electric Power Company Holdings, Inc: TEPCO은 완전한 용융이 아니라 부차적인 '노심 손상' 문제라고 거짓말을 했다가 들통이 났다. 회사에서 자인한 이 '은폐'를 두고 열린 재판에서, 판사는 너그럽게도 "운영자가 쓰나미와 관련된 모든 가능성을 예측하고 필요한 조치를 해야 한다면 원자력발전소를 운영하는 일은 불가능할 것"이라는 데 동의했다. 이는 참사가 벌어지기 3년 전에 회사 내부 모형에서 쓰나미를 과소평가했다는 사실을 무시한 처사였다.[49] 결국 아무도 기소되지 않았고, TEPCO 회장은 참회의 표시로 한 달 동안 자신의 연봉을 10% 삭감했다.[50]

원자력이 탄소를 배출하지 않는다는 친원전 환경론자의 두번째 주장을 의심할 근거도 충분하다. 우라늄 채굴과 처리, 원자로 해체와 유독 폐기물의 영원한 저장 과정에서 배출되는 탄소의 양에 대해서는 거의 합의된 바가 없기에, 원자력의 탄소 영향의 추정치에는 큰 차이를 보인다.[51] 킬로와트시 당 탄소량(gCO_2/kWh)의 평가치가 평균 $66gCO_2$/kWh에 1.4부터 288까지 큰 격차를 보이는 것도 그 때문이다.[52] 그에 비하면 태양력과 풍력은 $1gCO_2$/kWh 정도의 낮은 탄소발자국(기술과 사용기간과 지역에 따라 다르다)이 가능하고, 평균치는 태양력은 $49.9gCO_2$/kWh, 풍력은 $34.1gCO_2$/kWh다.[53] $2\,°C$를 내리는 기후모형은 대부분 2050년까지 모든 전력 생산에서 탄소배출을 $15gCO_2$/kWh까지 줄일 필요가 있다고 가정하는데, 이는 풍력과 태양력으로는 현실성이 있지만 원자력으로는 어렵다.[54] 원자력의 문제는 그 전체 과정 가운데 채굴단계에서 훨씬 많은 탄소가 배출된다는 것이다. 현재 원자력발전소는 대부분 0.15% 순도의 우라늄 '광석'에 의존하는데, 이는 곧 $34gCO_2$/kWh에 해당한다. 하지만 쓸 만한 광석의 순도가 0.15%에서 0.01% 사이로 떨어져도 탄소배출은 $60gCO_2$/kWh까지 치솟는다.[55] 현재 추출되는 비율로 봤을 때 2060년대까지는 그런 일이 일어날 성싶진 않지만, 한센이 지지하는 규모로 발전소가 지어진다면 그 절벽에는 더 빨리 도달할 것이다.[56] 원자력을 전 지구적 에너지 배합에 포함해도 마땅하다고 주장하는 근거가 저탄소배출이 아니라면, 친원전 입장의 핵심이 사라지는 것이다.

친원전 환경론이 원자력 르네상스를 주장하는 세번째 근거인 고속 증식로의 미덕을 칭송하는 이유 하나가 우라늄이 곧 부족해질 것이기 때문이다.[57] 고속 증식로는 핵폐기물을 연료로 사용하는 원자로를 가리킨다. 기존의 원자로는 상대적으로 드문 우라늄-235(U-235)를 사용해서 부산물로 열화우라늄(U-238)을 남긴다. 반면 고속 증식로는 U-238을 연료로 사용하여 플루토늄-239(Pu-239)—고속 증식로나 수소폭탄hydrogen bomb에 쓰일 수 있는 핵분열성 물질—를 폐기물로 남긴다. 한센과 그의 부류는 고속 증식로가 유독성 폐기물을 거의 발생시키지 않는 저탄소, 첨단 기술의 무한한 에너지원인 것처럼 그려 보이지만, 그런 원자로는 실제 작동할 수 없다는 사실을 간과한다. 전 세계 정부들이 지난 70년 동안 그 기술을 상업화하기 위해 1000억 달러를 쏟아부었는데도 소용이 없었으니, 시도가 부족했던 탓도 아니다.[58] 아주 최근의 전개 양상으로는 미국의 기이한 양당 협력 공세로, GE 히타치GE Hitachi와 빌 게이츠 회사 테라파워TerraPower가 설계한 새로운 증식로를 아이다호에 세우기 위해 당시 대통령인 도널드 트럼프Donald Trump와 채식주의자 상원의원 코리 부커Cory Booker가 힘을 합했다. (빌 게이츠는 증식로와 SRM의 열렬한 지지자다.)[59] 현재까지 작동중인 증식로 원형은 두 기뿐이고, 둘 다 러시아에 있다. 하지만 그것은 플루토늄을 연료로 쓰지도 않아 '닫힌' 연료 순환이라는 핵심을 실현하지 못하고, 그중 한 기는 17년 동안 연속적으로 작동한 기록을 자랑하긴 하지만 열네 번이나 화재가 발생했다.[60]

증식로는 액화나트륨liquid sodium을 냉각수로 사용하는데, 그것은 공기와 만나면 불이 붙고 물을 만나면 폭발하는 요소라 화재에 취약하다. 그래서 수리를 하느라 자주 작동이 중단되어, 설비 이용률(즉, 얼마나 자주 작동하는가)이 아주 낮다. 90억 달러짜리 일본의 몬주Monju 원형이 전형적인데, 그것은 나트륨 유출로 인해 22년 동안 겨우 250일 작동했고, 1995년의 심각한 화재로 15년 동안 작동하지 못했다.[61] 인도와 중국만 여전히 새 증식로를 짓고 있지만, 전력 생산을 위해서라기보다 수소폭탄을 위한 플루토늄을 얻기 위해서다. 게다가 인도의 원자로는 다루기 힘든 나트륨 냉각수로 수십 년간 방해를 받았고 문제가 끊이질 않았다.[62] 액화나트륨이 그것을 둘러싼 강철 속 탄소와 반응하여 금속 더스팅metal dusting과 누출로 이어지는 것일 수도 있다.[63] 비록 증식로를 지지하는 입장에서는 그런 실패를 인간의 잘못이나 초창기의 사소한 문제로 돌리지만, 기술 자체에 근본적 결함이 있을 가능성이 크다.

오늘날 환경 논의가 원자력으로 방향을 돌린 상황은 기술만이 아니라 전술적 차원에서도 당혹스럽다. 대체로 사회운동이 핵 과학과의 비판적 관계에서 생겨났다는 점을 고려하면 친원전으로의 방향 전환은 기이한 반전이 아닐 수 없다. 1953년에 주식회사 랜드RAND의 싱크탱크는 핵실험으로 인해 확산된 방사능 동위원소인 Sr-90을 추적하기 위해 '햇빛 작전Operation Sunshine'(최초의 전 지구적 환경감시시스템 중 하나)을 시행했다.[64] RAND의 과학자들은 미국에 44기, 미국 바깥에 49기의 감시소를 세웠고, 이를 통해 "점점 더 정확하게 인간 세포, 식물, 동물, 대륙, 물의 시스템, 제트기류 패턴, 대기" 사이의 연결 관계를 추적할 수 있었다.[65] 하지만 Sr-90을 측정하는 가장 좋은 방법은 인간 뼈를 사용하는 것이었는데, 그것은 합법적으로 쉽게 모을 수 없는 자료였다. 그들의 비밀스러운 '사체

절도'는 일찍이 1957년에 세상에 알려졌지만, 2001년에 이르러서야 범죄의 전모가 밝혀졌다.[66]

이 연구를 전적으로 방위산업체에 맡겨두지 않기 위해 새로 결성된 조직인 세인트루이스 확대핵정보시민위원회Committee on Nuclear Information: CNI의 활동가들은 1958년에 직접 '젖니 조사'를 시작했다. CNI는 평화주의자, 퀘이커교도, 진보 정치인, 그리고 근처 워싱턴대학교에서 자원한 과학자들의 연합이었다. 그 첫번째 결과가 1961년《사이언스》에 발표되었다.[67] 1년 뒤 Sr-90에서 얻은 교훈을 살충제에 응용한 레이철 카슨Rachel Carson의 획기적인 저서 『침묵의 봄Silent Spring』이 나왔고, 각 물질이 "흙 속 깊이 들어가 그곳에서 자라는 풀이나 옥수수나 밀에 흡수된 뒤, 시간이 흘러 인간의 뼈에 자리를 잡으면 죽을 때까지 그곳에 머문다"고 했다.[68]

젖니 조사는 연합 구성에 효과적인 교훈이 되었다. RAND와 관련된 군 연구자들은 해골을 훔칠 수 있었지만, 세인트루이스의 민간인은 기증받은 젖니로 해나가야 했다.[69] 표본이 될 만한 5만 명의 젖니를 모으기 위해 CNI는 교회나 보이스카우트 모임, 치과, 도서관 등에서 토론회를 열었다. 자원 부대가 조사에 필요한 서식 수백만 장을 뿌렸고, 우편으로 도착한 수만 개의 젖니를 조심스럽게 기록했다.[70] 1960년대 초에 CNI는 젖니 속 Sr-90의 함량이 1954년과 1955년 사이에 급증했고, 그것이 핵실험의 증가와 긴밀한 관계가 있음을 보여주는 일련의 논문을 발표했다. 1963년 초에 미 상원은 CNI 과학자 한 사람을 청문회에 불러 그 결과를 들었다.[71] 그의 증언으로 1963년 핵실험 금지조약Nuclear Test Ban Treaty이 이루어졌고, 그 결과 Sr-90 수치는 낮아졌다. 정치의식을 지닌 과학자와 과학을 중심으로 한 사회운동이 연합하면 그런 승리를 이룰 수 있다.[72]

우리에겐 친원전 안건이 아니라 현재 환경 위기에 대처하는 모범이 될 또다른 젖니 연합이 필요하고, 그로써 여전히 위험한 원자핵연구소에 맞서 싸워야 한다. 결국 Sr-90은 핵실험만이 아니라 일상적인 민간 핵발전소에서도 배출되므로, 한센이 수천 기의 원자로라는 자신의 절반 유토피아를 실현하는 일에 성공이라도 하면 정말 불길한 조짐이 될 것이다.[73]

WILD 재단

아이디어란 캐슈넛과도 같다. 껍질을 까는 동안은 산acid이 열매에 닿지 않게 해야 한다. 보존이라는 측면에서 산은 식민주의적 맬서스주의고, 열매는 수천 생물종을 멸종 위기에서 보호하는 일이다. 여섯번째 대멸종을 촉발한 주요 원인이 토지이용의 변화였음을 고려하면, 우리의 생태사회주의 유토피아에서 보존은 핵심적이다. 식민주의 과거에 대한 보존주의자들의 비판이야 새로운 것이 아니지만, 다른 비판과 달리 우리는 사회주의를 위해 그 방안을 구해낼 목적으로 '지구절반'의 역사를 깊이 파헤쳐보려 한다.[74]

지구절반의 역사는 그 개념을 처음 구상해서 발전시킨 상대적으로 소규모인 환경운동가 집단의 역사다. 이 역사에는 그린피스 Greenpeace나 세계자연기금World Wildlife Fund: WWF 같은 거물급 운동은 전혀 찾아볼 수 없다. 에드워드 윌슨이 2016년에 쓴 동명의 책으로 대중적으로 알려지긴 했지만, 우리의 이야기는 주로 그보다 앞선 환경주의 운동에 초점을 둘 것이다. 윌슨의 책이 출간되기 7년 전에 **WILD** 재단은 캐나다의 보존주의자인 하비 로크Harvey Locke를 자 연은 절반이 필요하다Nature Needs Half 운동의 책임자로 임명했다. 그 가 예전부터 그 방안을 연구해와서였다. 그의 지도 아래 캐나다공 원야생협회Canadian Parks and Wilderness Society: CPAWS는 2005년에 캐나 다 절반의 보존을 위해 싸우기로 했다. 보존주의 운동의 역사에서 전례를 찾을 수 없는 목표였다. 왜 로크가 이런 야망을 받아들이게 되었는지 이해하려면 1990년대에 그가 야생지역네트워크Wildlands Network라는 비주류 환경운동 집단과 가졌던 관계를 살펴볼 필요가 있다.

그 단체는 1991년에 지구 먼저!Earth First!의 공동 창립인 데이 브 포먼Dave Foreman과 생물학자 마이클 E. 술레Michael E. Soulé(파울 에 를리히Paul Ehrlich의 학생), 더글라스 톰킨스Douglas Tompkins(노스페이스 The North Face와 에스프리Esprit의 배후에 있는 패션계 거물)가 설립했다.[75] 야생지역네트워크는 지구 먼저!식의 직접행동에 관여하기보다 재 야생화된 북아메리카의 청사진을 그리는 데 중점을 두었다. 1년 뒤 그 단체의 지도자급 인물 가운데 하나인 리드 노스Reed Noss가 기관 지인《야생 지구Wild Earth》에 대륙의 반을 야생 상태로 되돌릴 것을 주장했다. 그렇게 야심찬 목표를 세운 이유는 "독자적으로 생존할 수 있는 대형 육식동물의 개체수와 자연교란요법을 회복할" 필요에 서였다.[76] 주목할 만한 점이라면 이 논문이 윌슨의 생물지리학 연구에 근거를 두지 않았다는 것인데, 6년 뒤 리드와 술레는 그 연구를 끌어왔다.[77] 당시 윌슨은 "보호구역을 현재 지구 표면의 4.3%에서 10%로 확대할 것"을 요구했을 뿐이었다.[78] 야생지역네트워크와 긴밀한 관계를 맺으며 작업했고 이사회에 참석하기도 했던 로크는 야생지역네트워크의 옐로우스톤에서 유콘까지Yellowstone to Yukon 운동을 캐나다에서 조직했다. 이주성 생물종과 최상위 포식자들이 자유롭게 돌아다닐 수 있도록 대륙을 가로질러 국립공원을 연결한 여러 야생 통로wildway 가운데 이것이 첫번째였다. 2000년대 초반에 로크와 윌슨이 둘 다《야생 지구》에 논문을 실었을 때, 이제 걸음마를 뗀 지구절반 운동의 세 지류가 합쳐져 한 줄기를 이루었다.[79]

보존에 대한 야생지역네트워크의 접근방식은 예지력도 있고 대담했지만, 그렇다고 그 단체의 악의적인 정치를 용서할 구실은 되지 못한다. 포먼은 1998년에 반이민 결의안을 민간 환경운동 단체 시에라클럽Sierra Club의 전회원 투표에 부치는 데 성공했다. (통과되지는 못했다.) 2000년대에는 반이민단체인 브레이크를 잡아라 Apply the Brakes(그는 이 단체의 주요임원이기도 했다)와 공조하기 위해 극우 단체인 위든재단Weeden Foundation에서 기금을 받았다.[80] 비교적 최근인 2015년에는 장황하고 재미없는 저서『바글바글한 인간: 과잉인구는 어떻게 세계를 위협하는가Man Swarm: How Overpopulation Is

Killing the World』2판을 출간했는데, 그 안에서 존 탠튼John Tanton의 백인우월주의 싱크탱크에 속한 라이히가 내놓은 '연구조사'를 인용했다.[81] 환경 위기라는 참호 안에서는 맑스주의자 아니면 맬서스주의자가 된다.

로크는 포먼보다는 관용을 취하지만, 노골적으로 기괴하고 사악한 과거를 지닌 또다른 단체인 WILD 재단에서 주도적인 역할을 했다.[82] 처음에는 국제야생지도자재단International Wilderness Leadership Foundation으로 알려졌던 WILD 재단은 각자 보존운동의 원형을 대표하는 세 명의 인물이 1974년에 설립했다. 이언 플레이어Ian Player는 남아프리카에서 사냥경비대원으로 일하면서 보존주의 전술의 일환으로 대형 포유류의 포획과 운반을 선구적으로 시작한 박물학자였다. 로버트 클리브즈Robert Cleaves는 군인으로, 자신의 공군인 와일드콘WILDCON으로 보존운동의 군사화를 촉진했다. 로디지아(아프리카에 위치한 짐바브웨공화국의 전 이름―편집자)를 무척 좋아했던 클리브즈는 1980년에 이언 스미스Ian Smith의 백인우월주의 정부가 로버트 무가베Robert Mugabe의 짐바브웨 아프리카민족연맹에 항복했을 때 하라레(짐바브웨의 도시―편집자)에서 미국 정부의 대표로 나섰다. WILD의 세번째 창립자인 로런스 반더 포스트Laurens van der Post는 유사신비주의 사기꾼이었다. 칼 융Carl Jung의 제자이자 산San 종족의 전문가 행세를 하면서, 상대의 환심을 사서 마거렛 대처와 찰스 왕자의 친교집단에까지 진입했다. (찰스 왕자는 그에게 윌리엄 왕자의 대부가 되어달라고도 했다.) 1996년에 포스트가 사망한 뒤

일찍부터 그를 흠모하던 한 사람이 그의 전기를 쓰려고 자료를 살펴보던 중, 그의 참전 기록부터 네덜란드 귀족 혈통까지 전부 조작된 것임을 발견했다.[83] 이 비밀이 튀어나오기 전에도 사람들은 농담조로 그를 냄새가 구린 융심리학자 '반더 포즈van der Posture'라고 불렀다.[84]

박물학자와 군인과 신비주의자의 역할은 보기보다 각자의 빈 곳을 잘 채워주었다. 포스트는 플레이어와 WILD 재단의 다른 지도자(로트와 당시 이사장이었던 밴스 마틴Vance Martin을 포함하여)에게 융의 신비주의를 전파했다. 플레이어는 심지어 응용 융 심리학 연구를 위한 케이프타운센터Cape Town Centre를 세우기도 했다. 플레이어는 지상에서 자기 오른팔인 닉 스틸Nick Steele(남아프리카 보존주의의 '용맹한 부하' 중 하나)과 로디지아 용병들이 필요했던 것처럼 자신의 공원을 순찰하는 일에 클리브즈의 공군에게 도움을 받았다. 플레이어가 클리브즈보다 호의적인 인물이긴 하지만, 그 역시 정치적 측면에서 클리브즈와 많은 면을 공유했다. 쿠바가 앙골라 전쟁에서 남아프리카를 물리치면 "[아프리카인들이] 우리에게 복수하려 들텐데, 나는 그런 일을 당하느니 차라리 자살하겠다"고 플레이어가 털어놓았던 일이 스틸의 일기에 기록되어 있다.[85] 환경운동의 이 세 측면이 각각 정당성과 물리력과 믿음을 제공한다.

지금은 WILD 재단이 남아프리카 정부와의 관계를 축소하려 하지만, 그 단체는 궁지에 몰린 아파르트헤이트apartheid(인종에 따라 사회적 권리를 차별하는 정책—편집자) 체제에 핵심적인 지원을 했

117

다. WILD 재단은 스튜어트 우돌Stewart Udall, 그로 할렘 브루틀란
Gro Harlem Brundtland, 모리스 스트롱Maurice Strong 같은 유명 환경운동
가들을 국제회의에 초청해 남아프리카공화국의 고립을 덜어주었
다.[86] 나아가 콰줄루나탈(남아프리카공화국 동부의 주—편집자)에 새
로 만든 플레이어의 공원은 아프리카국민회의African National Congress:
ANC 군대의 모잠비크(아프리카 동남쪽에 있는 공화국—편집자) 접
근을 막는 완충지대 역할을 했다.[87] 그 공원에 대한 지원을 얻어내
기 위해 WILD 재단은 매국 지도자 만고수투 부텔레지Mangosuthu
Buthelezi와 그의 인카타자유당Inkatha Freedom Party: IFP과 연합했다.[88] 이
보존주의적 줄루 민족주의 조직은 프레토리아(남아프리카공화국 가
우텡주 츠와니에 있는 도시—편집자)에서 자금과 무기를 지원 받아 아
프리카 내전을 악화시켜 1만 5000명의 사망자를 낳았다.[89] WILD
재단의 후원자인 도박계 큰손 존 아스피날John Aspinall은 1994년 선
거 동안 IFP에 400만 란드를 주었고, IFP 지지자에게 "창의 날을
세워 코사족(ANC의 지배적인 인종 그룹)에게 내리꽂으라"고 선동했
다.[90] 명백히 WILD 재단은 ANC의 근대적이고 세계주의적인 사
회주의보다 IFP의 모조전통주의를 선호했다.

　　포먼과 클리브즈 같은 잔인한 보존주의자와 비교하면 윌슨은
대개 무해한 것처럼 보인다. 그는 성적·문화적 차이를 타고난 본성
으로 취급한 『사회생물학Sociobiology』이라는 저서를 써서 좌파에게
는 두려움의 대상이었다.[91] 공인된 이 반동적 연구조사 프로그램만
빼면, 윌슨은 전 지구적 보존을 이루기 위해 정책 넛지와 계몽된 박

애주의자의 관대함이면 충분하다고 생각하는 대체로 무해한 중도 좌파 민주당원이다.[92] 그의 정치적 입장과는 무관하게 섬의 생물지리학을 다룬 그의 작업은 50여 년이 지난 지금까지도 유효하다. 자연보호구역을 확대(가능하다면 어디서나 원주민의 주도 아래에서)하는 방법 외에 여섯번째 대멸종을 막을 다른 길이 없기 때문이다. 그렇지만 이러한 보존주의적 접근이 빈곤계층과 원주민에게 부담을 준다는 사회주의자들의 비판도 간과할 수는 없다.[93] 따라서 해결책은 사회주의에 지구절반이 불필요하다는 것이 아니라, 지구절반이 사회주의적이어야 한다는 것이다.

BECCS나 원자력과 마찬가지로 식민주의적 지구절반도 다행히 실행될 가능성이 없는 절반 유토피아다. 탄소순환과 에너지시스템과 생물다양성의 근본적 변화는 전 지구적 실물경제와 광범위한 해방 연합과 결합해야 더 잘 실현될 수 있고 실현 가능성도 커질 것이다. 이는 보존주의가 자본주의 현상유지주의자—재벌과 사기꾼과 돈만 좇는 이들—와 결별하고 자본주의의 무덤을 파는 사람들과 함께해야 한다는 것을 의미한다.

자연력

이번 절의 목적은 자본주의가 어째서 인간사의 다른 사회형태보다 더 심각한 생태 문제를 더 많이 양산하는지를 이해하는 것이다. 그래야 사회주의가 그런 문제를 잘 피해갈 수 있기 때문이다. 이를 위해 자본주의가 처음 태동한 시공간인 5세기 전 영국의 시골 마을로 되돌아가보는 게 좋겠다. 바로 그때 자본주의는 자기의식적 유토피아주의라는 장르를 창조했을 뿐 아니라 처음으로 자연과 새로운 관계를 맺게 되었다.

이 관계를 이해하기 위해 우리는 1장에서 분석한 자연의 인간 화라는 좀더 추상적 개념의 대립항인 맑스의 자연력natural force 개념 을 사용할 것이다. 자연력은 "경사면을 따라 내려오는 물로 물레방 아"를 움직이고 "바람으로 풍차를" 움직이는 '충격'만이 아니라, '인 간 힘의 행사'도 포함한다.[94] 노동력이 자본가를 위해 잉여가치를 생산하는 유일한 자연력인 반면, 그 밖에 어떤 자연력을 생산과정 에 사용할지는 자본가에게 관심 밖이다.[95]

이런 시각은 자본주의가 축산업에서 태어난 까닭과 더불어 산 업혁명과의 관계를 설명하는 데 도움이 된다. 소작농을 양떼와 소 수의 양치기로 대체한 것은 노동생산성을 높여 상대적 이윤을 늘 리는 일종의 기계화의 시초였다. 경제학자 윌리엄 라조닉Willam Lazonick은 이렇게 설명한다. "양을 키우는 것은 곡물을 키우는 것보 다 1에이커당 투입 노동력이 적었고, 이렇게 해서 땅의 이용은 기 본적인 생존수단의 생산에서 시장과 이윤의 생산으로 방향을 틀었 다…… [그리고] 토지 집약적인 그 기술적 요구에 따라 무수한 생 산자들이 생산수단에서 떨어져 나왔다."[96] 맑스는 18세기 사육인이 었던 로버트 베이크웰Robert Bakewell을 자본주의적 농업의 대표로 보았다. 베이크웰의 집안은 조상 대대로 내려온 땅을 목양업으로 가장 먼저 전환했던(모어가 살았던 시대까지 거슬러 올라간다) '개량하는' 농부라는 새로운 계층에 속했다.[97] 베이크웰 이전에는 가축화된 양이 성체成體가 되려면 5년이 걸렸는데, 그는 "생존에 필요한 최소 수준으로 골격구조를" 축소해서 5년을 1년으로 줄였다고 맑스는 적었다.[98] 자본주의 사회에서는 베이크웰 같은 양 사육자나 새로운 기계를 도입한 기관차 제조업자나 차이가 없다는 것을 그는 깨달았다. 양쪽 다 생산시간을 줄여 이윤을 늘리려는 자본가이기 때문이다.[99] 맹목적 자본이 보기에 동물과 기계는 별반 다를 바 없고 둘 다 노동생산성을 높이기 위한 도구일 뿐이다.

16세기에 호황을 이루었던 양모는 궁극적으로 수력을 이용한 면화로 대체되었다. 최초의 근대 방직공장은 1771년에 리처드 아크라이트Richard Arkwright가 크롬포드에 세운 것으로 확인되었다. 그에 앞서 노팅엄에 있었던 그의 공장은 마력(3-4 hp)을 이용했기 때문에 크롬포드 공장이 수력(10 hp)을 기반으로 한 최초의 공장이었다. 한 세대 뒤에 나온 수차水車는 훨씬 강력했다(100 hp).[100] 한 종류의 자연력에서 다른 종류의 자연력―노동력, 동물의 근력, 물, 석탄―으로의 변화는 세속의 경향을 따르지 않았고, 특정한 역사의 국면을 맞은 자본가들에게 이로운 방향으로 채택되었다. 물은 값싸고 강력했기에, 아크라이트의 공장이 처음 세워진 뒤 거의 3세대 동안 가격 면에서나 효율 면에서나 석탄을 앞섰다. 물에서 석탄으로의 변화는 자본가들이 다루기 힘들어진 노동자들에 대한 통제권을 다시 확보하려는 과정에서 생겨났다. 동떨어진 강가 계곡에 자리잡은 공장에 노동자를 불러들이기도 어렵고, 군대를 불러들이기도 전에 광분한 기계파괴자들이 공장을 때려부수기도 쉬웠다. 석탄을 쓰면 도시 안에, 엔클로저로 시골에서 쫓겨난 프롤레타리아 산업예비군과 막사 가까이에 공장을 세울 수 있었다.[101] 20세기 들어 '석유'는 노동자들이 통제하기 어려운 훨씬 더 유연한 에너지시스템을 뒷받침했다.[102]

하지만 미래에는 축력이 귀환하고, 사회학자 케네스 피쉬Kenneth Fish가 '산업의 농업화'라 지칭한 것이 도래할 수도 있다.[103] 피쉬는 '거미 염소'—방탄조끼 따위에 사용되는 거미줄을 젖에서 생산하는—같은 유전자변형농산물Genetically Modified Organisms: GMO을 자본이 자연과 맺는 관계, 즉 자기확장을 증진하기 위한 자본의 자연력 전용의 가장 순수한 압축 형태로 본다. 피쉬에 따르면 모어 시대에 양치기가 농부를 대체한 이래로 자본주의 체제 노동은 거의 변하지 않아서, 대부분 작업이 인간 종업원이 자연력의 방향을 인도하는 '생태 규제'의 형식을 띤다.[104] 그래서 맑스가 공장을 노동자들이 한갓 기계의 부속품이 되는 "완전히 객관적인 생산 유기체"라고 묘사한 것이다.[105] 특히 피쉬는 생태 규제가 농장이든 공장이든 그곳에서 수행되는 노동에 똑같이 적용된다는 점을 강조한다. 바로 그런 이유에서 "기계의 도래로 생겨난 모든 기술적 지배에도 불구하고, 맑스에게 공장의 의미는 그것이 어떻게 살아 있는 유기체, 즉 가장 자연스러운 존재 형태에 가까워지는가에 놓여 있는 것"이다.[106]

지난 세기 동안 더 큰 노동생산성을 추구하면서 베이크웰의 기술은 극단에 이르렀다.[107] 영계의 성장 속도는 1957년에서 2005년 사이에 400% 증가했다.[108] 1950년에서 2020년 사이에 암소 한 마리가 일 년에 생산하는 우유는 2400ℓ에서 1만 600ℓ로 증가했다.[109] 그렇게 많은 동물-기계를 유지하려면 어마어마한 자원이 필요하고, 이는 다시 야생 생물종을 멸종 위기로 내몬다. 축산업이 차지하는 면적은 40억 헥타르로 지구의 서식 가능한 땅의 40%에 이른다.[110] 최근 연구가 발견했듯이 "인간(육식성 인간)이 소비하는 동물성 식품이 근대 이래 생물종이 멸종한 주요 원인일 가능성이 큰 것"도 놀랄 일이 아니다.[111] 자본주의 농업은 가축이 지구상의 전체 육생 포유류 생물량의 60%에 이르고 야생 포유류는 4%에 불과하며 나머지 36%를 인간이 차지하는 세계를 만들어냈다.[112] 가축화된 동물의 양이 그 정도이다 보니, 인공적으로 수가 많아진 그런 생물의 호흡을 탄소오염원에 포함해야 한다고 주장하는 전문가도 있다.[113] 피쉬도 아마 그렇게 주장하겠지만 이 동물은 매연을 내뿜는 공장과 다를 바 없는, 살아 있는 공장으로 보아야 한다. 생태적으로 안정된 새로운 사회주의가 자본주의를 대체할 가망이 없다면 시골에서 태어난 자본주의는 그곳에서 사망에 이를 것이 틀림없다.

자본이 다양한 자연력의 형태에 무관심하다는 점을 강조했지만, '유량'과 '저량'에는 중대한 차이가 있다. 재생에너지는 대체로 태양복사를 원천으로 하는(조수와 지열이 생산하는 에너지는 얼마 되지 않는다) 에너지 공급에 의존한다. 값싸고 풍부한 에너지원이지만, 태양 광선은 당연히 변동이 심하고 분산되어 1m² 대지 당 와트(W/m²)로 계산되는 '출력밀도power density'는 낮을 수밖에 없다.[114] 태양력과 풍력은 5-10W/m²를 생산하는 데 비해 바이오연료는 고작 0.5W/m²를 생산한다. 반면에 응축된 에너지 저량을 의미하는 화석연료는 출력밀도가 극히 높다. 사우디아라비아에 저장된 가장 질 좋은 석유의 밀도는 4만 W/m²고, 캐나다의 역청탄 같은 질 떨어지는 것도 1100W/m²의 밀도를 자랑한다.[115] 출력밀도라는 개념은 지금까지 우리의 논의에 얼마간의 통일성과 통찰력을 제공한다. 곡물은 일반적으로 출력밀도가 낮은데, 그 때문에 축산업과 BECCS가 토지를 다 집어삼키는 것이다. 사실 일부 환경론자가 원자력을 지지하는 하나의 근거가 BECCS와 재생에너지의 낮은 출력밀도다. 그런데 여기서 친원전 환경론자들이 간과하는 사실이 있다. 우라늄은 유량 자원이라기보다는 저량 자원이지만, 보호용 제방과 냉각용 호수로 출력밀도가 심히 낮아진다. 불운한 후쿠시마 다이이치 발전소는 1300W/m²을 생산했지만, 캔자스의 울프크릭 시설의 출력밀도는 겨우 30W/m²다.[116]

지구절반 사회주의가 화석연료나 원자력 같은 저량 에너지의 사용을 포기한다면, 땅의 부족이 주요한 경제적·생태적 제약으로 등장할 것이다. 플라톤 시대에 그랬듯이 축산업이 토지의 상당 부분을 차지하면서 유토피아적 상상력은 제한될 것이다. 하지만 고대 그리스와 달리 우리는 출력밀도가 높은 에너지시스템을 출력밀도가 낮은 에너지시스템으로 전환해야 하고, 동시에 전 자본주의 시대에는 상상할 수 없던 정도의 멸종을 막아야 한다. 문제의 핵심이 자연의 인간화라면 그것을 다시 허무는 해결책은 실제로 어떤 모습일까?

아바나의 지구절반

지구절반 사회주의의 목표는 아주 간단하다. 여섯번째 멸종을 막고, SRM보다는 생태계의 재야생화로 탄소량을 낮추는 '자연적 지구공학'을 실행하여, 완전히 재생 가능한 에너지시스템을 창출하는 것이다. 이 각각의 목표를 실현하려면 광활한 대지가 필요하고, 지구를 잡아먹는 축산업에 유토피아가 거듭 위협받는 것도 같은 이유에서다. 다행히도 이 세 목표는 상호보완적이다. 생물다양성이 확대되면 생태계의 탄소격리 잠재력이 늘어나고, 그사이 화석연료에서 벗어난 채식성 농업시스템으로 재생 가능한 재야생화를 위한 공간이 생겨날 것이다. 지금 우리가 놓인 환경 위기의 마지막 단계에도 생태사회주의의 미래는 구해낼 수 있지만, 불투명한 경제의 작용을 분별하고 유토피아적 대안을 그려내려면 '노이라트'식의 계획이 있어야만 한다.

재야생화란 토착종이 자라는 자연 상태의 숲과 초원으로 목초지를 대체하는 것만이 아니라 이러한 생태계에 야생동물을 되돌려보내는 일이기도 하다. 더 큰 생물다양성을 지닌 더 건강한 생태계는 단순화된 생태계―일부 모형제작자가 상상한 거대한 BECCS 농장을 포함하여―보다 탄소를 더 많이 격리한다.[117] 현재 가축들이 대부분 유사한 유전자를 지닌 되새김동물(사육되는 암소와 양, 염소 같은)이지만 되새김동물이 아닌 흰코뿔소나 영양, 쌍봉낙타, 몽고야생말, 아프리카 야생 나귀, 야생 당나귀 따위의 대형 초식동물이 건강한 생태계의 혈액이다.[118] 이런 동물들은 소화관이 달라서 가축화된 되새김동물보다 메탄을 덜 내뿜는다.[119] 테이퍼나 아시아 둥근귀코끼리처럼 과일을 먹고 사는 대형동물을 복원하면 열대숲의 탄소격리 용량을 10% 늘릴 수 있다.[120] 포식자도 중요하다. 만약 캐나다 늑대가 예전 수준으로 회복된다면 늑대들이 무스를 잡아먹어, 잠재적으로 캐나다의 현재 탄소배출을 모두 상쇄할 수 있는 더 건강한 북쪽 수림대가 생겨날 것이다.[121]

지구절반 계획에서는 대양의 역할도 핵심적이다. 대양은 생물의 절반을 품고 있고, 1년간 배출된 탄소의 약 30%인 약 20억 톤의 탄소를 격리한다. 해변식물 생태계는 비록 차지하는 면적은 해저의 0.2%에 불과하지만, 매년 대양이 흡수하는 유기탄소의 10분의 1을 흡수한다.[122] 해변식물 역시 매년 7%씩 감소하는 심각한 멸종 위기종이므로 보호가 시급하다.[123] 고래는 매일 먹고 잠수하고 배설하는 행위를 통해 플랑크톤을 바다 깊은 곳까지 나른다.[124] 살아 있는 고래의 몸에는 로키 국립공원의 숲에 포함된 만큼의 탄소가 들어 있다. 죽어서 바다 밑으로 가라앉으면 추정컨대 매년 3만 톤(그 개체수를 예전 수준으로 회복할 수 있다면 16만 톤까지)의 탄소를 매장하게 된다. 그래서 일부 해양생물학자는 "어류와 고래수를 다시 늘리면 그 영향은 기존의 탄소격리 프로젝트에 비견할 만할 것"이라고 결론을 내렸다.[125] 하지만 해양동물 개체수는 1970년(이때도 해양생물에게 평안한 시대는 아니었다) 이래로 49% 감소했고, 어업으로 인해 고래의 먹이가 부족하고 올가미에 걸리는 고래도 많다.[126]

월슨의 지구절반은 일종의 자연적 지구공학으로 봐야 한다. 그는 브라질의 세라도 지역부터 폴란드와 벨라루스의 비아워비에자 숲까지, 지구절반의 중심이 될 서른 곳의 생물군계를 특정했다.[127] 이들이 서로 맞붙어 궁극적으로는 (야생생물네트워크의 야생 통로와 유사하게) 지구의 절반을 포괄하는 서로 연결된 모자이크를 만들어낼 것이다. 열대우림은 1헥타르당 200-650톤의 탄소(tC/Ha)를 격리할 수 있지만, 캘리포니아의 삼나무 숲은 3500tC/Ha을 보유할 수 있다.[128] 이는 육지에서 찾아볼 수 있는 가장 높은 수치고, 그러한 숲의 보존과 확대가 기후 정책의 주요 항목이 되어야 한다. 기후학자 울리치 크라이덴바이스Ulrich Kreidenweis는 26억 헥타르(캐나다의 2.5배에 해당하는 면적)의 땅을 다시 숲으로 전환하면 2100년까지 8600억톤의 CO_2를 매장할 수 있다고 추정한다.[129] 이와 비교했을 때, 탄소흡수의 엄청난 규모에서 BECCS는 물론 그 어떤 격리 기술도 맞먹지 못한다.[130]

대규모 재조림再造林을 이루면서 동시에 세계를 먹여 살릴 수 있는 가장 쉬운—어쩌면 유일한— 방법은 광범위한 채식주의일 것이다. 2016년의 한 연구에서 식단과 전 지구적 재조림을 기반으로

500가지 시나리오를 만들어본 결과, 엄격한 채식을 택했을 때는 전부, 일반적인 채식을 했을 때는 대부분(94%) 가능했지만, 부유한 나라의 식단을 따른 시나리오는 15%만 성공했다.[131] 크라이덴바이스 역시 육류 소비를 줄이지 않은 채 대규모 조림을 실행한다면 전지구적으로 식량 가격이 2050년까지 80%, 2100년까지는 400% 폭증하리라고 예측했다.[132] 유기적(따라서 저탄소) 농업으로 점증하는 인구를 먹여 살릴 수 있을지에 대한 논쟁은 오래전부터 지속해왔다. 가능은 하겠지만 그런 시스템으로는 육류와 유제품을 많이 생산할 수 없다는 것이 최종 판결인 듯하다.[133] 축산업은 유기적 농업으로 쉽게 대체될 수 없는 콩과 옥수수의 대규모 단일작물을 요구하니 놀라운 일도 아니다. 데이빗 피멘텔David Pimentel과 그의 공동저자는 연간 산출량을 따져봤을 때, 유기적 채식주의 농업과 산업형 농업이 거의 동등하다는 사실을 발견했다.[134] 주요 작물 가운데 '윤작 효과'의 희생물이 된 것은 옥수수뿐이었는데, 옥수수는 비료와 농약을 꼭 사용해 매년 같은 밭에서만 키워야 하기 때문이다.[135] 베이크웰식으로 회전기간을 줄이려는 자본주의적 압력이 없다면, 같은 밭에서 다른 작물을 키우는 일이 문제될 것은 거의 없다. 또한 작은 규모의 밭(생울타리 등속이 더 많은)에 농약을 덜 쓰면, 유기적 농장이 재래식 농장보다 상당히 큰 생물다양성을 지니게 된다.[136]

완전히 재생 가능한 에너지시스템이라는 지구절반 사회주의의 세번째 목표로 토지 부족 문제는 더 절박해진다. 화석연료의 높은 출력밀도, 그리고 재생에너지가 전체 에너지에서 차지하는 작은 비중은 곧 전체 에너지시스템이 고작 현재 미국 영토의 0.5%의 토지를 사용한다는 뜻이다.[137] 토지이용이라는 견지에서 완전히 재생가능한 에너지시스템은 어떤 모습일까? 에너지 전문가 바슬라프 스밀Vaclav Smil은 그런 시스템은 미국 전체 땅의 25–50%를 차지하게 될 테고, 반면 영국처럼 인구가 많고 부유한 나라의 경우 그 비율은 100%에 근접하리라고 추정한다.[138] 이것은 에너지 정책에서 가장 빈번하게 논의되는 문제인데, 전력 부문을 재생에너지로 전환하는 일은 어렵지 않지만 전력 부문이 전체 에너지 생산에서 차지하는 비율은 5분의 1 정도다. 스밀은 대략 2만 2000km²(뉴햄프셔 정도의 면적)의 땅만 있으면, 화석연료로 생산되는 전기 320GW를 태양력과 풍력시설로 대체할 수 있다고 본다.[139] 이는 규모가 더 크고 까다로운 공업(700GW)과 운송(1100GW) 분야보다 더 수월할 것이다. 더구나 제트연료나 코크스, 시멘트 클링커 등 일부 상품의 경우 화석연료 대체물이 마땅치 않다. 바이오연료가 얼마간 이 일을 해줄 수 있지만, 그런 임시방편에 너무 의존하지 않는 것이 좋다. 사실 스밀의 토지이용 추정치가 그렇게 높은 주요 원인이 바이오연료다. 수소가 바이오연료의 더 나은 대안이 될 수 있지만, 가까운 시일 내에 채택되리라 기대하기 어렵다.[140] (각자 다른 여러 에너지원이 가진 어려움은 다음 장에서 더 논의할 것이다.)

토지를 남기는 한 가지 방법은 에너지를 덜 생산하는 것이고, 지구절반 사회주의가 할당량을 받아들이는 이유도 그 때문이다. 정확한 양은 논의를 통해 결정해야겠지만, 우리는 2000W 사회가 바람직한 목표라고 본다. 스위스취리히연방공과대학Federal Institute of Technology Zurich: ETH에서 나온 이 방안은 전 지구적 에너지 소비가 2000W에서 수렴되어야 한다고 제안한다. 그러면 부유한 나라는 그 양을 상당히 축소해야 할 테고, 가난한 나라에는 성장의 여지가 있다.[141] 이것만으로도 전 지구적 생활수준의 불평등을 완화하는 데 큰 효과가 있을 것이다. 현재 1인당 평균 에너지 사용량이 미국은 1만 2000W, 서구유럽은 6000W고, 인도는 겨우 1000W다. 정말이지 많은 인류가 현재의 자본주의 체제보다 지구절반 사회주의 아래에서 절대적으로 더 풍요로운 삶을 누릴 수 있다. 할당량을 법제화하면 에너지 부문이 차지할 토지가 줄어들고, 그러면 영국처럼 면적이 좁고 인구가 많은 나라도 재생에너지와 지구절반과 채식주의 농업에 필요한 충분한 공간이 생길 것이다. 하지만 자본주의 아래에서 그런 프로그램이 실행되는 것은 상상할 수도 없다. 자동 주체가 그런 제약을 없애버리지 못해 안달할 것이기 때문이다. 바로 그 때문에 의식적인 '경제의 통제'가 필요하다.

지구절반 사회주의와 유사한 경제체제는 사실 최근 역사에서 찾아볼 수 있다. 쿠바의 '특별한 시기'가 그것이다. 1990년에 소련은 동맹국의 석유 수입에 지원하던 보조금을 끊었고, 쿠바는 세계 시장에서 석유를 구입할 경화가 부족했기에 거의 하룻밤 새에 화석연료에서 벗어나야 했다. 당시 쿠바는 산업적 환금작물cash crop 생산을 주로 했던 탓에 미국 농업보다 화석연료 투입의 의존도가 높았다.[142] 석유나 석유 기반 상품(비료나 농약 같은) 없이 살아가야 했으므로 도시 내 친환경 작물 재배에서 역사상 가장 압축적이고 가장 대규모의 실험이 이루어질 수밖에 없었다. 곧 아바나에만 2만 6000군데 도시 정원이 생겨 필요한 만큼의 신선한 채소를 도시 스스로 충족할 수 있었다.[143] 정부는 중국에서 100만 대의 자전거를 구입해서 그것으로 놀고 있는 버스와 차를 대체했다. 육류를 덜 먹고 채소를 더 많이 먹고, 거기에 자전거를 타거나 걸어서 출근을 하다 보니 전반적으로 시민의 건강상태가 나아졌다.[144] 경제가 위축되고 미국의 금수조치는 더 심해졌음에도, 보편 의료보장과 보편 교육이 유지되고 많은 지수가 개선되기까지 했다.[145] 쿠바는 더 적은 토지를 더 집약적으로 이용해서 농장의 약 3분의 1을 야생 상태로 되돌렸다.[146] 이 덕에 쿠바는 놀랄 만한 생물다양성(쿠바는 윌슨의 생물군계 상위 30곳에 들어 있다)을 유지하고 WWF는 쿠바를 세계 유일의 지속 가능한 나라로 꼽았다.[147] 쿠바는 외래침입종이나 꿀벌 군집 붕괴 현상, 플라스틱 오염 같은 흔한 환경 문제에 시달리지 않는다.[148] 사실 쿠바의 생태적 사회로의 이행은 고된 과정이었지만, 이 고립되고 가난한 섬이 심각한 경제 위기의 와중에 사회 전체를 경이로운 생태사회주의로 재편할 수 있었다면, 부유한 나라들이 행동하지 않는 핑계로 내세울 것이 없을 것이다.

재야생화와 에너지 할당제, 광범위한 채식은 대중적 지지를 얻기 위해 초기에 상당한 노력을 들여야겠지만, 그래도 당장 실행에 옮길 수 있는 간단하고 효과적인 해결책이다. 사실 쿠바의 특별한 시기라는 사례는 대중을 끌어들이기보다 내칠 수도 있다. 하지만 이 해결책들은 생태적 목표와 경제적 목표의 상호연결을 전부 다 짚어내지 못하는 윌슨의 지구절반이나 WILD 재단, 원자력, BECCS의 불충분한 해결책과 비교하면 훨씬 더 호소력이 있다. 모어와 플라톤은 유토피아 사상이란 복식부기와 흡사하다고 보았다. 육식을 넣어서 원장의 한쪽에 변화가 생기면 정치경제라는 다른 쪽에도 변화가 일어나기 때문이다. 지금까지 환경론자들은 계산이 맞아떨어지도록 할 수만 있다면 장부를 조작하는 일도 마다하지 않았다. 우리는 실현 가능한 유토피아란 그 비용을 유사 합리적인 돈의 가치로 숨기는 대신, 민주적으로 평가하는 사회라고 믿기에 지구절반 사회주의라는 정직한 계산을 제안한다.

정치는 이를 뽑는 일과도 같아서

지구절반 연합은 광범위해야 한다. 사회주의자, 페미니스트, 과학자만이 아니라 동물권 활동가와 친환경 농부들도 있어야 한다. 기존의 지구절반 프로젝트에는 그것을 뒷받침할 대규모 사회운동이 없었고, 그런 까닭에 윌슨과 WILD 재단은 자선사업가와 수구 세력에 의존했다. BECCS는 슈퍼컴퓨터의 클라우드 내에만 존재하고, 얼마 안 되는 강연장에 과학기술의 권력을 찬미하는 사람들이 가득할지는 몰라도 거리에서는 그 존재를 찾기 힘들다. 역사적으로 볼 때 환경운동에서 동원할 수 있었던 가장 강력한 구호는 반

원자력이었다. 친원전 환경론은 원자력 기술을 끌어안음으로써, 별다른 수확도 없이 환경운동이 지금껏 지녔던 가장 대중적인 정치적 입장에 반대하는 주장을 펼치는 셈이다. 많은 점에서 친원전 환경론은 환경운동의 역사를 배반하고, 잠재적으로는 그 미래도 배반한다.

핵 문제는 환경운동과 다른 사회운동의 연합뿐 아니라 대규모 대중 동원도 가능하게 했던 몇 안 되는 쟁점 가운데 하나다. 채식이나 여섯번째 대멸종 따위의 부차적 관심사에 비하면 반핵 행동주의는 많은 사람을 동원한다. 1978년의 오스트리아, 1987년의 이탈리아, 2011년의 이탈리아, 2012년의 리투아니아처럼 국민투표에서도 매번 승리한다. 그린피스의 첫번째 행동은 1971년에 있었다. 여남은 활동가들이 낡은 어선을 타고 암치트가라는 알래스카의 외딴섬으로 가서 핵폭탄 실험을 직접 목격했다. 사실 한때 환경론과 평화주의가 손을 잡았다는 사실이 그 단체의 이름에서도 나타난다. 세계에서 가장 성공적인 녹색당의 하나인 독일 녹색당은 1979년에, 당시 급부상한 반핵운동의 선거용 수단으로 출발했다.[149] 핵에 대한 두려움은 전 세계에서 녹색당의 강력한 동원력이 되었고, 체르노빌과 후쿠시마 같은 재앙의 여파로 더욱 그러했다. 체르노빌 사태를 조사한 한 정치과학자는 스웨덴 마을의 방사능 수치와 1988년 선거에서 녹색당이 얻은 투표수의 상관관계를 보여주었다.[150] 후쿠시마 사고가 터지고 단 몇 주 후에 독일 녹색당은 바덴뷔르템베르크 선거구 총투표수의 24%를 얻으며 최초로 주 의회의 다수당이 되었다.

친원전 환경론이 짐짓 내세우는 태도는, 더 큰 선을 위해서라면 대중이 지지하지 않는 결정도 기꺼이 내린다는 자못 진지한 지도자의 태도다. 마이클 셸런버거는 핵 회의론의 무지와 터무니없는 우려를 매도한다("핵폐기물은 가장 좋은 폐기물이다").[151] 제임스 한센은 완전한 재생에너지시스템이 가능하다는 믿음을 여전히 지속되는 '치아 요정'에 대한 믿음과 동일시한다.[152] (아이러니하게도 치아 요정은 1950년대 말 반핵운동의 가장 강력한 동맹이었다.) 친원전 환경론은 그와 유사하게 현실 정치를 내세우면서, 재생에너지의 낮은 출력밀도를 원자력 옹호의 주된 이유로 든다. 이런 주장이 그럴듯해 보인다면 그것은 단지 그들이 축산업 철폐 같은, 토지를 남길 다른 변수를 바꿀 생각이 없기 때문이다. 실제로 셸런버거는 2019년 폭스뉴스에 출연하여 채식주의는 온실가스에 거의 영향을 주지 않을 것이고 공장형 축산업이 환경을 보호하는 가장 좋은 방법이라고까지 주장했다.[153] 체르노빌과 후쿠시마의 사망자 수와 증식형 원자로의 꾸며진 잠재력에서 이미 보았듯이, 친원전 환경론의 잡식성 옹호는 원전을 친환경으로 위장하기 위해 진실을 희석하는 또다른 예일 뿐이다.

원자력, BECCS, 그리고 윌슨과 로크가 주창하는 지구절반은 지구절반 사회주의보다는 SRM과 더 공통점이 많다. 전체로서의 환경 위기나 그 위기를 조장하는 자본주의를 거론하지 않은 채 부분적인 치료로 주창되기 때문이다. 그들 주장의 핵심은 가능한 한 현상태를 그대로 유지하자는 것인데, 그런 정치적 미니멀리즘은 재앙을 부를 뿐이다. BECCS는 여섯번째 대멸종을 가속할 것이고, 더 많은 원자력은 새로운 체르노빌의 위험을 감수하는 일이며, 지구절반은 신식민주의라는 형태로 보존의 역할을 확대할 것이다. 덧붙이자면 권력에 아첨하는 식으로는 실제로 더 나은 세상을 만드는 일에 필요한 사회운동을 촉발할 수 없기에, 이 절반 유토피아 중 어느 것도 실현될 가능성은 전무하다. 정치적 온건함을 유지한다면 권력자가 그에 대한 보답으로 미래 건설에서 작은 역할이라도 나눠주리라는 것이 환경주의자의 생각이다. 그러나 SRM이 근저에 있고 원자력 문제에 대한 내부 싸움 등으로 환경운동의 힘은 약해져 있으니, 지배계층과 그들의 신자유주의 전문위원회가 자신들의 자리를 양보할 이유가 없다. 무력으로 빼앗지 않는 한, 권력자들의 양보를 얻을 방법은 오직 광범위하고 급진적인 운동에만 있다.

현재 우리에게 주어진 시시한 절반 유토피아주의를 살펴보면, 모어와 플라톤이 했던 식으로 모든 측면에서 사회를 개념화하는 일이 왜 이렇게 어려워졌는지 의아해진다. 모어와 플라톤의 주목할 만한 차이는, 플라톤은 자신이 사는 사회와 크게 다르지 않은 사회를 상상한 반면, 모어는 겉보기에 영국과 아주 동떨어진 허구적 섬을 창조했다는 것이다. 자기의식적인 유토피아 장르는 자본주의와 동시에 등장했고, 따라서 그 허구적 면모는 사소한 우연성이 아니라, 자본주의 시대에 정치적 영역이 경제적 영역에서 떨어져나왔음을 보여준다. 모어 같은 유토피아 사회주의자는 오직 허구 속에서만 그 둘을

화해시킬 수 있었는데, 그 둘이 그보다 직접적으로 매개된 사회에 살았던 플라톤에게 그런 방식은 불필요했다. 최근에는 이러한 유토피아 충동조차 사그라들어서, 오늘날의 사상가와 예술가는 세계의 파멸만 예견할 수 있을 뿐이다. 주류 환경론은 끌어올 만한 유토피아 전통이라고는 가지고 있지 않아서 근본적으로 다른 사회는 상상조차 하지 못하고, 암울한 기술적 해결책—그에 고무될 사람도 거의 없는—만 남아 있다. (그들의 상상력을 고무하는 음울한 시는 아마 맬서스주의일 테고.) 우리는 유토피아 사회주의 전통을 되살려보려 했지만, 노이라트나 플라톤처럼 좀더 현실적으로 사고했던 철학자를 더 많이 따랐다. 마지막 장에서 사회공학의 예로 유토피아 소설을 구상할 때, 그 배경으로 우리가 이 책을 처음 고안했을 때 살고 있던 매사추세츠를 골랐던 이유도 그 때문이다.

두말할 필요 없이 우리의 유토피아는 여전히 결핍으로 제약을 받지만, 진정한 번영은 달러가 아닌 토지로 측정된다. 에너지 할당제나 육식의 포기처럼, 지구절반 사회주의의 일부 항목이 모든 사람에게 호소력을 가지지 못하리라는 것은 인정하지만, 그런 희생이 환경운동이 제시하는 세 가지 절반 유토피아보다는 더 매력적이라고 생각한다. 환경 위기는 이미 한참 진행중이니, 우리에게 남은 것은 가혹한 선택뿐이라 한들 놀라운 일도 아니다. 하지만 지구절반 사회주의는 그저 '차악次惡'이 아니다. 내 안으로 끌어들인 자연에 대한 통제를 포기하면 얻을 것이 많다는 사실을 알게 될 것이다. 쌍끌이를 하고 광물을 파내고 쑥대밭을 만들어온 땅과 바다에 대한 권리를 포기하면 엄청난 가치가 파괴되겠지만, 새로운 부도 얻을 수 있을 것이다. 수천만 생물종의 보호와 수십억 톤의 탄소격리, 그리고 의미 있는 일과 사회보장의 약속에서 풍부한 아름다움과 안전과 안정이 얻어질 것이다. 지구절반 사회주의는 또한 풍요로운 사회를 만들 것이기 때문이다. 후식으로 무화과와 콩을 먹을 뿐이라 해도 말이다.

3장　　지구절반 계획하기

어쩌면 지금 우리는 유토피아의 과학적 연구가 시작되는 지점
에 있는지도 모른다.
_오토 노이라트

레오니트 칸토로비치Leonid Kantorovich에게 수학은 생사의 문제
였다. 독일 공군이 위협적으로 머리 위를 오가는 사이 그 수학자는
얼어붙은 광활한 라도가호 위를 걸어 다니며, 정확하게 무게를 맞
춰 얼음 위로 지나가는 트럭들을 검사하고 있었다.[1] 1941년 독일과
핀란드 군대는 칸토로비치의 고향인 레닌그라드를 포위하는 바르
바로사 작전Barbarossa Operation을 폈다. 도시로 진입하는 도로와 철도
를 모두 끊어서, 굶주리다 항복하길 기다렸다. 하지만 바깥세상으

로 연결되는 끈이 딱 하나 남아 있었으니, 라도가호를 건너 동쪽 측면으로 들어오는 말도 안 되는 경로였다. 여름이면 소련의 너벅선이 물자를 나를 수 있었지만, 겨울이면 썰매와 트럭이 얼음 위로 위험천만하게 오갔다. 이 '생명의 길'이 레닌그라드 안에 갇힌 수백만 명의 민간인과 군인들이 목숨을 부지하며 싸워나갈 수 있는 유일한 길이었다. 이 과정에서 사망자도 많았다. 겨울 호송대가 이동을 시작한 첫 주에 40여 대의 트럭이 얼음 아래로 빠졌다.[2] 그런 손실을 최소화하는 것이 칸토로비치의 임무였다. 그가 실패한다면 도시는 오래 버티지 못할 것이었다.

그의 임무는 긴급한 수학 문제를 푸는 것이었다. 특정한 바람과 기온과 얼음 두께에서 몇 대의 트럭을 호수 건너편으로 보낼 수 있겠는가? 가능한 무게는 어느 정도인가? 급변하는 날씨와 독일 공군의 위협으로 가뜩이나 어려운 문제가 더 어려워졌다. 젊은 교수는 위험을 무릅쓰고 직접 얼음 위에서 보급대가 어려움을 헤치고 움직이는 모습을 보겠다고 고집했다. 칸토로비치의 노력으로 수천 톤의 연료와 식량과 탄약이 도시 안으로 들어갔고, 거의 150만 명의 민간인을 도시 밖으로 빼냈다. 아돌프 히틀러Adolf Hitler는 6주 안에 레닌그라드를 정복하리라 생각했지만, 거의 900일이 지난 뒤 포위를 풀었고 독일군은 초라하게 서쪽으로 퇴각했다.[3]

칸토로비치는 라도가호에서 생사의 여지를 계산하느라 여념이 없을 때가 아니면 자신의 위대한 저서『경제적 자원의 최대 활용 The Best Use of Economic Resources 』(1942) 집필에 몰두했다. 그의 초기 수학 저작이 분석과 위상수학topology이라는 추상적 분야였던 반면, 이 책은 생명의 길처럼 실질적인 문제였다. 칸토로비치의 연구는 '수학적 방법'이 '과학적으로 계획된 기초' 위에서 '전체 경제'에 응용될 방법의 윤곽을 제시했다.[4] 그는 자본주의 경제가 그 정도의 합리성에 근접할 수는 없다고 강조하긴 했지만, "공산주의 국가의 건설에 필요한 요건을 경제학이 따라잡지 못해 생겨나는 직접적인 결과로 계획에 결함이 존재한다"는 사실도 점잖게 인정했다.[5] 『경제적 자원의 최대 활용』은 소련의 유토피아적 야망에 적합한 경제학을 제공하려는 시도였다. 중앙 계획 부서인 고스플란Gosplan의 자기중심적이고 종종 비효율적인 결정 대신, 알고리즘 계획을 통해 공장에서 전 국가에 이르기까지 모든 범위에서 효율성을 올릴 수 있다고 칸토로비치는 상상했다. 이 젊은 수학자는 얼어붙은 호수 위로 지나다니는 보급대를 최적화듯이, 사회주의 자체도 최적화하고자 했다.

'풍요로운 공산주의red plenty'라는 이러한 꿈이 태동한 장소는, 믿기 힘들겠지만 1938년의 합판 공장이었다.[6] 이념적, 실질적 이유에서 소련의 과학은 응용 작업을 강조했기 때문에, 합판 공장 기술자들이 칸토로비치에게 그의 경력을 결정지을 문제를 던진 것은 아주 자연스러웠다. 다루는 재료에 따라 속도와 산출량이 달라지는 서로 다른 다섯 개 선반에서 다섯 유형의 합판을 특정한 비율로 생산해야 하는 공장의 생산과정을 최적화하라는 것이었다. 그 문제는 보기보다 훨씬 어려웠다. 칸토로비치는 전통적인 최적화 방법을 쓴다면 약 100만 개의 방정식을 풀어야 한다는 사실을 곧 깨달았다. 같은 과의 동료와 논의해보기도 했지만 해답은 나오지 않았다. 보아하니 전에도 기술자들이 수학자를 찾았지만, 별다른 수확이 없었던 모양이었다.

칸토로비치는 여름 내내 그 문제로 고심했고, 곧 "공학적·경제적 상황이 머릿속에 들어오기 시작"했는데, 그가 깨달은 바로는 그것은 제약이 있는 극대화의 문제이기도 했다.[7] 몇 달 만에 그는 해법을 찾았다. 우선 자신의 연구 결과를 그해 10월 헤르젠 연구소에서 발표했고, 1939년에 선구적인 논문 「생산을 조직하고 계획하는 수학적 방법Mathematical Methods of Organizing and Planning Production」을 출간했다.[8] 그는 자신의 알고리즘을 '선형계획법'이라고 불렀는데, 그 방법으로 전자컴퓨터 이전 시대에 단지 펜과 종이만으로 반나절 만에 한 공장의 최적 방식을 찾아낼 수 있었다.[9] 게다가 그 알고리즘은 선형 제약에 종속된 특정한 가치를 최대화하거나 최소화해야 하는 상황이라면 어디든 보편적으로 적용할 수 있었다. 선형계획법은 "이론과 실천이 끊임없이 중첩되는" 전형적으로 사회주의적인 수학이었을 뿐 아니라, 새로운 종류의 사회주의적 정치경제도 제공했다.[10] 곧바로 칸토로비치는 어떻게 선형계획법의 규모를 키울지 구상하기 시작했다.

칸토로비치는 노이라트의 실물 계산을 알지 못했지만, 선형계획법은 화폐가 없는 계획을 도입하는 최초의 실제적 방법이라 할 만한 방법을 제시했다. 모든 것을 보편적 등가물(가격 같은)로 환원하는 대신, 칸토로비치는 서로 다른 수많은 프로젝트를 아울러 자연적 단위—몇 톤의 강철과 콘크리트 또는 몇 시간의 노동—에서 서로 상충하는 제약들의 균형을 맞출 수 있었다. 그것만으로 경제처럼 복잡한 것을 계획하기에는 불충분하지만(이 장에서 앞으로 더 논의할 것이다) 선형계획법은 개념적 돌파구였다. 1장에서 살펴보았듯이, 신자유주의 경제학자인 루드비히 폰 미제스는 가격의 도움 없이 계획만으로 강철 같은 핵심 중간재를 효율적으로 분배할 수 있을지에 회의적이었다. 선형계획법은 자원을 할당하는 체계적인 방식을 제공했고, 그로써 국가의 전반적 복지의 일부 측정 기준을 최적화할 수 있었다. (나중에 더 자세히 다루겠다.)[11] 미제스가 얼굴이 붉어질 만큼 얼마 안 되는 정보만으로도 불현듯 실물 계획이 가능해진 듯했다. 설계자가 수학적 언어를 사용해 한 경제의 물질적 제약을 정확히 제시하자마자, 시장의 보이지 않는 손의 도움이 없어도 생산과 분배의 계획이 자연스럽게 따라나왔던 것이다. 신자유주의가 사회주의에 가했던 인식론적 비판에 대한 반박이 등장한 1939년에 오토 노이라트는 살아 있었지만, 불행히도 그 사실을 알지 못했다. 사실 1940년에 생겨난 원시적 컴퓨터만으로도 칸토로비치는 "소련을 계획하는" 꿈을 꿀 수 있었다.[12] 처음부터 칸토로비치는 대규모 계획은 "자본주의 사회 경제에서는 생겨나지 않기" 때문에 자신의 미래 전망은 "특정하게 소련의 경제체제와 연결된다"고 주장했다.[13]

돌파구를 마련했음에도 처음에는 칸토로비치에게 월계관 같은 것은 주어지지 않았다. 스탈린식 계획의 비효율성을 비판했으니 아무리 잘 봐줘도 현명하지 않은 처사였다. 순진하게도 그는 선형 계획법에 대한 보고서를 1942년 고스플란에 제출했고, 같은 해 모스크바 경제연구소에서 발표했다. 고스플란은 그 제안을 거부했고 (다음 해에도 다시 거부했다), 그곳의 경제학자들과의 논의는 "꽤 격렬했다."[14] 칸토로비치의 온건한 개혁조차 의심의 눈초리를 받았다. 철도차량 생산을 최적화한 뒤, 그는 폐기물을 줄였다고 칭찬받기는 커녕 고철 공급에 지장을 주었다고 비난받았다.[15] 소련의 일부 경제학자들은 칸토로비치가 맑스의 가치이론에 확실한 기반을 두지 않았다며 맹공격했다. 아이러니하게도 이런 비판은 칸토로비치의 수학이 화폐 없는 경제가 한창 유행하던(평온하던 당시 소련 시기에는 노이라트조차 면밀한 연구 대상이 되었다) 1920년대 초의 논쟁에 아주 정통하다는 사실을 간과했다.[16] 진보된 수학을 이용했다는 이유만으로, 칸토로비치의 분석틀이 '파시스트' 경제학자인 빌프레도 파레토Vilfredo Pareto의 신고전주의와 유사하다고 단언한 이도 있었다.[17] 칸토로비치가 그 암울한 시절에 살아남을 수 있었던 것은 작은 기적이었다. 사실 그는 자신이 고스플란의 심기를 건드린 일이 '위험했다'는 것을 나중에서야 알았다.[18] 이렇게 차질이 생기고 당시에는 반유대주의가 강했음에도, 1949년에 칸토로비치가 명예로운 스탈린상을 받았으니 놀랄 만한 일이었다. 그것은 붉은 군대 내의 강력한 후원자들이 핵무기 프로그램과 관련한 그의 공헌에 대해 보상해주기를 원했기 때문이었다.[19] 선형계획법의 업적에 대한 인정은 그보다 오래 걸렸다.

새로운 총서기總書記 니키타 흐루시초프Nikita Khrushchev는 1956년에 스탈린의 범죄를 고발하면서 소련 사회의 '해빙기'를 촉발했다. 밀려났던 칸토로비치는 다시 주류에 합류했고 곧 출세가도를 달렸다. 1958년에 소련과학원Soviet Academy of Science의 통신회원corresponding member이 되었고 일 년 뒤에는 마침내 『경제적 자원의 최대 활용』을 출간할 수 있었다. 1961년 즈음에는, 불과 몇 년 전만 해도 지적 황무지였던 곳에 수리경제학 연구에 전념하는 연구소가 마흔 곳이나 생겼다.[20]

1960년에 칸토로비치는 레닌그라드에서 노보시비르스크로 거처를 옮겼다. 별로 승진처럼 들리지는 않지만, 그가 있는 동안 시베리아의 그 도시는 계획이론 분야에서 세계적으로 손꼽히는 장소가 되었다. 겉으로 드러나지 않는 또 하나의 매력으로, 모스크바나 레닌그라드 같은 대도시에 비해 외딴 장소인 노보시비르스크에는 흔치 않은 학문적 개방성이 있었기에, 시베리아의 망명 경험을 자유의 경험으로 탈바꿈시켰다. 다른 곳에서는 고용 할당제의 영향을 받는, 유대인 같은 소수자에게 특히 그랬다. 노보시비르스크에 머물던 십 년간 칸토로비치의 영향력은 정점에 이르러서, 레닌상(소련의 노벨상에 해당하는)을 수상했을 뿐 아니라 중앙경제수학연구소 Central Economic Mathematical Institute: CEMI의 부원장을 역임하기도 했다. 반은 인간을, 반은 컴퓨터를 위해 설계된 CEMI의 건물에는 경제학자와 수학자들이 거주했다. 기계는 2층 높이 공간에 넣을 예정이었다.[21] 많은 점에서 칸토로비치는 급속한 경제성장과 '인공두뇌학'이라는 새로운 보편 과학과 우주 시대가 풍요롭고 인간적인 사회주의의 도래를 예고한다고 보았던 당대의 낙관주의를 구현했다.[22] 하지만 이렇게 겉보기에는 유망한 조건에도 불구하고 칸토로비치의 방안은 국가적 차원에서 실행된 적이 없었다.

거기엔 두 가지 원인이 있었다. 가장 직접적인 첫번째 원인은 1968년 프라하의 봄Prague Spring이었다. 당시 체코슬로바키아를 침공했던 바르샤바조약의 다른 국가들의 정당 수뇌부는 개혁적 성향을 지닌 '인간의 얼굴을 한 사회주의'에 잔뜩 겁을 먹었다. 이런 위기를 겪고 나자 시장사회주의(분명 칸토로비치와 아무 관계없는 지적 전통)의 기미가 약간이라도 비치는 것은 모두 위태로운 처지에 놓였다.[23] 그 사건으로 개인적으로 인공두뇌학 같은 새로운 방법론에 관심을 갖고 있었고, 칸토로비치의 모스크바 근거지인 경제경영연구소가 주도하던 개혁적 계획을 후원했던 소련 수상 알렉세이 코시긴Alexei Kosygin의 입지는 약화되었다. 이 위기 상황에서 코시긴과 함께 권력의 중심에 있던 보수적인 레오니트 브레즈네프Leonid Brezhnev의 힘이 강해졌고, 노후해가는 국가기관을 회복시킬 개혁가들의 기회는 거의 증발했다.[24]

선형계획법이 실패한 두번째 원인은 학계 내 이견이나 단기적 위기라는 표면적 현상 아래의 좀더 근원적인 것으로, 소련에서 민주주의가 취약하다는 점이었다. 그것은 곧 경제계획 담당자와 운영자—공산당의 연이은 5개년 계획을 강제했던—의 기득권을 이겨낼 만큼 강력한 새로운 정치연합체를 꾸리는 일이 불가능했음을 의미한다.[25] 경제 전체를 최적화하면 이 지배계층은 자원의 분배에서 행사하는 권력을 상실할 것이었다. 따라서 1968년까지 십 년 동안 소련의 계획이론이 꽃을 피웠지만, 1942년에 그랬듯이 고스플란은 진정한 변화에 여전히 적대적이었다. 사실 소련의 개혁가가 국가 경제에 관한 정보를 얻으려 할 때, 본국의 국가통계위원회가 아닌 미국 중앙정보부Central Intelligence Agency: CIA 보고서를 구하는 편이 더 쉬웠다.[26] 개혁가들은 여러 공장이나 산업 전반까지 최적화할 수 있었지만, 경제 전체를 최적화하는 일은 절대로 허락되지 않았다. 지배층의 반대를 이겨내는 데 도움을 줄 사회운동이 존재하지 않았기에, 칸토로비치처럼 위대한 훈장들을 받은 기술관료조차 화폐 없는 효율적 사회주의 경제라는 꿈을 실현하지 못했던 것이다.[27]

의식적 통제는 계획경제의 최대 강점이지만, 상품의 생산과 분배 과정이 비효율적이 되지 않으려면 민주주의가 요구된다. 이런 점에서 더 넓은 정치 프로젝트 내에 통합되지 않고서야 선형계획법은 실패할 운명의 절반 유토피아로 떨어질 수밖에 없다. 사회주의가 전 지구화된 세계를 물려받았을 때 민주주의는 더욱 절실하다. 서로 다른 지역이 경제적으로 특정한 소임을 할 것이고, 멀리 떨어진 지역에서 생산된 물자가 필요할 것이기 때문이다. 상호의존하는 전 지구적 네트워크 안에서 누구도 배제되거나 착취당하지 않도록 확실히 하기 위해서는 특별한 조정 노력이 요구될 것이다. 칸토로비치가 이해한 바처럼 목표는 지구 전역에서 커피 1킬로그램, 강철

봉 하나를 일일이 관리하는 것이 아니라, "지역 의사 결정 조직들이 전체 경제의 관점에서 각자 결정의 이점을 평가할 수 있도록 하는, 정보와 회계, 경제지표, 동기부여의 시스템을 구축"하는 것이다.[28]

따라서 칸토로비치의 기술적 전망을 노이라트의 민주적 사회주의와 결합할 필요가 있다. 설계자가 실물 단위의 목표와 제한을 설계한 뒤에, 정보를 갖춘 대중이 선택할 수 있도록 여러 방안을 고안하는 것이다.[29] 이 방안들은 사회주의적 지구에 가능한 수많은 미래를 나타낼 것이다. 어떤 방안은 지구공학과 화석연료의 편리함을 포함하고, 또다른 방안은 탄화수소hydrocarbon를 완전히 철폐할 수도 있다. 이러한 가능한 각각의 미래 비용을 실물단위로 측정하면, 어렵지만 꼭 이뤄야 할 상호 절충이 명확해질 것이다. 국회에서 결정할 수도 있고 국민투표를 통해 국민이 직접 선택할 수도 있다. 실물 계산에 기초한 방안을 만들어내고 그것을 투표에 부치는 일은 경제 이해에 도움을 줘서, 이기적인 관료 계급이 경제의 운용을 모호하게 숨기며 통제하기가 어려워질 것이다. 현재 경제를 조정하기 위해 요구되는 방법은 칸토로비치가 애초에 도입했던 선형계획법보다 훨씬 더 복잡하겠지만, 그렇다고 민주주의의 필요성이 덜해지지 않는다.

이 장에서는 생태 위기의 시대에 민주적으로 계획된 경제를 어떻게 조직할 수 있을지 상세히 설명하겠다. 당연히 쉽지 않은 일이고, 사회주의 경제가 무한한 풍요로움을 가져다주지도 않을 것이다. 사실 생태를 고려하면 고도의 경제성장을 한없이 이루기란 불가능하고, 따라서 역사의 종말에 우리가 맞을 법한 상황은 제약이 있는 '정상定常상태 경제'—천연자원의 처리량을 늘리지 않는 항상적 규모를 유지하는 경제—일 것이다. 이 장의 후반부에 논의하겠지만, 현명하게 경영되는 생태사회주의 유토피아라도 여전히 얼마간의 비효율성과 부족에 시달릴 것이다. 하지만 안정된 기후나 경이로운 생물다양성, 팬데믹의 일시적 중단 따위의 다른 이득을 얻기 위해 치를 만한 비용이라고 믿는다. 지구절반 사회주의는 또한 보살핌과 건강과 소외되지 않은 노동 중심의 경제와 하나된 인류와 평화와 평등이라는 미래를 약속한다. 자본주의가 이보다 암울한 미래를 내보인 적은 이제껏 없었고, 사회주의가 이보다 필요하고 실현 가능했던 적도 이제껏 없었다.

얼음 위로 건너가기

생태적 제약 내에서 가능한 공평한 세계의 창조가 21세기에 인류가 건너야 할 생명의 길이다. 레닌그라드 포위 당시 칸토로비치는 트럭에 짐을 너무 많이 실으면 얼음이 깨질 테고, 그렇다고 짐을 너무 적게 실으면 얼어 죽거나 굶어 죽을 사람이 더 많아지리라는 사실을 이해했다. 좋은 삶—먹을거리와 보금자리, 교육, 예술, 건강—을 위한 물적 기반을 모두에게 제공하면서 동시에 생물권이 불안정해지지 않도록 보호해야 하는 지구절반 사회주의도 그와 비슷한 식으로 균형을 잡아야 한다. 이 어려운 과업은 과학 문헌에서 '지구위험 한계선' 논쟁으로 알려져 있고, 과학자들은 행성을 망가뜨리지 않으면서 모두의 기본적 요구를 충족시킬 방법을 계산한다.[30] 하지만 자본주의 내에서 그런 목표를 이룰 수 없음을 인정하지 않으면 그런 연구 프로젝트는 불완전해진다. 1장에서 강조했듯이, 자연과 인류의 교환을 계획하고 제한해야 할 필요는 확장하는 자본의 무의식적인 힘과 갈등할 수밖에 없다.

지구위험 한계선에 대해서는 수많은 추정치가 있지만 가장 진보된 모형조차 자본주의 이후의 생태 안정성을 상상하는 일에 도움이 못 된다. 기술적 노하우가 부족해서는 아니다. 핵심 연구소의 시스템 기술자들은 물리학, 화학, 생물학, 경제를 결합하여 300여 년 후 단 하나의 지구 시뮬레이션을 만들어내는 'IAMs'라는 거대한 슈퍼컴퓨터 프로그램을 제작했다. IPCC가 사용하는 IAMs는 주로 '전 지구적 일반균형모형'(즉, 서로 다른 시장 전반에서 수요와 공급의 균형을 맞춘다)을 기후와 생물권, 그리고 다른 자연시스템의 시뮬레이션과 결합한 것이다. 예를 들어, 그 모형으로 전 세계 에너지 수요, 그 수요에서 결과적으로 생겨나는 오염, 배출된 오염이 경제에 끼치는 영향을 계산할 수 있다.[31] IAMs는 기후정치학의 중심이다. 2100년의 기후 예측에 대해 이런저런 이야기가 나올 때마다, 그 뒤에는 십중팔구 오염세나 기술의 획기적 발전 가능성, 농업과 바이오연료의 공간 패턴, 전 지구적 식량 수요, 에너지시스템의 구성, 그리고 이런 모든 사회적 변화에 대한 기후와 생물권의 민감도

149

따위의 변수를 가지고 하나의 IAM을 만지작거리는 기술자가 있을 것이다.[32]

　이런 야심만만한 시뮬레이션에 감탄할 만한 점은 많지만, IAMs는 노이라트식 '유사 합리성'을 확실히 증명한다. 예를 들어, IAMs는 특히 BECCS를 호의적으로 평가하는데, 그것이 효과적이거나 현실적인 기후변화의 해결책이어서가 아니라 IAMs는 화폐라는 보편적 등가물(탄소세를 통해 CO_2를 현금으로 바꾸기까지 한다)에 기대고 BECCS는 모형 내에서 달러를 탄소흡수로 전환할 수 있는 유용한 방법이기 때문이다. BECCS 농장에 탄소세로 일 년에 x달러를 주면 대기에서 ykg의 탄소를 격리한다는 식이다. 유사 합리성은 이제 기후변화가 간단한 대수 문제로 환원될 수 있다는 환상을 주고 있다. 명백히 다른 식의 전 지구적 모형—생태사회주의와 연결된—이 필요하다. 이런 방법이라야 라도가호에서 칸토로비치가 했던 계산처럼, 화폐나 다른 보편적 등가물로 계획이 왜곡되지 않으면서 별개 목표들을 절충하는 식으로 사고할 수 있을 것이다.

　모형제작자들이 뭘 몰라서 그렇다는 말이 아니다. 사실 많은 시스템 기술자들도 안정된 생물권의 공평한 사회를 창조하려면 에너지시스템의 거대한 혁명, 개인 소비의 대폭 감소, 북쪽 선진국에서 남쪽 저개발국으로 근본적인 자원의 재분배가 요구된다는 사실을 알고 있다. 선진국의 소비와 에너지 사용을 엄청난 수준으로 줄이고 동시에 개발도상국의 생활수준을 상당히 올렸을 경우—우리의 생태적 생명의 길이 요구하는 섬세한 균형의 방향으로 상당한 진전을 이룰―의 효과를 연구하려고 IAMs를 이용한 사람도 있었다.[33] 그런데 모형제작자들이 급진적인 IAMs를 만드는 경우는 대개 현재 제공되는 전 지구적 모형의 부적합성을 드러내기 위해서일 뿐이다. 지구위험 한계선을 연구하는 과학자들과 마찬가지로, 자신이 꿈꾸는 변화를 실현할 수 있는 정치프로그램을 지니지 않은 모형제작자들이 너무 많다. 이렇게 보면 급진적인 IAM 기술자의 지위는 1960년대에 최고의 영향력을 누리던 칸토로비치의 지위와 다를 바 없다. 강력한 기득권이 가로막고 나서면 영예와 지식도 별 힘이 없는 것이다.

하지만 상황은 결코 절망적이지 않다. 1960년대 반핵운동처럼 거대한 사회운동과 결합된 과학은 결국 강력한 힘이 될 수 있기 때문이다. 사회운동과 결합된 급진적 과학만큼 신자유주의가 겁내는 것도 없지만, 그런 결합이 생겨나기까지는 그들에겐 두려운 것이 없다. 근본적인 정치적 파열이 없다면 모형제작자는 BECCS나 SRM 같은 썩은 동아줄에 계속 의지할 수밖에 없다. 좌파를 비판할 때 사회주의자가 마술을 꿈꾼다고 비난하는 일이 많은데, 자본주의가 지구위험 한계선을 넘어서지 않게 제한할 수 있는 미래의 모형을 만드는 것이야말로 진짜 환상이다.

과학적 유토피아주의

우리에게는 기존 질서에 뿌리박은 IAMs보다는 노이라트가 '과학적 유토피아주의'라고 지칭한 것에 기반한 급진적인 전 지구적 모형제작이 필요하다. 그에게 '유토피아'란 '불가능한 사건'이 아니라, 아직 존재하지 않는 '사고를 통한 삶의 질서'를 의미했다. 토머스 모어부터 에드워드 벨러미까지 다들 '꿈꾸는' 일―가치 있는 일이다―을 추구했는데, 노이라트는 20세기 초에 이르러 그런 이론화가 필연적으로 "미래의 모습을 준비하는 과학적 작업"으로 전환되었다고 믿었다. 유토피아는 상상된 사회의 상세한 청사진과 흡사하여 "엔지니어의 건설"과 딱히 다르지 않았고, 따라서 유토피아의 창조주는 마땅히 '사회 엔지니어'라 불릴 만하다.[34] 이 사회 엔지니어는 사회의 기초를 이루는 "자연적 기반, 토지와 해양, 원자재와 기후"만이 아니라 "인간의 심리적 특성부터 새로움의 선호, 야망, 전통에 대한 애착, 고집스러움, 어리석음"까지 모든 것을 알아야 할 것이다.[35] 유토피아의 목표는 '비인간의 이상'까지도 포함할 수 있다.[36] 노이라트도 '신의 위대함'과 '국민'까지 염두에 뒀지만, 선善이라는 개념을 인간계를 넘어서는 것으로 확장해야 생태적 목표를 통합하는 계획이 가능하다.

지구절반 사회주의가 과학적 유토피아 프로젝트이긴 하지만, 그렇다고 노이라트가 사용한 도구와 개념에 한정할 필요는 없다. 칸토로비치의 정교한 수학조차 지금은 최첨단이라 할 수 없다. 선형계획법을 사용하여 이루어진 고정적인 단 한 번의 계산이 복잡한 프로젝트를 수행하는 데 귀중한 도구—이 방법은 재생에너지시스템 계획을 포함하여 현재 응용수학 어디에서나 쓰인다—이긴 하지만, 우리에게는 지역 행정부가 지역 주민의 요구를 맞추는 동시에 재야생화나 원거리무역 같은 전 지구적 목표를 실현시킬 다른 도구가 필요할 것이다.[37] 이 장에서 우리는 계획과 모형제작의 여러 역사적 접근법을 살펴보고, 그것을 이용해서 우리 생명의 길을 건설하는 일에 도움을 줄 일단의 방법을 고안해보려 한다.

실물 계산을 이해하는 일부터 시작해보자. 그것은 화폐를 비효율적인 물물교환 경제(xkwh의 전력은 y부셸bushel의 곡물과 같다)로 대체하자는 것이 아니라, 서로 다른 상품이 전체적으로 어떤 관련이 있는지 알아내는 정보시스템으로 대체하자는 것이다. 자연과 인류의 요구를 충족하는 일은 식량과 탄소분자로 측정되는 근본적으로 물질적 목표다. 그리고 세계를 실물 단위로 바라보면 화폐 때문에 혼탁해지지 않고 교환을 대면할 수 있다. 폴 콕샷Paul Cockshott과 얼린 코트렐Allin Cottrell의 1993년 저서『새로운 사회주의를 향하여 Towards a New Socialism』에서 요약된 화폐 없는 계획의 많은 선례에 많은 배울 점이 있지만, 그 계획 대다수가 생산과 분배를 조직하는 데 있어서 맑스의 '노동시간'에 지나치게 의존한다.[38] 콕샷과 코트렐의 계획도 예외가 아니어서, 노동자는 각자 수행한 노동의 양에 상당하는 바우처로 보상받아 그것을 비슷한 양의 노동을 구현하는 상품과 교환할 수 있다. 그런 식의 프로젝트는 나무만 보고 숲은 보지 못한다. 사회주의의 목표는 인류가 의식적으로 자신과 자연과의 교환을 규제하도록 하는 것인데, 그것은 노동화폐에서 비롯된 불가피한 왜곡을 교정하는 데(다른 사람보다 더 능률적인 노동자가 있다거나, 어떤 일은 다른 일보다 더 어렵거나 더 높은 기술을 요구한다거나, 어떤 품목은 그 노동 가격의 가치보다 수요가 더 많거나 적거나 한다는 사실을 어떻게 설명할지)에 지나치게 공을 많이 들인다.

노이라트는 노동시간에 기초한 계획은 자본주의적 이윤 추구와 마찬가지로 유사 합리적이라고 주장했다. 둘 다 보편적 등가물에 기초하는데, 보편적 등가물은 과정을 오히려 불분명하게 만들기 때문이다. 이런 까닭에 노이라트는, 사회주의적 민주주의란 사회 엔지니어가 설계한 상충하는 '총체적 계획' 중에서 하나를 선택하는 일이라고 본 것이다. 각 총체적 계획은 사회의 생산력이 어떻게 전개될 것인가에 대한 분명한 전망을 대표한다. 노이라트는 그런 계획을 어떻게 설계할 것인지에 대해 딱히 분명한 설명을 내놓은 적은 없지만, 선형계획법은 실물 설계가들이 추상적 목표를 구체적 전망으로 바꾸는 일에 도움을 주는, 다소 뭉툭할지 모르지만 강력한 도구가 될 것이다. 이쯤에서 우리도 선형계획법이라는 간단한 방법만 가지고 사회 엔지니어 일을 시작해보려 한다. 이야기가 진행되면서 이 도구의 한계도 분명해질 텐데, 그러면 그것을 보충할 다른 방법도 살펴볼 것이다.

백 군데 고스플랜트가 번성하게 하라

지구절반 사회주의 혁명이 당장 내일 일어난다고 상상해보자. 경제 전체를 계획하는 어려운 과업에 착수해야 하는 새 정권이, 새로 설치한 '고스플랜트^{Gosplant}'국(이 이름을 너그러이 봐달라) 안에 사회 엔지니어의 자리를 만들어주고는 인간의 욕구와 지구위험 한계선의 균형을 맞추는 신속한 계산을 주문한다. 고스플랜트의 첫번째 목표는 전 지구적 경제에 필요한 자원을 공급하기 위해 얼마만큼의 자연이 인간화되어야 하는지를 밝혀줄 여러 미래상을 고안하는 것이다. 1인당 에너지 할당량을 높이거나 낮추고, 기술 발전이나 기반시설의 발전 정도를 다르게 설정하고, 재야생화를 여러 방식으로 정하고, 특정한 생태적 목표를 이루고자 할 때 사람들이 짊어져야 할 여러 의무 사항을 분명히 나타내는 미래의 모형을 만들 것이다. 하지만 이렇게 단순한 시뮬레이션조차 제대로 작동하려면 전 지구적 규모로 정보를 수집해야 하고 혼란한 현실을 실물 단위로 해석할 프로토콜이 수립되어야 한다. 우리는 우선 모형을 만들기 위해 필요한 정보를 수집하는 고스플랜트 사회 엔지니어들을 따라가볼 것이다. 그다음에는 고스플랜트가 처리해야 할 법한 상호 절충을 알아보기 위해 우리 나름의 선형계획법 알고리즘을 작동시켜볼 것이다.

고스플랜트 사회 엔지니어는 지구위험 한계선에 대한 과학 담론을 통해 두 가지 핵심적 제약, 즉 생물권을 건강하게 유지하기 위해 채굴을 제한하면서 동시에 인간의 요구를 충족시킬 충분한 천연 자원을 공평하게 분배하는 일을 수학적으로 표현할 수 있다. 2장에서 보았듯이 여섯번째 대멸종이라는 생태계 파괴를 막으려면 재야생화를 위해 지구의 절반을 남겨놓을 필요가 있다. 이러한 토지의 제약에 더해서 과학자들은 대량의 부영양화를 초래하지 않고 비료에 사용할 질소와 인(각각 일 년에 62메가톤과 6.2메가톤), 소비에 사용할 담수(일 년에 4000조 리터), 배출해도 되는 탄소(온난화 2℃ 목표라면 1인당 1.61톤이고, 그보다 야심찬 1.5℃ 목표라면 훨씬 더 적은) 등 수많은 다른 생태적 제약과 관련된 숫자를 제공했다.[39] 용인할 만한 수준의 오염과 관련된 추가적 제약은 공공의료 문헌에서 가져올 수 있다. 예를 들어, 대기 중 초미세먼지의 일 년 평균치는 $1m^2$ 당 $10\mu g$ 이하여야 한다.[40] 이러한 제약은 어떤 것도 고정적으로 이해되어서는 안 된다. 과학적 지식은 기술과 이론만이 아니라 사회적 관심사도 반영해야 하기 때문이다. 우리가 어느 정도까지 자연을 인간화할지의 문제는, 궁극적으로는 같은 차원에서 비교할 수 없는 윤리적·기술적·사회적·정치적 영역을 지닌 노이라트식 결정이다. 유사 합리적인 보편적 기준에 기대지 않고 의식적으로 결정하고 다시 검토해야 할 선택인 것이다.

고스플랜트 사회 엔지니어는 생물권을 안정화할 방법만이 아니라 만인의 욕구를 충족시킬 방법도 강구해야 한다는 사실을 기억하자. 에너지와 식량의 생산은 막대한 환경비용을 수반하므로, 모든 전 지구적 모형에서 시뮬레이션을 해야 한다. 이 두 부문의 소비를 계획하려면 2장에서 보았던 '2000W 사회' 제안과 유사하게, 서로 다른 전력 할당량에 따른 여러 계획을 세우고 지구상의 모든 사람에게 영양가 있는 식단을 제공할 수 있어야 한다. 다른 수많은 제약과 마찬가지로 이러한 선택도 모두 사회적 결정이다. 일부 학자들은 500W보다 낮은 에너지 할당량을 조심스레 제안하는데, 그것은 현재 미국 사용량의 12분의 1도 안 된다. 더 낮은 할당량을 제시하는 것이 불가능하지는 않다. 단지 그 목표를 이루려면 새 옷이나 가전제품, 운송수단, 전기, 주거 공간 등에 스파르타식 제약이 요구되리라는 뜻이다.[11] 고스플랜트가 우리 대신 선택을 할 필요는 없다. 그곳에서 각각의 에너지 할당량에 따라 수많은 계획을 세우고 나면, 그 가운데 어느 것이 생물권의 요구와 인류의 요구 사이의 균형을 가장 잘 맞춘 것일지는 주민과 주민 대표가 결정하도록 하면 된다.

선형계획법은 이렇게 다양한 제약(실물 단위로 표현된)을 구체적인 계획으로 바꿀 수 있는 강력한 계획법이다. 자원 사용에서의 제약과 인류의 최소욕구를 넣은 뒤 크랭크를 돌린다. 고스플랜트 사회 엔지니어는 식단이나 에너지시스템이나 다른 변수에 대한 명확한 선호도를 지닐 필요가 없다. 그들의 선형방법론에는 전 세계가 채식주의여야 한다거나 모든 전력이 재생에너지에서 나와야 한다거나 하는 식의 내재적 요구사항이 존재하지 않는다. 그 대신, 우리의 모의모형처럼 설계자들은 만인의 기본적 욕구를 충족할 식량과 에너지를 공급하면서 동시에 지구위험 한계선을 넘지 않는다는 두

가지 주요 목표와 더불어 다양한 수단으로 이런 목표를 이루기 위해 요구되는 기본적 생산배치를 정한다. 퍼즐의 마지막 조각은 **목적함수**objective function라고 일컫는 것으로 선형계획법의 알고리즘이 최대치로 잡거나 최소치로 잡는 양이다. 자본주의 공장이라면 공장의 운영을 위해 선형계획법을 돌릴 때 비용을 최소화하겠다는 결정을 내릴 수 있다. 그와 달리 고스플랜트 사회 엔지니어들은 토지이용이나 탄소배출 또는 여러 목표를 결합한 다른 수치를 최소화할 수 있다. 그러면 선형계획법모형은 이 각각의 목적함수와 관련된 에너지와 식량자원의 최선의 혼합비를 산출하거나, 주어진 제한조건 내에서는 계획이 불가능하다고 알려줄 것이다.

선형계획법이 투입된 요소를 어떻게 소화하는지 이해하기 위해 식단 문제를 생각해보자. 지구절반 사회주의 아래에서는 모두 건강한 식단을 유지할 수 있어야 하지만, 고스플랜트가 이 목표를 이루는 방법은 여러가지다. 대다수가 잡식을 한다면 1인당 1.08헥타르의 토지와 1년에 2.05톤의 탄소라는 수치가 나올 것이다. 온건한 채식주의로는 훨씬 사정이 나아서 1인당 토지는 겨우 0.14헥타르, 탄소는 1.39톤이다. 완전한 채식주의가 되면 토지이용은 약간 더 낮아져 0.13헥타르, 탄소배출은 상당히 낮아져 1.05톤이 된다.[42] 다른 많은 혁신으로도 배출 수치를 훨씬 더 낮출 수 있고 또 그래야 한다(토지이용을 의미심장한 정도로 변화시키는 일은 더 힘들 것이다).[43] 독자들도 짐작했겠지만, 고스플랜트에서 특정 식단에 대한 선호도를 명백히 드러내지는 않더라도 그들의 선형방법론 알고리즘은 아마 완전한 채식주의를 선택할 것이다. 그것이 환경에 가장 적은 영향을 끼치면서 모두를 먹여 살린다는 요구사항을 만족시킬 수 있기 때문이다. 만약 사회운동이 우리의 소크라테스에게 글라우콘의 역할을 한다면, 설계자들은 얼마간의 축산업을 안고갈 수밖에 없을 것이다. 하지만 그렇게 되면 탄소배출과 농경지 이용이 증가해서 전체 계획의 다른 면을 침해할 것이다. 선형방법론은 그저 도구일 뿐이지만, 그것을 통해 어떤 절충을 받아들일지를 인식하고 민주적으로 결정하는 노이라트식 정치가 가능해진다.

세계를 측정하는 기준으로 토지이용과 탄소배출이라는 두 가지만 채택한 탓에 어쩌다 보니 유사 합리주의에 가까워졌지만, 모의모형으로는 이 정도면 충분할 것 같다. 현실에서는 다양한 각도(노이라트가 '실루엣'이라고 부른)에서 미래를 고려할 것이다. 완전한 채식주의를 예로 들어보자. 식물 기반 세계로의 이행은 육식 비중이 높은 북쪽 선진국에 훨씬 더 큰 희생을 요구할 텐데, 그것은 아주 마땅한 처사다. 북아메리카의 1인당 평균 육류 소비는 아프리카의 평균 소비의 열 배에 가깝다.[44] 최근 '잇−랜싯EAT-Lancet' 연구는 환경에 대한 인간의 영향을 줄일 뿐 아니라 1년에 1100만 명으로 추정되는 죽음을 막기 위해 누구에게나 2500칼로리를 할당하는, 완전한 채식에 가까운 '전 지구적 건강식단'을 제안한다. 그렇게 되면 영양부족도 감소할 뿐 아니라, 육류 과소비와 특정한 가공식품의 섭취로 인한 2형 당뇨병과 심장질환 같은 비전염성 질병도 줄어들 것이다.[45] 가축 사료를 콩류와 콩과 식물로 대체하면 자연적 질소고기가 증가할(따라서 화석연료에 의존하는 비료 산업의 필요가 감소할) 것이고, 동시에 목초지의 재야생화에 도움이 될 것이다. 더욱 발달한 선형계획법모형이라면 이런 혜택을 하나하나 세세하게 제시하여, 채식주의의 수많은 사회적·생태적 혜택을 더 잘 반영할 것이다. 전 지구적 채식주의의 윤리적 혜택은 꼬집어 말하기 힘들겠지만 그래도 노이라트식 공개토론에 어울리는 주제다. 컴퓨터가 세계의 도덕적 문제를 해결하는 일이야 결코 없겠지만, 알고리즘 계획이 논의를 명료하게 해줄 수는 있다.

사회 엔지니어는 에너지 문제도 식량 문제와 비슷한 방식으로 접근할 것이다. 2000W든 다른 무엇이든 누구나 전력 할당량을 공급받아야겠지만, 그 방법에는 여러 가지가 있다. 고스플랜트가 선택할 수 있는 주요 에너지원으로 태양광 전지, 집중식 태양력 발전소, 풍력발전기, 바이오연료, 핵, 메탄(천연가스), 석탄, 석유, 이렇게 여덟 가지가 있다고 가정하자. 문제를 단순화하기 위해서이기도 하지만 반핵운동이 지구절반 사회주의 혁명의 핵심 요소였으므로, 설계자들은 최초 계산에서 원자력은 취급하지 않는다.[46] 각 에너지원의 관련 비용은 화폐가 아니라 대지면적과 탄소배출의 실물 단위로 표현된다. 예를 들어, 바이오연료는 탄소배출이 없다고 여겨지지만(많은 경우 사실과 다르다) 전력밀도가 낮아서, 미국 옥수수 기반 에탄올은 약 $0.23W/m^2$, 사탕수수 기반 에탄올은 $0.5W/m^2$, 목질 바이오매스 기반 에탄올은 $0.5W/m^2$ 정도다.[47] 효율적인 등유에 의존하는 비행기는 콩(보잘것없는 $0.06W/m^2$)으로 만들거나 유인원의 생명을 위협하는 비도덕적인 팜유($0.65W/m^2$)를 이용한 더 강력한 재료를 필요로 한다.[48] 메탄은 1년에 $3.6kgCO_2/W$를 배출하지만, 전력밀도는 부러울 만한 $4500W/m^2$다.[49]

태양력과 풍력은 출력밀도가 바이오연료보다 더 크면서도(태양력은 미국 전역의 평균이 $8W/m^2$고, 풍력은 최대치가 $50W/m^2$ 정도인데, 거대한 풍력발전소나 공기가 고여 있는 지역에서는 수치가 급격히 떨어지기는 한다) 대기오염이나 수질오염 같은 문제를 유발하지 않아 재생에너지의 최고 희망이다.[50] 기초적인 실물 분석만으로도 CO_2와 토지를 절충할 필요가 분명해지지만, 좀더 복잡한 모형은 여러 광물을 채굴하는 환경적·사회적 비용 같은 다른 비용을 추가할 수 있다. 발상 자체는 간단해서, 선형방법론의 요구는 단지 고스플랜트가 각 변수의 물질적 비용에 대한 정보를 수집하고 또한 민주적으로 결정되어온 목표를 설계하라는 것이다.

에너지 부문의 계획은 전력량을 맞춰보는 문제만이 아니라 다양한 에너지시스템의 물리적 속성을 고려하는 일이기도 하다. 고스플랜트 모형제작자는 위치를 비롯한 재생에너지의 다른 제약도 처리해야 한다. 에너지 저량이 아닌 자연적 유량에 의존한다는 것은 '집중식 태양력'을 설치할 수 있는 화창한 안달루시아 같은 장소가 상대적으로 적다는 것을 의미한다. 다음으로는 재생에너지 생산의 가변성을 어떻게 다뤄야 할지도 생각해야 한다. 배터리 전력이 다 떨어졌는데 수요를 충당할 만한 태양이나 바람이 없다면 어떻게 되겠는가? 그런 경우 설계자는 절전이나 정전을 허용하거나 '뒷받침'

전력원으로 메탄이나 바이오연료 사용을 선택할 수 있다.[51] 그리고 토지이용과 탄소배출의 제약을 고수하면서 바이오연료와 메탄을 어느 정도로 섞었을 때 그런 시나리오에 이상적일지 선형계획법 알고리즘이 결정할 수 있다.

고스플랜트가 설정할 다음 제약은 산업과 운송 분야의 에너지 사용이다. 현재 재생에너지를 둘러싼 논쟁이 주로 전기에 중점을 두지만, 실제로 전기가 전체 에너지 사용에서 차지하는 몫은 크지 않다.[52] 현재 산업과 운송은 전기 부문보다 더 많은 에너지를 필요로 할 뿐 아니라, 전기로 전환하기도 어렵다.[53] 예를 들어, 제철에 요구되는 정도의 고온은 석탄이나 땅을 많이 잡아먹는 목탄에서 가장 잘 얻어진다. '녹색' 수소(물을 전기분해하는 힘으로 재생에너지를 사용하는)와 대중교통수단의 확장으로 이 어려운 분야의 전기화가 이루어지길 희망한다.[54] 그때까지는 화석연료와 바이오연료 사이의 끔찍한 선택이 얼마간 불가피할 것이다.

지구절반 사회주의의 장기적 에너지 목표는 명백하다. 산업과 운송의 전면적인 전기화, 그리고 상대적으로 전력밀도가 높은 풍력과 태양력으로 모든 동력을 공급하면서 연료가 필요한 경우 깨끗한 수소를 넉넉히 사용하는 것이다. 수력발전, 조력발전, 지열발전도 유용하겠지만 이들은 재생에너지시스템에서 언제나 한정된 역할만을 할 것이다. 이상적으로는 그런 사회는 바이오연료도 사용하지 않고, 그 대신 '뒷받침' 동력을 배터리에 넣어 쓸 것이다(병원 등의 장소에서 바이오디젤biodiesel 비상발전기의 사용은 현명한 일이겠지만).

이런 이행이 결코 쉽지 않기에, 가능한 한 빨리 이런 미래를 실현하기 위해 지구절반 사회주의는 인류의 생산력을 전부 동원해야 할 것이다. 한 연구에 따르면 재생에너지 세계에는 5MW 풍력발전기 380만 기(전 세계 전기의 50%를 공급하고 전체 대지면적의 1.17%를 차지한다), 지붕에 설치하는 3KW 태양광 패널 17억 개, 300MW 태양광발전소 8만 9000기—이 가운데 절반이 약간 넘는 수는 집중식 태양력을 사용하고 나머지는 태양전지를 사용한다—가 (태양을 원천으로 삼는 발전이 전 세계 전기의 40%를 담당하고, 지붕 위 패널을 제외하면 전체 토지 구역의 0.29%를 차지한다) 필요하고 나머지 10%의 전기를 조력과 수력과 지열로 생산해야 할 것으로 추정된다.[55] 수소 산업과 대중교통에 필요한 어마어마한 투자는 언급되지도 않았다. 필요한 전기를 공급하려면 2015년에 비해 풍력은 40배, 태양전지는 170배가 되어야 하니, 전례 없는 전환이 될 것이다.[56] 바츨라프 스밀이 지적하듯이, "모든 종류의 가동 능력을 그렇게 끌어올리는 일—설계, 허가, 자금조달, 건축공학, 건설 이 모두가 20년 이내에 한 자리에서 다섯 자리까지 증가해야 한다—은 현대 에너지시스템이 지난 1세기 동안 목격했던 그 무엇도 훨씬 능가한다."[57] 어려운 에너지 문제를 극복하는 일에 일로매진하는 생태사회주의 사회조차 그런 변화를 이루어내려면 악전고투해야 할 것이다.

주사위 굴리기

여러 식단과 에너지시스템의 토지 및 탄소배출 비용을 계산했으니, 이제 혁명 후 정부가 잠정적인 전 지구적 계획을 요구했을 때 고스플랜트가 고안할 법한 단순화된 선형계획법모형을 제작할 충분한 데이터가 나왔다. 노벨상 수상자인 윌리엄 노드하우스William Nordhaus의 DICE 모형 같은 일부 초기 IAMs처럼, 우리 프로그램도 1초도 안 되어 평범한 컴퓨터에서 돌려볼 수 있을 만큼 기초적이다. 에너지 할당량, 전 지구적 기온이나 야생으로 남겨둬야 할 토지의 양과 같은 여러 지구위험 한계선, 그리고 사회기반시설과 산업의 상태(가령 전기화가 어느 정도나 진행되었는가?)를 비롯하여 몇 가지 제약을 입력한다. 모의모형에 관한 자세한 내용은 이 책 맨 뒤의 부록에 실려 있다.

장기적으로는 전면적 전기화가 명백한 꿈이지만, 만약 내일 당장 혁명이 일어난다면 고스플랜트는 에너지와 식량 할당량을 정하는 것에 더해, 토지이용을 최소화할지 탄소배출을 최소화할지 결정해야 할 것이다. 이러한 변수를 뒷받침할 숫자는 여러 분야의 현재 기술 수준에 근거한다. 따라서 상온 핵융합이나 고속 증식로는 넣지 않는다. 우리 모형에서 유일한 미래 요소는 인구인데, 우리는 인구를 100억으로 설정했다. 현재보다 20억 정도 더 많은 이 숫자는 2050년 세계 인구 추정치다. 지구절반 사회주의가 엄청난 수의 인간종에게 좋은 삶을 제공하면서도 환경을 보호할 수 있다는 사실로, 인구과잉에 대한 맬서스식 공포는 위험할 정도로 과장되었음을 분명히 보여줄 수 있다.

고스플랜트는 이 모형을 가지고 이행 과정에서 발생할 어려움을 알아내기 위해 첫번째 계획을 짠다. 비관적으로 책정하여, 현재 미국처럼 산업과 운송이 전기화되지 않아 엄청난 에너지를 소비하고, 따라서 인류의 욕구를 충족하기 위해 엄청난 양의 화석연료나 바이오연료를 소비한다고 가정한다. 그러면 주요 목표는 세 가지다. 모두에게 2000W의 에너지를 할당하고, 온난화를 2°C로 제한하고, 지구의 반을 재야생화하는 것이다. 이 목표를 정했으면 이제 고스플랜트는 '목적함수'만 고르면 된다. 토지이용을 최소화하기로 결정한다. 하지만 실제로 모형을 돌려보니, 심지어 전 인구가 완전한 채식주의자가 되더라도 목표를 이룰 수 없음을 깨닫는다. 바이오연료가 글로벌 에너지 예산에서 그렇게 큰 몫을 차지하는 상황에서는 지구절반의 경계선을 넘지 않고 충분한 식량과 에너지작물을 경작할 방법이 없는 것이다. 이렇게 되면 SRM이 나오거나 거대한 바이오연료 농장으로 인한 생물다양성의 손실이 수반될 것이다. 고스플랜트는 원한다면 이런 끔찍한 가능성을 모형에 추가하고 지구위험 한계선의 제약을 느슨하게 할 수도 있다. 상황이 아무리 암울해 보여도 유토피아를 포기하기엔 아직 이르다!

설계자들에게는 몇 가지 선택지가 있다. 에너지 할당량을 1500W로 내릴 수 있는데, 이렇게 되면 산업과 운송을 전기화하지 않아도 계획의 나머지 부분은 실행 가능하다. 우리의 모의모형에 따르면 서식 가능한 지구 표면의 57%(현재 15%에서 확대하여)를 자연에 내어줄 수 있고, 26%(현재 0.4%에서 확대하여)를 바이오연료에, 18%(현재 50%에서 축소하여)를 농업에 내어줄 것이다.[58] 이 설계가 실현되려면 사실상 모든 사람이 완전한 채식주의자라고 가정해야 한다. 또한 이 모형은 에너지 사용량이 꽤 적을 것이라 일부 산업 과정과 전기 생산에 메탄을 사용하면서도 온난화를 2°C로 제한할 수 있음을 보여준다. 이 설계가 실현 가능하기는 하지만, 설계자들은 그런 식의 방대한 바이오연료 산업을 만들어내는 일을 꺼린다. 그래서 개인용 자동차와 불필요한 산업 과정을 엄격히 제한해서 고체연료와 액화연료의 수요를 반으로 줄이는 또다른 선택지를 찾아낸다. 이렇게 수정된 설계에서 바이오연료 작물이 차지하는 면적은 지구 표면의 21% 정도다. 더 야심찬 선택지로는 에너지 할당량을 1000W로 낮추고, 바이오연료 농장을 지구 표면의 13%로 제한하면서, 믿기 어려운 숫자인 70%를 야생에 남겨주는 것이다.

정말 근사한 소식이 아닐 수 없다! 꽤 비관적인 가정을 가지고도 고스플랜트는 평등하고 지속 가능한 지구로 가는 여러 길을 만들어낼 수 있다. 하지만 여기서 청사진을 그리는 일을 멈출 수는 없다. 고스플랜트는 기후 활동가에게서 나올 수 있는 요구를 예상하여, 온난화를 1.5°C로 제한하는 담대한 목표를 채택하는 다른 청사진을 고안해낸다. 1500W 할당량과 제한된 연료 사용의 시나리오로 다시 알고리즘을 돌려보니, 이 목표를 달성하려면 바이오연료 부문이 차지하는 면적이 앞선 21%에서 25% 이상으로 확대되어야 한다는 결과가 나온다. 온난화는 1.5°C로 제한할 수 있겠지만, 화석연료를 더 엄격히 제한하므로 자연에서 토지를 더 많이 빼앗는 대가를 치러야 한다. 쉬운 해답은 없고, 고스플랜트모형을 통해 분명해지는 사실은 어떤 설계에서나 상호 절충이 요구된다는 것이다. 궁극적으로는 기후변화의 최소화와 서식지 보호 중에서 어느 쪽이 더 긴급한 전 지구적 목표인지 전 지구적 의회가 투표로 결정해야 할 것이다. 아니면 설계자가 다시 제도판 앞으로 가서 다른 결과를 생각해내든지.

　새로운 사회기반시설과 기술이 있으면 다른 선택지도 가능해진다. 어쩌면 '녹색' 수소 연료에서 돌파구가 생길 수 있고, 그러면 고스플랜트 사회 엔지니어는 완전한 전기화라는 목표를 추구할 수 있다. 이렇게 되면 1.5°C 온난화라는 제한을 지키며 2000와트 에너지 할당량에 토지 50%의 재야생화라는, 지금껏 있었던 가장 야심 찬 계획을 세울 수 있다. 그리고 알고리즘을 돌려 그 계획이 여유롭게 운용될 수 있다는 결과가 나오면 환호하는 것이다! 전기화를 하면 바이오연료보다 전력밀도가 높은 태양력과 풍력을 전적으로 이용할 수 있다. 또한 토지이용이 최소화되므로 토지의 81%라는 어마어마한 부분을 자연에 넘겨줄 수 있다(윌슨의 공식에 따르면 전체 생물종의 95%를 보존할 수 있다). 토지의 제약이 꽤 느슨하므로 얼마간의 축산업을 허용할 수 있어서 이 시나리오에서는 인구의 24%까지는 육식을 할 수 있다. 민감한 동물권 운동은 당연히 윤리적 이유로 이 시나리오에 반대하겠고, 유행병학자들은 인수공통전염병의 위협을 경고할 것이다. 하지만 요점은 사회 엔지니어의 설계는 사회기반시설과 정치적 변화와 더불어 진화할 수 있고 또 그렇게 되리라는 것이다.

　　완전한 전기화가 지구절반 사회주의의 장기적 목표임은 거의 확실하지만, 먼저 특정한 도전이 기다리고 있다. 전 지구적 의회가 단기적으로 1500W 에너지 할당량과 연료 사용 제한이라는 두번째 수정안을 선택했다고 상상해보자. 지속 가능한 사회기반시설이 더 많아지면 에너지 사용을 미래에 좀더 늘릴 수 있지만 현재 상황에서는 그것이 최적의 조건이다. (1500W 할당량은 북쪽 선진국에서는 금욕적이지만 남쪽 저개발국에서는 상대적으로 힘들지 않다.) 한 번에 소형 페라리 한 대, 이런 식으로 정부는 개인 자동차를 완전히 없앨 때까지 꾸준히 줄여가기로 합의한다. 거기서 남는 강철을 재활용하여 전차나 버스를 만들고, 동시에 남아 있는 자동차(전기나 수소나 바이오연료로 움직이는)는 개인이나 가족이 카풀로 이용한다. 고스플랜트가 교외의 부동산 시장은 일찌감치 청산했겠지만, 그 분야 건축 노동자와 상인 수백만 명은 에너지 절약형으로 건물을 다시 고치고 개인 저택이나 기업 본사 건물을 공동 사용 장소로 전환하는 일에 종사할 수 있다. 사유지 잔디밭과 골프장도 마찬가지로 재야생화하거나 공동 정원으로 바꾼다. 오염과 연료 사용과 쓰레기를 줄이기 위한 산업 과정의 개선이 거의 모든 산업에서 광범위하게 이루어진다. '계획적 구식화'가 폐기되면서 제조업 대부분이 합리화된다. 자원은 태양광 패널과 풍력발전기와 고도로 효율적인 단열과 철도 분야로 전용한다. 지구절반 사회주의 혁명이 일어나자마자 세계 목초지의 대부분은 산업과 운송의 단기적 탈탄소화를 위해 바이오연료 농장으로 전환되고, 나머지는 재야생화된다. 이를 위해서는 지금보다 훨씬 많은 생태학자와 수목 관리인 핵심 집단이 재래 과학과 전통적인 원주민 지식 분야의 교육을 받아야 한다.

고스플랜트가 할 일은 미래가 어떤 모습이어야 한다고 지시하는 것이 아니라 대중에게 청사진을 제공하는 것이다. 고스플랜트에게는 최종 결과물보다 과정이 더 중요하다. 선형계획법은 시장이나 시장 의존적인 IAMs에 기대지 않고도 여러 시나리오에서 어떤 목표를 달성할 수 있는지 알아낼 신속한 방법을 제공한다. 사회주의가 경제를 인식할 수 있고 따라서 의식적으로 통제할 수 있는 능력이듯이, 고스플랜트식의 사고실험을 통해 우리는 사회주의가 현실적으로 어떤 모습일지 상상할 수 있다.

실물 민주주의

조화롭게 조직된 사회에 '전체적 계획'을 결합하기는 했지만 노이라트는 기술관료technocracy(기술technology과 관료bureaucracy의 합성어로 전문적 지식이나 과학기술이 영향력을 행사하는 정치체제를 뜻한다)에 심히 회의적이었다. "이전 사회에서 마술사나 귀족, 성직자 등에게 그랬듯이 전체주의적 성향의 대중은 과학자를 새로운 사회의 지도자로 만들려 할 수도 있다"고 노이라트는 경고했다.[59] 노이라트는 그런 위협을 막기 위해 의사소통과 교육의 혁신적인 방법을 창안했다. 경제처럼 복잡한 것이라도 누구나 이해할 수 있도록 할 수 있고, 이것이야말로 사회민주주의의 전제 조건이라고 믿었다. 그는 경제 인지력이라는 수수께끼를 풀기 위해 알고리즘 계획 대신 예술로 관심을 돌렸다.

노이라트는 철학자, 경제사가, 사회설계가 등 여러 역할을 거쳤지만, 계급의식을 심어주기에는 '큐레이터'의 역할이 핵심적이라고 보았다. 1차세계대전 중에 그는 빈에서 군사계획가로 일했을 뿐아니라 독일 대중에게 전쟁 수행 상황을 설명하는 라이프치히의 전시경제 박물관의 관장으로 일하기도 했다. 1919년 봄에는 베를린의 중도좌파 SPD 정부와 의용군 심복들에 의해 파괴되었던, 전후 바이에른 소비에트 공화국의 책임설계자였다. 다행히 가까스로 도망쳐 빈으로 돌아와 다시 큐레이션 일을 했다. 빈의 시민 텃밭('정착') 운동의 유력한 구성원이었던 노이라트는 시립 정착 박물관을 세워서 운영했고, 1920년대 중반에 그 범위를 확대하여 사회경제 박물관으로 만들었다.

진귀한 물건을 과시하는 대신, 노이라트의 전시관은 거의 전부가 다양한 경제지표를 예시하는 도표와 그래프로 이루어졌다. 복잡한 경제 정보를 오스트리아의 노동계급뿐 아니라 독일어를 읽지 못하는(혹은 아예 글을 읽지 못하는) 사람에게도 전달하기 위해 그림 언어인 국제그림글자교육기구International System Of TYpographic Picture

Education: ISOTYPE를 고안했다. ISOTYPE는 그가 마리 라이데마이스터Marie Reidemeister(후에 그의 세번째 부인이 된), 그리고 예술가인 어윈 버내스Erwin Bernath, 거드 안츠Gerd Arntz와 협업한 결과물이었다. 노이라트는 이집트 상형문자에서 영감을 받아 "각각의 상징은 그 자체로 명료해야 하고, 상징의 조합은 이야기처럼 정보 단위를 형성하도록 한다"는 몇 개의 원칙에 기초한 그림 언어로 ISOTYPE를 개발했다.[60] 예를 들어, ISOTYPE 제작자는 농부 상징을 공장 노동자 상징으로 바꾸고 각각의 수로 농업과 공업의 인력 규모를 묘사하는 식으로 시간의 흐름에 따른 변화를 나타낼 수 있다. 플라톤식의 엘리트 논리학자에 기대기보다는, 시각언어로 비전문가도 경제 문제의 본질을 명료하게 이해할 수 있게 해서 이성을 민주화할 수 있다는 것이 노이라트의 생각이었다. '명료한 사고의 교육'인 ISOTYPE는 노동계급이 경제를 인식하고 더 나아가 자기 것으로 삼을 수 있도록 교육하기 위해 고안되었다. 이런 식으로 사회주의를 향한 노이라트의 접근법은 신자유주의자의 시장의 신비화와는 거울상처럼 완전히 대조적이었다.[61] 노이라트의 선례를 따르려는 우리의 소박한 시도인 지구절반 사회주의 계획 게임은 http://half.earth에서 만나볼 수 있다. 독자 여러분도 사회 엔지니어가 되어 각자의 과학적 유토피아를 고안할 수 있다.

이와 유사하게 고스플랜트도 민주적 계획과 생태적 안정을 이룰 가능성을 창출하기 위해 경제와 생물권이 기능하는 방식에 대해 시민들을 교육하고자 한다. ISOTYPE 원칙이 정보 전달에 여전히 꽤 유용하기는 하지만, 선형계획법 덕에 우리는 노이라트보다 한걸음 더 나아갈 수 있다. 칸토로비치의 최적화모형은 딱히 고급 수학을 사용하지 않았음에도 매우 훌륭했다. 이는 선형계획법과 여타 계획용 도구가 기초교육의 일부가 되어, 시민들이 고스플란트의 계획을 꼼꼼히 따져보고 세상이 어떻게 돌아가는지 스스로 이해할 기회를 제공할 수 있다는 뜻이다. 지구절반 사회주의는 동떨어진 상명하달식 기술관료주의가 아니라, 탄탄한 대중교육과 참여에 기초한 상대적으로 단순한 민주주의시스템이 될 것이다. 필요한 정보를 습득한 시민은 설계자들이 고안한 여러 계획 중에서 선택하는 데 필요한 소양을 제대로 갖추고 있을 것이다. 사실 시민들이 직접 개략적인 청사진을 그리는 것도 어렵지 않아서, 그것 역시 투표에 부칠 수 있다. 그런 투명함은 두 가지 의미에서 시민의 힘을 기르는 데 중요하다. 첫째는 그로써 모두가 겸업 설계자가 되어 정치 토론에 의미 있는 참여를 할 수 있고, 둘째는 각자 자신의 일을 인류 전체의 지성과 노동에서 작지만 꼭 필요한 요소로 인식할 수 있다는 것이다. 생산의 민주적 통제란 바로 이런 모습이다.

사회주의 선박 조종하기

고스플란트 사회 엔지니어들이 과학적 유토피아의 미래 구상으로 분주한, 우리가 상상하는 미래로 다시 돌아가보자. 세계가 지구절반 사회주의 건설에 필요한 거대한 전환을 준비하는 동안, 고스플랜트가 해야 할 계획의 양은 워낙 어마어마해서 분명 그에 압도당할 것이다. 교육적·민주적 가치는 분명하지만 선형계획법만으로 전 지구적 경제라는 복잡한 것을 계획하는 일은 무리다. 모든 차원에서 조직화가 이루어져야 한다. 세계 곳곳의 트럭 운전사와 열차 기관사는 화물을 어디로 운반해야 할지 알아야 하고, 동시에 고스플랜트는 예전 목초지 가운데 어느 곳의 천만 헥타르를 다음으로 재야생화할지 계산해야 한다. 공간적 차원에서도 서로 조정해야 할 거대한 변수가 있을 뿐 아니라 시간의 흐름에 따른 변화도 고려해야 한다. 선형계획법을 사용하여 계산해낸 고정된 숫자가 이런 전환을 어떻게 다룰 수 있을지 분명하지 않고, 정해진 일정보다 프로젝트가 늦춰진다면 특히 더 그럴 것이다. 더구나 흉작이나 허리케인 같은 위급 상황을 계획국이 어떻게 다룰 것인가? 칸토로비치의 선형계획법만으로는 전 지구적 실물경제를 창출하기에 충분치 않다. 고스플랜트는 이런 문제를 해결하기 위해 단순한 선형계획법 시뮬레이션을 역사와 동시대의 다른 학문 분야에서 습득한 통찰력으로 보강해야 한다. 그 지적 여행은 칸토로비치 시대에 유행했던 분야인 인공두뇌학으로 시작된다.

그리스어 kubernētēs, 즉 '키잡이'라는 뜻에서 온 인공두뇌학은 노버트 위너Norbert Wiener가 『인공두뇌학: 또는 동물과 기계의 통제와 소통Cybernetics: Or Control and Communication in the Animal and the Machine』(1948)에서 처음 사용한 신조어다. 위너에게 인공두뇌학의 중심은 시스템 통제의 문제로, 그가 '피드백feedback'이라고 부른 작용이 그 특징이다.[62] 고스플랜트의 전 지구적 계획처럼 어떤 복잡한 시스템 내에서 한 부분을 통제하기 위해 어떤 행동을 취하면 이는 피드백을 통해 다시 시스템에 영향을 준다. 예를 들어, 대중교통을 완전히 전기화하면 바이오연료의 필요성이 줄고 태양광 패널이나 에너지 저장소의 필요가 증가해서, 재야생화할 수 있는 토지는 더 많아지지만 동시에 설비에 가해지는 압박은 커진다. 위너는 1940년 브리튼 전투 당시 독일 전투기를 추락시키는 임무를 맡았을 때 피드백이라는 개념을 개발했다. 그의 '대공 예측기anti-aircraft predictor'는 대공포 포병이 전열을 갖추어 사격을 할 수 있도록 적군의 전투기가 공격을 피해 지그재그로 비행하는 것까지 고려한다.[63] 하지만 난기류와 조종사의 행동에서 발생하는 변수도 고려해야 했기에 문제는 간단하지 않았다. 위너의 돌파구는 "조종사와 포병은 하나의 시스템 내 자동제어장치로서 핵심적이고 더이상 단순화할 수 없다"는 사실을 개념화한 것이었다.[64] 인간과 기계를 혼합한 대공 예측기는 최초의 의식적 인공두뇌학시스템이었다. 위너(그리고 대공습을 겪어낸 영국인들)로서는 불행하게도 그 시스템은 실행되지 못했다. 비록 연구는 성공하지 못했지만 인공두뇌학이라는 새로운 분야의 초석을 놓았다.

소련의 인공두뇌학은 위너의 작업과 고유의 지적 전통 양쪽에서 영향을 받았다. 소련에서 위너와 흡사한 인물인 수학자 안드레이 콜모고로프Andrey Kolmogorov도 1930년대에 확률론probability theory을 연구했고, 1939년과 1941년 사이에 정지 수열stationary sequence의 내삽과 외삽에 대한 일련의 논문을 발표했다. 위너는 그것이 대공 예측기에 대한 자신의 이론적 연구와 '맞먹는다'고 인정했다.[65] 아나톨리 키토프Anatoly Kitov(1950년대에 소련의 우주 계획에 참여했던)를 비롯한 다른 소련의 인공두뇌학자들도 기밀 도서관에서 금서인 위너의 『인공두뇌학』을 읽었다.[66] 위너의 작업처럼 소련의 인공두뇌학도 애초에는 군사 부문과 연결되어, 과학자들은 로켓 같은 복잡한 기술의 발전을 활용해 통제이론control theory을 개발했다.[67] 칸토로비치가 부수적으로 했던 원자폭탄의 수학적 연구와 유사하게 소련의 인공두뇌학은 오로지 좀더 실용적인 군사 부문에서만 활용할 수 있었다. 스탈린주의 학자들이 그 새로운 분야를 '반동적 유사과학'으로 간주했기 때문이다.[68] 1958년에 인공두뇌학은 명예를 되찾았을 뿐 아니라 계획이론의 발전을 가져왔다.

이후 십 년에 걸쳐 소련의 계획 논쟁을 형성했던 주요한 두 흐름이 있었는데, 수학적 **최적화**mathematical optimization(즉, 선형계획법)와 미분방정식을 중심으로 개발된 인공두뇌학의 **통제이론**이다.[69] 『지구의 절반을 넘어서』가 수학 교재는 아니지만, 최적화와 통제이론에 대해 좀더 자세히 설명할 필요는 있겠다. 인공두뇌학의 두 가지 기초적 방법이 계획법에서 아주 다른 함의를 지니기 때문이기도 하지만 이 점이 지구절반 사회주의 사회의 기초교육에서 핵심적인 부분이 될 것이기 때문이다.

가능한 해답을 제한하는 일단의 제약조건을 가지고 최대화나 최소화될 방정식을 만들어내는 최적화에 대해서는 앞에서 이미 살펴보았다. 고스플랜트 사회 엔지니어는 토지이용이나 탄소배출의 최소화 또는 채식주의자 수의 최대화를 선택할 수 있다. 어느 쪽이든 상관없다. 최적화를 하려면 딱 하나의 방정식을 풀면 되지만, 여러 시점을 동시에 최적화하는 일(가령 십 년에 걸친 바이오연료 생산의 최적화처럼)을 비롯하여, 문제는 꽤 복잡해질 수 있다.[70] 하지만 최적화 문제는 구조상 아무리 사소한 변화라도 방정식과 제약 조건에 맞춰 기입되어야 하며, 거기서 문제 전체를 다시 풀어야 한다. 이는 매일 그날의 어려운 과업을 처리해야 하는 지구절반 사회주의에게 딱히 이상적인 방법은 아니다.

바로 이 지점에 통제가 들어온다. 미분방정식을 이용하면 지금과 바로 다음 순간의 차이를 계산함으로써 하나의 시스템이 어떻게 변하는지 볼 수 있다. 예를 들어, 차의 속도를 이용하여 차의 위치를 나타내는 간단한 미분방정식을 만들 수 있다. 차가 1초에 30미터의 속도로 움직인다면 1초 후 30미터 앞에, 10초 후에는 300미터 앞에 있을 것이다. 미분방정식을 사용하면 복잡한 시스템을 갖춘 모형을 만들 수 있고, 통제이론을 사용하면 시간이 흐르면서 생겨나는 변화가 계획대로 진행되도록 가동방식을 조금씩 조정할 수 있다. 시스템을 통제하려면 대개 입력데이터가 한없이 유입되어야 하고, 그것을 이용해서 시시각각 시스템을 바로잡는다. 통제이론은 방금 차의 예시에서 바퀴와 엔진의 데이터를 받을 때마다 속도를 감시하고 조정하면서 일관된 결과나 속도를 유지하는 '크루

즈 장치'라고 보면 된다. 그 결과 피드백(예를 들어, 차대에서 오는 정보)을 통해 끊임없이 개선되고, 시간이 흐르면서 생겨나는 변화와 만일의 사태(예를 들어, 변화하는 경사도)에 대비하는 유연성이 장착된, 미리 정해놓은 결과(속도제한)를 위해 전체가 복무하는 모형이 나온다. 이것이 지구절반 사회주의를 계획하는 데 얼마나 유용할지 이미 깨달은 독자도 아마 있을 것이다.

경제계획에서 최적화를 강조할지 통제이론을 강조할지를 두고 소련에서 벌어진 논쟁은 수학에 대한 것이라기보다 국가권력과 관련된 것이었다. 칸토로비치는 지역 자율성을 높이기에는 최적화가 낫다고 믿었기에 통제이론가와는 의견이 달랐다.[71] 최적화나 통제이론이나 한갓 도구일 뿐이기에 그 자체로 자유를 창출하거나 가로막지 않지만, 소련이라는 국가 체제를 고려하면 칸토로비치의 의심을 살 만했다. 위너 같은 인공두뇌학자들은 주로 군에 기반을 두었고 경제를 통제할 기계로 간주한 반면, 칸토로비치 같은 수학경제학자들은 최적화(약간의 조건을 단)를 선호했다. 단번에 소련을 프로그래밍한다는 것은 가망 없는 일임을 깨달은 칸토로비치는 '경제의 최적 기능을 위한 시스템System for the Optimal Functioning of the Economy: SOFE'이라는 이름의 프로그램—그의 생각에는 중앙화된 최적화에 지나치게 의존하는—뒤에 숨은 경쟁 상대인 경제학자 집단을 비판했다.[72] 대신 그는 서로 느슨하게 연결된 무수한 모형을 가지고, 시간상으로나 공간상으로나 다수의 범위에서 최적화가 일어나야 한다고 보았다. 지역 경제가 어떻게 운영될지는, 국가계획이 정한 넓은 조건에 부합하는 한도에서 지역 정부가 재량권을 가져야 한다고 보았다. 그는 이렇게 회상했다. "모든 것을 포괄하는 최종적인 국가 경제모형의 시스템을 단번에 세우고 그것을 상세히 기술하려는 시도는 가능하지도 않고 필요하지도 않다. 분명 개별 모형과 임무의 집합체라는 기반에서 시작해야 한다." 목표는 단 하나의 모형이 아니라, "경제 내 각 차원 및 부문의 노동자와 관리자가 각자 자발성을 발휘할 수 있는 광범위한 기회를 제공할"만한 자율성을 지니도록 고안된 "상호연결된 모형의 집합체 하나"였다.[73] 이렇게 다층적인 계획은 서로 다른 영역의 생태와 기후와 요구 사이에서 엄청난 격차가 존재하는 자연적·사회적 세계 속에서 작업하기에 아주 적합하다.

소련이라는 맥락에서 최적화 경제학자는 통제이론가의 시스템보다 훨씬 탈중앙화된 시스템을 구상했다. 역사가 애덤 리즈Adam Leeds가 표현하듯이, 인공두뇌학자에게 "계획이라는 문제는," 지역적 변수의 여지가 거의 없이 "국가와 경제의 융합체가 본질적으로 미사일방어시스템처럼 잘 통제된 역동적 인간-기계시스템이 될 수 있도록, 구석구석 스며든 그물조직의 고대역高帶域 정보채널과 충분한 계산 용량을 창출하는 문제가 되었다."[74] 그와 달리 칸토로비치는 공장과 농장에서 각자의 생산을 계획하기 위해 독립적으로 선형계획법 알고리즘의 매개변수를 사용하는 방법을 구상했다.[75] 가격체계와 다르지 않지만 경제적 결정을 인도하는 보편적 등가물은 존재하지 않는다.

다층적 계획이라는 칸토로비치의 구상은 여러 이유에서 중요하다. 첫째로 계획이 좀더 계산적으로 실현 가능해진다. 최신형 컴퓨터라고 해도 전 지구적 경제처럼 복잡한 시스템에 연루된 모든 변수를 최적화하기란 여간 어려운 일이 아니다.[76] 여기서 두번째 이유가 나오는데, 칸토로비치의 다층적 접근을 쓰면 계획 실행에 필요한 정보의 양을 줄일 수 있다는 것이다. 계획경제를 위해서는 "모든 정보를 소유한 단 하나의 정신"만 있으면 된다는 하이에크의 주장은 순진하거나 냉소적일지언정 칸토로비치의 사회주의 구상에 대한 설득력 있는 반박은 아니었다.[77] 아마 가장 중요한 세번째 이유로는 이렇게 느슨하게 연결된 모형에서 국가의 목표나 나아가 전 지구적 목표를 추구하는 일로 하나가 된, 민주주의와 다양성과 정치적 자발성의 공간이 창출된다는 것이다. 이런 접근법은 사회주의 정치이론이 주로 제공하는 것, 즉 작지만 서로 느슨하게 연결된 무정부주의 꼬뮌이나 상명하달식 권위주의 구조보다 우수하다.

칸토로비치의 다층적 계획법은 어떻게 실현될 수 있을까? 수많은 계획 부서들 사이로 정보가 어떻게 흘러다닐지, 실제 세계에서 정보가 흘러들어왔을 때 최적의 계획이 시시각각 어떻게 업데이트될 수 있을지는 분명하지는 않다. 우리가 상상한 고스플랜트와 마찬가지로, 이 시스템도 충격에 반응하느라 고전할 테고, 환경 위기의 시대에 그런 충격은 분명 수없이 일어날 것이다. 문제를 풀기 위해 우리는 칸토로비치의 최적화를 인공두뇌학의 통제이론과 융합할 필요가 있다. 하지만 소련의 통제이론은 민주적 생태사회주의

179

에 쓸 만큼 유연한 접근법을 제공하지 않는다. 이상대로라면 우리의 통제시스템은 수학적 군사독재를 만들어내기보다 칸토로비치가 예견했듯이 지역적 차이를 허용할 수 있을 것이다.

내 비어 좀 들어줘

이 지점에서 우리의 과학적 유토피아를 상상하는 데 도움을 받기 위해 다른 계획이론가인 스태포드 비어Stafford Beer에게 관심을 돌려야겠다. 위너와 마찬가지로 비어의 저작도 소련 동료들에게 귀중한 자료가 되었는데 비어는 민주적 통제시스템에 열렬히 헌신했다는 점에서 특이한 인공두뇌학자였다.[78] 전형적인 사회주의자가 아니었던 그는 1970년대 히피 사업가―성서에 나올 법한 긴 턱수염을 달고 경영 자문을 했다―같은 외모를 지녔지만, 스튜어트 브랜드나 에드 배스보다는 노이라트와 칸토로비치에 훨씬 가까웠다. 비어는 "세세한 부분을 다 설명할 수도 없는…… 극도로 복잡한 시스템"을 통제하는 일이 20세기 중반의 핵심 문제라고 믿었다.[79] 하이에크가 했을 법한 말로 들릴 수 있지만 비어는, 통제하는 주체가 시스템을 정당하게 대표할 수 있을 만큼 복잡하다면 그런 시스템―경제처럼 복잡한 것조차―도 통제될 수 있다고 믿었기에 자신을 신자유주의자와 구분했다. 인공두뇌학에서 이것은 '필수다양성의 법칙law of requisite variety'(복잡성이 큰 시스템만이 복잡성을 제어할 수 있는 방

식—편집자)으로 알려져 있다.[80]

이런 직관을 가지고 비어는 1970년대 초에 자생시스템모형 viable system model이라는 '경영 아키텍처'를 개발했다. 구체적 내용은 난해하지만, 기본 원칙은 5개 영역으로 이루어진 느슨히 계층화된 시스템을 실행한다는 것이다.[81] 역사가 이든 메디나Eden Medina가 설명하듯이, 이 시스템의 1단계는 '감각 차원'으로 외부환경과 접촉하는 신체 부분과 흡사하다.[82] 의식의 개입 없이 폐가 호흡하듯이 1단계의 교점은 대개 시스템의 다른 영역에서 입력되는 정보 없이 작동한다. 개별 노동자 집단은 심장이나 폐나 간이 일하듯이 각자의 일을 알아서 해나갈 수 있다. 2단계는 1단계를 지원하는 것으로, 메디나는 소통을 통해 1단계의 서로 다른 교점을 연결하는 이 단계를 '인공두뇌적 척수'라고 부른다. 2단계의 주요 목적은 서로 다른 교점들이 "각자의 행동을 조정하여 서로의 행동에 맞추도록" 하고 또한 3단계로 올려보낼 중요한 정보를 걸러내는 식으로 1단계 활동의 조직을 돕는 것이다.[83] 3단계는 처음 두 단계의 작용을 관리하는데, 그런 점에서 비어는 그것이 신체 기능과 뇌간과 소뇌를 관장하는 인간 뇌의 영역과 유사하다고 본다. 3단계는 일상 활동의 세세한 장면에 접근할 수 있어서, 1단계의 교점 행위를 조정하고 필요할 땐 개입하며 중요한 정보를 4단계와 5단계에 올려보낸다.

4단계는 중장기 계획이 고안되는 곳이라는 점에서 고스플랜트가 거주할 법한 장소다. 메디나가 주목하듯이, 일상적 관리는 장기적 전망을 지닌 계획에 영향을 받기 때문에 "비어는 시스템4를 시

181

스템3의 상사가 아니라 지속적인 대화 상대로 보았다."[84] 가장 높은 단계는 시스템 전체를 통합하고 비상시에 의식적으로 개입한다. 아마 우리에게 가장 중요한 점은, 비어의 모형이 전적으로 최적화에 의존하지 않고 통제이론을 이용해 다층적으로 경제를 조직하면서도 소련 인공두뇌학이 내보인 경직성의 경향을 피할 가능성을 실제로 예시한다는 사실일 것이다. 지적해야 할 한 가지는, 자생시스템 모형은 이후 만나보게 될 시스템과 달리 수학적 모형이 아니라, 시행(가령 2단계에서 소통시스템을 설계할 때)할 목적으로 기술을 후하게 이용하는 통제 원칙에 영감을 받아 경영모형이라는 점이다.

칸토로비치와 달리(하지만 노이라트와 흡사하게) 비어는 자신의 구상을 필요한 만큼의 규모로 실행에 옮길 기회를 얻었다. 비어가 한갓 이론가에서 불후의 사회주의자로 신격화된 것은 고스플랜이나 CEMI에 대한 영향력 때문이 아니라 불운했던 유토피아 프로젝트인 '사이버신 프로젝트'(또는 스페인어로 '신코Synco')에 참여했기 때문이었다. 1970년대 초 칠레의 상황이 2020년대 전 지구적 위기와 한참 떨어져보이긴 하지만, 여러 비슷한 계획들 가운데 아마 사이버신이 지구절반 사회주의와 역사적으로 가장 가까울 것이다. 비어는 살바도르 아옌데Salvador Allende 대통령이 사회주의로의 평화로운 이행을 계획했을 때 그 계획의 일부였던 칠레의 국유 산업 관리를 위해 시스템을 설계했다. 그것은 무척 힘겨운 일이었는데, 국가가 운영하는 공장과 광산과 기반시설의 수가 매일같이 늘어나고 각각에 최첨단 경영과 기술적 전문성이 요구되었기 때문이었다. 자생시스템모형은 이렇게 지독하게 복잡한 문제를 풀기 위한 자연스러운 선택이었다. 칸토로비치와 합판 기술자의 만남처럼, 이 역시 사회주의를 발전시키기 위해 이론과 실제가 결합한 순간이었다. 텔렉스Telex 기계 같은 새로운 기술로 광대한 국토에서 정보를 조정하는 어려움을 극복할 수 있을 듯했다.

비어는 노이라트주의자는 아니었지만 자생시스템 모형은 많은 부분 실물경제와 조화를 이룰 수 있다. 비어의 모형이 한 회사의 내부 운용에서 전체 경제의 조정까지 모든 복잡한 시스템을 관리하도록 고안되었고, 따라서 화폐 대신 실물 단위를 기반으로 삼을 수 있어서 그렇다. 하지만 유사성은 거기서 그치지 않는다. 노이라트의 글은 오늘날 통제시스템 설계에 사용되는 '블록선도block diagram' 와 비슷한 모양의 도표로 가득하다. 한 논문에서 노이라트는 자신이 제안한 현물계산센터라는 계획의 최고 단계(비어의 자생시스템모형에서 맨 위 두 단계와 다르지 않다)를 전문가 자문단, 지역계획 사무소(2단계의 조정 노력과 유사하게)로 이어주는 선을 긋고, 그 선을 다시 개별 공장들(1단계 교점)로 이어준다.[86] 노이라트의 실물경제가 실제로 어떻게 작동할지를 칸토로비치가 보여주었던 것처럼, 비어의 모형은 다단계 계획에 대한 칸토로비치의 꿈을 실현하는 실질적인 방법을 시연했다. 하지만 비어의 모형은 여전히 화폐를 보편적 등가물로 사용했고, 칠레 경제의 상당 부분을 여전히 민간 부문이 차지하고 있었다. 그래도 노이라트가 비어의 설계를 봤다면 많은 부분에 감탄했을 것이다. 자생시스템모형은 지역 조건에 반응하는

'필수 다양성'과 투자를 인도하는 중앙 계획을 모두 고려했다.

비어의 다단계 설계는 CIA가 부르주아의 총파업을 조직했던 1972년 10월에 효과를 톡톡히 보았다. 소매업자와 의사, 변호사, 기술자, 공장 소유주, 개인 버스사업자 수천 명이 총파업에 참여했는데 가장 위협적이었던 것은 화물회사와 4만 명의 트럭 운전사였다.[87] 정부는 사이버신으로 이 반동적 맹공격을 이겨냈다. 텔렉스를 이용해 핵심 관료들이 직접 노동자(남아 있던 충실한 트럭 운전사 200명을 포함하여)와 소통하며 그들의 행동을 조정할 수 있었으므로, 텔렉스 사무실이 정부의 작전실이 되었다. 산업현장에서 물자 부족을 보고하면, 지휘 본부에서 트럭을 찾아내고 차단되지 않은 길을 알아내서 필요한 물자를 보냈다. 이것은 실제 운용된 자생시스템모형이었다. 텔렉스 사무실에서 자원을 감독하고 중요한 정보를 수집하는 사이, 노동자들은 계속 공장을 돌리고 심지어 기계공장을 새로 만들어서 정부가 즉흥적으로 마련한 선단을 수리했다. 일부 공장은 민간 부문을 완전히 건너뛰어 노동자에게 직접 물품을 배분하기까지 했다. 메디나가 적었듯이, "네트워크는 아옌데가 이끄는 위로부터의 혁명을 칠레 노동자와 풀뿌리 조직 구성원이 이끄는 아래로부터의 혁명과 연결하는 소통의 하부구조를 제공했고, 위기의 시기에 두 집단의 활동을 서로 맞추며 조정하는 일을 도왔다."[88]

당시 비어의 프로젝트가 모두 운용되지는 않지만, 장기적으로 유익하다고 판명되었다. 칠레 경제CHilean ECOnomy: CHECO의 하위 프로젝트는 현재 IAM 기술자들이 하는 일과 별반 다르지 않게, 신고전주의 원칙에 기초한 경제 시뮬레이션에서 정책의 영향력을 시험할 실험실을 만들려는 시도였다.[89] 하지만 메디나의 주장처럼 CHECO가 그런 가정에 의존한 것은 심각한 잘못이었음이 드러났다. 예를 들어, CHECO는 "재화와 용역, 생산자본, 유효자본, 투자준비금, 가격, 총통화의 차원"에 따라 인플레이션을 계산했는데, 그것은 이 이론이 개발된 영국이나 미국처럼 상대적으로 안정된 경제 상황에서 합리적으로 예측할 수 있는 변수다.[90] 이미 사재기와 자본 파업으로 인한 공급부족과 씨름하는 아옌데 정권을 더욱 궁지에 몰아넣기 위해, 1970년에 미국 수출입은행이 칠레의 신용도를 정크로 강등하고, 산티아고에서 일어나는 외국과의 신용거래까지 차단하자 CHECO는 거의 쓸모가 없었다. 노골적인 계급전쟁의 온갖 사건들이 신고전주의 가정을 남김없이 침해하는 마당에 "미국이 어느 정도까지 칠레에 간섭하는지를 설사 CHECO 팀원이 간신히 알아냈다 한들, 그걸 어떻게 모형으로 만들 수 있었겠는가"라고 메디나는 묻는다.[91] 결국 칠레 설계자들은 CHECO가 '실패'였음을 선언했다. 비어 자신도 시뮬레이션의 신뢰도가 떨어져 "아무도 결과를 신뢰하려 하지 않았다"고 인정했다.[92] 사이버신은 전국적 규모로 의식적 노력을 함께 조정하는 강력한 도구임이 증명되었지만, 화폐라는 보편적 등가물에 기초한 모형제작은 별로 효과적이지 않았다.

곧 프로그램이 갑작스럽고 잔인한 종말에 이르러 비어는 사이버신 설계를 개선할 기회를 얻지 못했다. 수년 동안 경제를 교란하며 아옌데 정부를 쓰러뜨리라는 압력을 군부에 넣은 끝에, 미행정부는 1973년에 마침내 원하던 쿠데타를 얻어냈다. 대통령궁을 봉쇄한 파시스트에 맞서는 데 도움을 줄 생명의 길이 없었으므로 아옌데는 총으로 자살했다. 비어는 운 좋게 살아서 칠레를 빠져나갔다. 새로 들어선 군사정부가 가장 먼저 한 일 중 하나가 사이버신의 파괴였다. 한 군인은 중앙상황실의 슬라이드를 칼로 찌르기까지 했다.[93]

새로 들어선 폭군, 아우구스토 피노체트Augusto Pinochet는 강력하고 무자비한 국가의 보호를 받는 시장화된 사회를 만들었다. 암살단이 좌파를 박살내고, 그사이 시카고대학교에서 교육받은 경제학자들이 전면적인 민영화를 감독했다. '시카고 아이들'이 신자유주의 역사에서 악명을 떨치긴 했지만, '쿠데타 분위기'를 만들어내겠다는 CIA의 목표가 대체로 국방부 차관 워런 너터Warren Nutter—시카고학파 지도자인 밀턴 프리드먼Milton Friedman의 첫번째 대학원생이었던—의 작품이었다는 사실은 잘 알려지지 않았다.[94] 칠레는 새 질서를 성문화하기 위해 1980년에 새 헌법의 초안을 작성했는데, 그것은 민주적 제약에서 자유로운 시장 사회의 윤곽을 그린 하이에크의 법 관련 논문에서 영감을 받았을 뿐 아니라 자유헌법이라는 이름까지도 따왔다.[95]

다시 소련으로

지구절반 사회주의가 어떻게 실행될 수 있을지 이해하기 위해, 지금까지 레닌그라드에서 시작해서 빈과 노보시비르스크를 거쳐 마침내 산티아고에 이르는 사회주의 계획이론의 여정을 밟았다. 이 시점에서 CEMI에서 칸토로비치가 일을 시작한 뒤 약 20년이 흐른 시베리아로 돌아가보자. 1980년대에 노보시비르스크의 인공두뇌학자였던 올가 부르마토바Olga Burmatova는 동쪽으로 1400km 이상 떨어진 바이칼호를 보호하면서 경제계획을 세우고자 했다. 부르마토바의 작업을 쫓아가보면 전체 계획 내의 탈중앙화된 통제—비어가 자생시스템모형으로 이루었던 식의—를 환경의 확실한 보호와 결합하려는 계획 실험을 발견할 수 있다. 세상에서 가장 크고 깊은 호수인 바이칼호는 토착종 물범(적어도 수천 킬로미터 떨어진 장소에서는 뜻밖인 동물)을 비롯하여 독특한 동물군과 식물군이 사는 곳이다.

부르마토바는 영구동토층을 가로질러 시베리아의 풍부한 천연자원과 모스크바를 이어주는 새로운 철도인 바이칼-아무르 철도가 환경에 끼칠 위협을 걱정했다. 카자흐스탄의 논밭에 물을 대기 위해 시베리아 강의 흐름을 바꾸는 또다른 거대사업인 북부강줄기전환사업—아랄해를 죽였던 처참한 '처녀지' 사업과 아주 흡사한—은 더 문제였다. 부르마토바는 이 독특한 생태계를 보호하려면 경제계획에 환경 관련 데이터를 통합할 필요가 있음을 깨달았다.

부르마토바는 '영역생산단지' 내 계획 중심 부서에서 일했는데, 그곳은 소비에트 내에서 자생시스템모형과 가장 가까운 부서였다. 역사가 다이애나 쿠르보프스키 웨스트Diana Kurkovsky West에 따르면 영역생산단지는 "지역의 자원, 생산, 물품, 인구가 여러 경제에 뿌리박은, 따라서 서로 복잡한 관계 속에 놓인, 다양한 규모의 다양한 네트워크 속에 동시에 존재하는 것으로 보아야 한다"는 통찰력에서 나왔다.[96] 부르마토바는 이런 식의 모형은 당연히 환경적 고려를 포함해야 한다고 생각했다. 그는 산업 프로젝트가 지역에 미치는 영향에 특히 관심이 있었다. "지역 차원에서 분석하면…… 주어진 영역의 조건과 개별 식물과 천연자원의 특수성을 자연의 보존과 보호라는 시각에서 좀더 면밀하게 연구하고 고려할 기회가 생겨난다."[97] 1983년 논문에서 그는 토양과 대기와 수질의 오염 같은 환경 문제를 설명하는 빽빽한 수학적 설명을 100쪽에 걸쳐 펼쳐놓음으로써, 계획한 프로젝트가 과연 환경을 대가로 수행할 만한 것인지 결정할 때 이용할 수 있도록 했다.

통제이론에 영감을 받은 여타 설계 계획과 마찬가지로 부르마토바의 환경모형에도 끊임없이 새로 갱신되는 엄청난 양의 자료가 요구되었고, 부르마토바는 이것이 대단히 어려운 일임을 깨달았다. 웨스트가 요약하듯이, "부르마토바는 자원부족에 대한 해답이 완전히 컴퓨터화된 계획경제라는 미래 세상에서 시시각각 이루어지는 끝없는 정보성 피드백시스템에 있다고 믿었다."[98] 인공두뇌학시스템이 이런 수준으로 데이터를 처리할 수 없다면 환경 사안은 불가피하게 인식되지도 교정되지도 못한다는 것이다(오존층의 역사에서 확실히 알 수 있듯이 인간의 해석이 여전히 핵심적이긴 하지만). 소련에는 인공두뇌 환경계획이 요구하는 유형의 촘촘한 데이터망과 알고리즘이 부족했기에 부르마토바는 거듭 좌절했다.[99] 위성과 편재하는 환경감지장치의 시대인 현재, 부르마토바는 꿈만 꾸었을 뿐인 정보가 기후와 날씨모형에 제공되고, 기상학자와 기후학자는 그 데이터를 이용해서 모형을 제어할 영리한 방법을 고안했다.[100]

환경과학자들이 결국 부르마토바의 정보 문제를 해결하고 그 과정에서 오늘날 우리가 의존하는 전 지구적 환경모형을 발전시킨 것은 우연이 아니다. 사실 소련은 기후학의 발전에 핵심적 구실을 했다. 고스플랜이 칸토로비치와 다른 개혁가들의 시뮬레이션을 방해하려고 그들에게 자료를 제공하지 않았던 일을 기억하는가? 많은 소련 과학자들은 비협조적인 관료들과 싸우느니 차라리 하던 일을 계속하며 거대한 모형을 제작하되, 소련 경제를 시뮬레이션하는 대신 지구 생물권과 기후의 모형을 제작했던 것이다. 1977년에 노보시비르스크의 컴퓨터센터는 현재 지구시스템모형Earth System Model: ESM으로 불리는 것―행성 전체의 물리 및 화학적 성질을 따와서 날씨와 기후부터 공기의 질과 환경위생까지 모든 것을 예측하는 거대한 컴퓨터 시뮬레이션―을 제작하기 위한 프로그램의 개발에 착수했다. 1982년에 완성된 이 ESM 덕에 과학자들은 지배층의 반발을 초래하지 않고도 안전하게 정치 논쟁에 개입할 수 있었다. 예를 들어, 1980년대에 전후 '핵겨울'(핵전쟁이 일어난 뒤에 계속된다는 어둡고 긴 겨울 상태―편집자)의 가능성을 두고 벌어진 논쟁은 ESM으로 촉발되었고 원자폭탄의 정치를 영원히 바꿔놓았다.[101] 또한 이 거대한 모형 덕에 냉전으로 진영이 갈라진 와중에도 모형 제작자들의 협력이 용이해졌는데, 이는 대부분 오스트리아의 국제응용시스템분석연구원International Institute for Applied Systems Analysis: IIASA에서 이루어졌다. IIASA는 1972년에 창립되었고, 코시긴의 사위이자 CEMI의 초대 원장인 니콜라이 페도렌코Nikolai Fedorenko와 가까운 협력자였던 제르멘 그비시아니Dzhermen Gvishiani가 원장을 맡았다. 현재 그곳에는 기후정치에서 가장 영향력 있는 IAMs가 많이 보관되어 있다.

소비에트가 핵전쟁의 정치와 환경 악화를 간접적으로 논의하기 위해 지구시스템모형 제작을 했으니, 현재 아주 활발한 이 분야를 중앙 계획이라는 사라진 기술의 후계자로 고려할 만도 하다. 예를 들어, 지역 자료원의 광범위한 네트워크로 자료가 갱신되는 중앙국이라는 비어의 체제는 기후학에서 오랜 역사를 지니고 있다. 역사가 폴 에드워즈Paul Edwards가 주장하듯이, 기후학과 기상학은 거의 매시간 지구의 자료를 수집하고 처리했던 최초의 분야였다. "1850년 이래로 세계 기온이 1°C 올라갔다"라는 진부한 진술조차도, 전 지구에 걸친 지상관측 현장과 기상관측기구, 해양조사선, 위성의 거대한 네트워크에서 나온 자료를 편집하고 그 자료를 다시 어마어마한 물리적, 수학적 모형에 입력해서 만들어낸 일관된 세계

상에 근거한 것이다. "자료를 수집하고, 물리적 과정의 모형을 만들고, 이론을 시험하고, 궁극적으로 기후와 기후변화에 대해 널리 공유할 수 있는 지식을 생성한다"는 점에서 에드워즈는 기후학을 '거대한 기계'라고 부른다.[102]

아침에 날씨를 확인하는 일은 구름과 물과 열의 물리에 관한 알려진 모든 정보를 담고 있는 모형들을 끝없이 돌리는 슈퍼컴퓨터의 전 지구적 네트워크에서 생산되는 지식에 다가가는 것이다. 날씨란 혼돈의 시스템이기 때문에 아무리 완벽한 물리를 갖춘 모형도 그 유명한 '나비효과'로 인해 순식간에 현실에서 멀어질 수 있다. 그 결과 날씨모형은 전 지구적 자료망으로 끊임없이 교정된다. 자연 전반에 대한 불완전한 지식이 대체로 그렇듯이 우리가 날씨와 기후에 관해 아는 것은 모두 실제 관찰과 이상화된 모형의 융합이다.

복잡하고 거대한 시스템을 통제하는 일에 관해 ESM은 우리에게 무엇을 알려주는가? 칸토로비치가 다층적 선형계획법을 상상하며 깨달았듯이, 계획된 사회는 전체를 아우르는 국가적·전 지구적 전망과 지역 조건에 대한 민감성 사이에서 균형을 잡을 방법이 필요하다. 다행히 대기과학자들이 바로 그것을 위한 과학적 틀을 개발했다. 그들은 슈퍼컴퓨터를 사용하여 거대한 시뮬레이션에 현실적으로 포함할 수 없는 자연의 소규모 역학들을 일부 무시하면서 낮은 해상도의 전 세계 모형을 돌린다.[103] 그러면 각 지역 과학자들은 그 커다란 모형을 사용하여 작은 공간 영역의 작동에 대한 기초 가정을 형성한 뒤, 그 지역(대륙이나 한 나라나 도시처럼)을 대상으로

한 좀더 상세한 모형을 돌린다. 기후학자들이 '규모 축소'라고 부르는 이 시스템은 여러 복잡성의 단계에서 관장하는 상호연결된 위계적 교점들이 존재하던 비어의 자생시스템모형을 떠올리게 한다. 고스플랜트에게도 비슷한 능력이 필요할 것이다. 전 지구적 계획은 재난에 대응하고 항상 진화하는 사회 관습과 과학에 적응할 수 있을 만큼 유연해야 한다. 지구절반 사회주의는 자연을 다 알지 못하는 채로 계획을 수립하기 때문이다.

알고보니 기후학과 기상학에서도 기존 모형에 새로운 정보를 계속 갱신할 방법을 알아내어 '자료동화data assimilation'로 알려진 분야에서 매우 강력한 알고리즘을 발전시켰다. 전 세계 다양한 과학자 집단이 수집한 실시간에 가까운 자료나 과거 자료를 사용하여 환경모형을 조정함으로써, 시뮬레이션이 지상의 상황에서 지나치게 벗어나지 않도록 하는 것이다. 날씨모형은 대개 시뮬레이션을 제한하는 데 필요한 자료를 공급하는 위성이나 기상관측기구, 감지장치망에 의존한다. 고스플랜트 사회 엔지니어는 야생동물의 무선 추적 장치나 공장 생산량 개요, 사회기반시설 프로젝트에 관한 최신 정보, 시민 과학자가 제공하는 보고서나 관찰 등 좀더 다양한 원천에서 자료를 얻을 수도 있다. 이런 유연성은 단지 모형의 수행성을 개선하는 데 그치지 않는다. 시뮬레이션을 관찰 및 추적하고, 언제 자료와 모형이 갈라지는지 분석하면서, 그러한 오류로 이전 가정을 업데이트할 수 있다. 예기치 못한 역사적 전개를 통해 칸토로비치의 수송이론—선형계획법 작업의 일부였던—이 기상학에서 새로운 정보를 기초로 모형을 업데이트하는 데 사용된다. 칸토로비치가 애초에 상상했던 것처럼 흙더미를 움직이는 대신, 과학자들은 모형과 자료의 이상적 종합을 달성하기 위해 추상적 확률분포 probability distribution 를 다룬다.[104]

앞선 계획이론가도 이러한 관찰-모형제작시스템의 가치를 즉시 알아차렸을 것이다. 사이버신에도 실시간 경제 자료와 과거 자료를 대조하는 원시적 알고리즘이 있어서 변칙성을 확인하고 칠레 산업의 역동성을 더욱 깊이 이해할 수 있었다.[105] 현재 경제계획은 기상학 기술을 끌어들여 더 나은 작업을 할 수 있다. 노이라트라면 현재 우리가 가진 자료동화를 정말 좋아했을 것이다. 1913년에 그는 산업통계의 부족을 한탄하며, 빠진 자료로 인해 중앙 계획의 기반이 약화될 것이라며 걱정했다. 그는 이렇게 썼다. "다양한 통계를 연결하고 비교하는 일은 너무 어렵거나 불가능하다. 무수한 장소에서 경제적 통계 연구가 이루어진다. 각자의 통계 부서를 지닌 국가와 도시는 물론 카르텔, 노동조합, 개별 존재도 모두 통계자료를 수집한다. 하지만 일반적으로 여기에서는 왼손이 하는 일을 오른손이 모른다."[106] 자료를 처리하기 위해 기후학자들이 설계한 알고리즘과 쌍을 이룬 현재 자료 밀도로 계획의 수용력은 엄청나게 확장되고 있다.

전 지구적 계산을 수행하는 지구절반 사회주의의 '거대한 기계'에서는 모든 요소가 기존 기술에 기초한다. 모형의 핵심 알고리즘은 기후학이 수십 년에 걸쳐 개발해온 기술설계와 통찰력을 많은 부분 이용할 것이다. 다층 구조이므로 전 지구적 시뮬레이션과 지역 시뮬레이션이 끝없이 상호작용하고 서로 업데이트하는, 환경모형과 대기모형에서 찾아낸 겹겹의 패턴을 끌어올 수도 있다. 그런 알고리즘을 이용하면 태양광 패널이나 유기농업, 풍력발전기, 대중교통 따위의 간단한 기존 기술을 적절히 할당할 수 있고, 또한 SRM처럼 인류가 처리할 수도 없을 새로운 문제를 초래할 시험되지 않은 기술로 지구의 미래를 놓고 도박 거는 일을 피할 수 있다. 이 모든 자료가 있다고 해서 우리가 자연을 완전히 안다는 뜻은 아니다. 단지 지구절반 사회주의 설계자가 필요할 때 인류와 자연의 교환을 수정할 수 있도록 이 지구의 핵심 표식에 접근할 수 있다는 뜻이다.

계획의 한계

사회주의는 무자비하고 비합리적이고 무의식적인 자본의 권력에서 해방된 사회다. 계획된 사회의 삶은 가난의 위협에서 벗어나 서로 연대감을 지닌 더 낫고 자유로운 삶으로 다가와야 한다. 민주주의와 유용한 일은 사회주의 경제의 한갓 부수적 결과가 아니라 계획이 작동하기 위한 핵심적 요소다. 프로젝트에 대한 믿음도 없이 열심히 일할 사람은 없을 것이기 때문이다. 기이하도록 급작스럽고 평화로웠던 1989년의 대단원이 확실히 보여주었듯이 민중이 사회주의를 믿지 않는 순간 그 체제는 붕괴한다. 의식적으로 경영되는 경제 과정에서 민중이 결정권을 갖지 못하면 생태를 고려한 기술적 계획이라도 폭정으로 타락할 것이다. 바로 그런 까닭에 지구절반 사회주의처럼 의식적으로 계획된 경제라는 유토피아 꿈을 되살리려 할 때 과거 사회주의 사회의 실패를 따져봐야 하는 것이다.

헝가리 경제학자인 야노스 코르나이János Kornai의 이론은 현실 사회주의에 대해 냉철하면서도 공정하다. 사실 그의 저작은 철의 장막Iron Curtain(2차세계대전 후 소련 진영에 속하는 국가들의 폐쇄성을 풍자한 표현으로 자유주의와 공산주의 진영의 대립을 지칭한다―편집자) 양편에서 존경받는 드문 쾌거를 이루었다.[107] 그의 주장은 한마디로 사회주의는 불가피하게 **결핍경제**shortage economy(공급이 매우 부족하여 수요가 공급을 초과하는 경제―편집자)로 귀결된다는 것이다.[108] 그 원인은 무수히 많지만, 궁극적으로는 계획경제 내 개인의 행동 방식으로 수렴된다. 자본주의 회사는 이윤 극대화에 자극받지만, 사회주의 공장의 경우 관료가 세운 생산량에 맞추는 일이 우선적이다. 다른 공장이 필요한 중간재를 생산하리라 믿지 못하여 공장마다 자체적으로 작은 양의 공급품을 생산하는 추가 생산 단위를 만들어내는 중복생산능력duplicated capacity이라는 병리적 행동이 여기서 나온다. 이렇게 되면 생산량은 더 안정적이지만 규모의 경제에서 얻어질 이득은 나올 수가 없다. 비효율적 자본주의 사업은 도산함으로써 벌을 받지만, 비효율적 사회주의 공장이 두려워하는 대상은 당뿐이고, 당은 효율성 외에 다른 관심사가 많다. 실적이 저조해도 당이 편애하는 공장은 늘 도움의 손길을 받지만, 잘 돌아가는 공장이라도 힘 있는 후원자의 눈 밖에 나면 공장문을 닫을 수도 있다.[109]

코르나이는 결핍이라는 사회주의의 태생적 문제와 과잉을 낳는 자본주의의 경향을 대비했다. 회사는 이윤을 위해 필요 이상의 생산을 한다. 사실 지난 반세기 동안 자본주의 성장률이 둔화된 하나의 이유는 제조업 등 가장 정력적인 부문의 생산력이 수요를 훨씬 능가했다는 점이다.[110] 체제의 전형을 보여주는 래리 서머스Larry Summers조차 자본주의의 구조적 '장기 침체' 경향을 인정한다.[111] 사실 환경 위기 자체도 자본주의를 불안정하게 만들 정도로 자연을 지나치게 인간화한 자본주의적 과잉생산의 불가피한 결과로 이해할 수 있다. 이런 시각에서 보면 가장 자연스러운 해결책은 결핍의 측면에서 오류가 발생하는 사회주의 체제가 될 만도 하다.

환경 위기를 극복하기 위해서는, 자본주의에서 분리된 경제와 정치를 사회주의에서 통합하는 일이 꼭 필요하지만, 거기에는 상당한 위험이 수반된다. 중복생산능력, 어쩔 수 없이 열등한 생산 자재로 대체하는 일, 비효율성을 교정할 수 없는 무능력 등은 신속하게 처리하지 않으면 계획경제에 해를 입힐 것이다. 정보의 제한 역시 치명적일 수 있다. 하지만 하나의 집단으로서 설계자들이 그런 비효율성과 정보상의 문제와 동떨어져 있을 수도 있다. 지금껏 보아왔듯이, 고스플랜은 칸토로비치 같은 개혁적 인물과 중요한 산업통계를 공유하지 않으려 했다. 더구나 고스플랜 관료들은 재분배―그리고 정치―에서 확고한 권력만 유지하다면 변화하는 조건을 반영하지 않는 임시적 방법인 '물질수지' 방법을 개선할 의지가 거의 없었다.

현명하게 설계되고 인식론적으로 겸허한 민주적 계획 체제는 20세기 사회주의 정권이 직면했던 많은 문제를 해결할 수 있으리라 보지만, 코르나이가 진단한 병폐 가운데 일부는 틀림없이 지구 절반 사회주의도 괴롭힐 것이다. 자본주의에는 성장을 추동하는 강제성이 내장되어 있다. 실업의 위협, 노동력을 팔고 싶지 않은 사람들이 감수해야 할 굶주림, 현행 이윤율을 지속하지 못하는 사업의 파산이나 적대적 인수 등이 그러하다. 하지만 사회주의 경제는 아무래도 강제력이 약할 수밖에 없다. 모든 사람에게 먹을거리, 주거지, 의료, 교육 등을 누릴 자격이 있다고 믿는다면, 그에 대한 접근을 막는 식으로 노동을 강요할 수는 없다. 궁핍화라는 칼날을 사용하는 대신, 사회적 의무, 개인적 만족, 여가, 그리고 얼마간의 물질적 보상과 같은 긍정적 장려책으로 동기부여를 해야 한다.

가장 최신 정보에 기초한 가장 최선의 계획이라도 가격체계만큼 역동적일 수 없다는 신자유주의의 주장을 인정할 수도 있다. 그 결과 코르나이가 진단한 결핍의 경향이 어떤 형태로든 나타날 수 있다. 자본주의의 역동성이 불평등과 실업과 생태 파괴와 함께 가는 것처럼, 상호 절충이라는 문제는 사회주의 체제와 불가분 연루되어 있다. 코르나이가 적고 있듯이, "[사회주의의] 이로운 결과만 기쁘게 받아들이고 그 체제의 약점이라 할 결과에서 완전히 벗어나는 일 역시 불가능하다."[112] 이 인용에서 '자본주의'와 '사회주의'의 자리를 바꾸면, 생태 붕괴를 피하려면 어째서 혁명이 필요한지 그 논거를 찾을 수 있다. 우리가 진정으로 환경 위기를 극복하고자 한다면, 지금 생태적 원칙에 기초한 사회주의 사회로 전환해야 하고 새로운 체제의 불가피한 함정을 관리하기 위해 최선을 다해야 한다.

지구절반 사회주의가 민주주의에 충분히 헌신하고 새로운 체제 아래의 삶을 그 자체로 아름답고 바람직한 것으로 만들고자 한다면, 관료제 병폐와 동기부여라는 문제가 치명적이지는 않을 것이다. 우리가 제안한 지구절반 사회주의의 면모는 의심의 여지없는 진실이 아니라, 생태 위기의 시대에 사회주의가 어떤 기능을 할지에 대한 심도 있는 논의의 출발점으로 이해되어야 한다. 자연과 사회에 대한 지식이 불완전하니 맹점이 생겨날 테고, 지구절반 사회주의 계획국이 그 맹점을 항상 교정하지는 못할 것이다. 이러한 약점은 인류세의 재난에 직면한 모든 계획에서 예상할 수 있지만, 우리의 희망이라면 의식적 선택으로 더 공평하고 환경이 안정된 문명을 이루기 위해 끊임없이 자신을 수정해나가는 사회를 만들어낼 지구절반 사회주의는 그와는 다르리라는 것이다. 그렇다고 전 지구적 유토피아를 창조하는 일이 수월하리라는 뜻은 아니다. 하지만 사회주의 사회는 시장이라는 신비로운 힘을 믿기보다는 이 어려운 도전을 두 눈 뜨고 대면한다. 그런 고군분투를 통해 자기 의지를 지닌 자연세계 속에서 인간은 자유로울 수 있다.

이제 자네는 우리를 살펴보았고, 그렇게 다른 세상을 보며 진리라는 자네 시대의 금언이 주장하는 바와 달리 지배를 동료애로 바꾸기만 하면 휴식할 시간이 충분하다는 사실을 깨달았으니, 다시 자네 세상으로 돌아가게.

_윌리엄 모리스

윌리엄 게스트William Guest는 창문으로 흘러드는 햇빛에 잠에서 깼다. 마치 평생의 잠을 어깨에서 털어내듯 느릿느릿 자리에서 일어났다. 산발이 된 머리칼과 엉킨 턱수염 사이로 햇살이 지나가며 앞머리에 드문드문한 백발이 드러났다. 여전히 정신을 차리지 못한 터라, 그곳이 자그마한 동향 방이라는 점과 창가에 놓인 화분에서 초록 풀이 자라는 것만 눈에 들어왔다. '아침을 즐기는 것이 있긴 하군.' 세면실로 가려고 복도를 내려가기 전에 그가 생각했다.

몇 초 후, 다시 방으로 돌아온 그가 당황스러워 미간을 찌푸린 채 문간에 섰다. 마치 옛날 집에서 떼어다 쓴 것처럼 오래되어 거무죽죽하고 반들반들해진 널찍한 소나무 판자가 깔린 마룻바닥이었다. 잠들었을 때는 분명 비닐을 깐 자기 아파트였는데 말이다. 침대 프레임은 단순했지만, 그 위에 구겨진 채 놓인 이불은 여러 생물이 수놓아진 조각보 이불이었다. 서로 뒤얽혀 점점 복잡한 무늬를 만드는 이파리와 줄기와 꽃, 그리고 새 문양이 이쪽은 초록색으로 저쪽은 빨간색으로 햇빛을 물들이며 방 전체에 여름날 소풍의 따스함을 퍼뜨리고 있었다. 햇살을 좇아 창가로 가다가, 두껍게 제본된 도서관 책이 쌓여 있는 작은 책상에 잠깐 눈길이 갔다. 주름진 책등을 훑으며 시선을 옮기던 그는 유리창이 선박의 창처럼 아주 두꺼운 유리임을 알아챘다. 벽도 이상할 만치 두꺼워서, 창턱이 얼마나 넓은지 한쪽에 바질과 타임이 무성하게 자라는 화분을 놓고 다른 편에 작은 자주색 쿠션을 놓고도 남았다. 그는 그 위에 걸터앉아 다리를 가슴께로 끌어안고 창밖을 내다보았다. 바로 아래로는 수많은 콩 덩굴이 격자 구조물을 타고 올라가고, 그 아래쪽으로 가지와 고추와 토마토가 자라는 작은 텃밭이 있었다. 그는 식용작물 사이에서 자라는 토종 화초를 알아보았다. 둥굴레, 끈끈이쑥부쟁이, 박주가리 등이 자라고 호박벌과 제왕나비가 신나게 돌아다녔다. 텃밭 너머로 완만한 언덕마다 싱싱한 채소가 무성하게 자라고, 거대한 풍력발전기와 그에 못지않게 당당한 떡갈나무가 사이사이 자리를 잡고 있었다. 왼편으로는 건물 자체가 곧 언덕과 합쳐졌고 경사를 따라 텃밭도 오르막을 이루며 두꺼운 흙이 지붕을 덮고 있었다. 짙은 자주색 이파리를 단, 뒤틀린 너도밤나무가 위쪽으로 보였다. 나이를 먹어 무척 우람해지긴 했지만 분명 자기 아파트 뒤쪽에 있던 바로 그 나무라고 맹세할 수도 있었다.

게스트는 간밤의 기억을 되살리려 머리를 쥐어짰다. 별다른 일은 없었다. 동료 사회주의자 여섯 명과 애머스트의 술집에서 저녁 시간을 보냈다. 당연하게도 각기 다른 급진적 전통을 따르는 동료들이었고 그중에는 강경한 무정부주의이지만 거기서 또 갈라져 나온 견해도 네 종류였다. 친구들을 보면 기운이 나기는 했지만, 마음 깊은 곳에서 절망감이 차올랐던 기억이 떠올랐다. 어제는 운이 나쁜 날이었다. 좌파의 투사가 여당 후보를 뽑는 예비선거에서 패했고 또한 마지막 남은 흰코뿔소가 죽은 날이기도 했다. 생태계를 살리고, 세계의 부를 재분배하고, 끝 모를 자본주의 현재를 대체할 진정한 미래를 창출하려면 해야 할 일이 많았다. 어쩌면 아직 꿈을 꾸고 있는지도 몰랐다. 불안한 상상력이 제공하는 일종의 위안. 하지만 아무리 기를 써도 잠에서 깰 수가 없었다.

게스트는 문을 열고 나가 복도를 걸어 내려갔다. 특이하게 엉뚱한 대학 기숙사처럼 보였다. 복도 양편으로 자기 방문과 똑같은 방문이 늘어서 있는데, 대부분 정교하게 장식되어 있다는 점이 달랐다. 하나는 옛날 항아리와 병에서 잘라냈을 것이 분명한 유리 모자이크를 잔뜩 붙였고, 곡면의 다채로운 조각 사이로 툭 튀어나온 글씨가 점점이 박혀 있었다. 화장실 몇 개와 주방이 있고, 혼자 책 읽기 적합한 작은 공간부터 큼지막한 안락의자가 잔뜩 놓인 널찍한 방까지 응접실이 여럿 있었다. 나무 장난감과 그림책이 흩어져 있는 곳도 있었고, 피아노와 기타 서너 대와 코라가 놓인 곳도 있었다. 그는 주방을 들여다보았다. 식당처럼 잘 갖춰져 있었지만, 기름칠이 된 두꺼운 떡갈나무로 만든 나무 조리대를 보자 예전에 패스트푸드 체인점에서 일했을 때 받은 메마른 인상은 떠오르지 않았다. 게스트는 안으로 들어가 매끈한 검은색 인덕션 위에 놓인, 토마토소스가 여기저기 튄 거대한 무쇠솥 앞에서 걸음을 멈췄다. 흰머리가 생기기 시작한 숱 많은 곱슬머리를 바짝 자른 한 나이 든 여자가 주방 안으로 걸어 들어오다가, 닦지 않은 그릇을 내려다보며 서 있는 그를 보고는 놀라서 약간 뒷걸음을 쳤다.

"이렇게 이른 시간에 누가 벌써 일어났을 줄은 몰랐네." 그녀가 겸연쩍게 말했다. "간밤에 설거지를 하려고 했는데, 늦게까지 카드놀이를 하는 바람에."

게스트는 어떻게 대답해야 할지 몰라 멀뚱히 상대를 보며 서 있었다. 결국 살짝 미소를 지으며 고개를 끄덕였다.

"헤인에게는 비밀인데, 지하실 술통에서 민들레술을 조금 떠다 마셨거든." 상대가 한 눈을 찡긋하며 말했다. "아직 맛있게 익지는 않았지만, 그런대로 맛이 들어서 예상외로 빨리 잠이 들어버렸지." 그러면서 설거지를 시작했다. 싱크대에 물을 채운 뒤, 이미 잔반을 퇴비통에 넣어 처리한 접시와 컵부터 닦기 시작했다.

"혹시 도와줄 마음이 있으면, 나도 당신 당번 때 도와주지." 그의 조각보 이불에서 잘라냈다고도 할 수 있을 밝은 색색의 행주 쪽을 가리키며 게스트에게 말했다. 그는 상대가 넘겨주는 그릇을 받아 깨끗한 것부터 행주질을 했고 마지막으로 커다란 솥을 닦았다.

"이름이 뭐야? 여기 새로 들어왔나? 전에 본 적이 없는 것 같은데." 팔꿈치까지 거품 속에 담근 채 그녀가 말했다. "난 아마라일세."

"윌리엄." 그가 말했다. "새로 들어오긴 했나 봐요. '여기'가 어딘지는 전혀 모르겠지만."

"무슨 말인지 알 것 같아." 아마라가 웃었다. "나도 처음 왔을 때 이런 곳은 생전 본 적이 없다고 생각했으니까. 그냥 몇 달만 있다 갈 생각이었어. 보스턴 생활에서 잠깐 벗어나고 싶었고, 또 추수철에 일손이 필요하단 말을 들었거든. 그런데 완전히 빠져버렸지. 몸을 써서 하는 일에는 근사한 면이 있단 말야."

아마라가 말을 멈추고 창밖을 내다보았다. "기숙사에 산 지 벌써 2년이라네." 그렇게 다시 말을 이었다. "일분일초가 정말 좋은데, 얼마나 머물 수 있을지 모르겠어."

"그건 왜죠?" 게스트가 약간 걱정스러운 투로 물었다.

아마라가 눈썹을 치켜올렸다. "최종 계획 못 봤어? 요약본이 아래층 도서관에 있잖아."

"계획이요?" 게스트가 당황해서 더듬거렸지만 아마라는 눈치채지 못한 모양이었다.

"토양이 서부만큼 좋지 않아서 매사추세츠주 대부분을 재야생화하고 있잖아. 수송비용을 약간 아낄 수 있으니 지금 당장이야 일부 채소는 뉴잉글랜드에서 대규모로 재배하는 게 말이 되지. 적어도 중서부의 전기 기차 노선을 끝낼 때까진 말이야. 하지만 그 사업이 끝나면 이 농장이 문 닫을 날도 얼마 안 남은 거지." 아마라가 잠깐 짬을 두었다가 말을 이었다. "그때가 되면 아이오와에서 일을 찾을 생각이야. 너무 늙어 두 손을 쓸 수 없을 지경이 아니라면. 그래도 얼토당토않은 혜인의 발효 실험이 정말 그리울 거야."

두 사람은 말없이 다 닦은 그릇을 집어넣었고, 그러고는 나무 조리대와 검은색 스토브에 묻은 토마토소스 자국을 문질러 닦았다. 주방에서는 여름 냄새가 났다. 창가에는 싱싱한 허브가 흐드러지게 자라고 냉장고 옆에는 화려한 줄무늬의 토종 조롱박이 그릇에 가득 담겨 있었다. 그사이 게스트는 머리를 쥐어짜고 있었다. 어떻게 하면 미친 사람 취급을 받지 않으면서 아마라한테 이곳에 대한 기초적인 질문을 할 수 있을까? 사실 그는 자기가 정말 미쳤나 싶었으니, 그것을 숨기기란 쉽지 않을 것이었다. 재빨리 그는 이야기 하나를 고안했다.

"내가 애머스트에서 태어나기는 했는데 오랫동안 외국에 나가 있어서 말이죠." 필요하다면 내용을 조금씩 바꿀 수 있게끔 상대의 얼굴을 주의깊게 살피며 그가 말했다. "고향에 돌아온 지도 얼마 안 되었고, 여기는 어제 왔어요. 내가 왔다는 걸 아무도 모를 걸요."

식탁을 문질러 닦던 아마라가 이 말에 하던 일을 멈췄다. 몇 초 뒤 상대가 크게 웃음을 터뜨릴 때까지 게스트는 숨을 죽이고 기다렸다. "엄청 멀리 나가 있었나 보네." 그녀가 말했다. "뭐, 원한다면 여기 등록해줄 수 있어. 일손이야 늘 필요하니까. 궁금한 건 이디스가 다 알려줄 거야. 이 농장 대표로 지역 평의회에 나가는 사람이니까." 아마라를 따라 주방을 나와 계단을 내려가며 게스트는 안도의 한숨을 내쉬었다.

계단의 벽에는 밭과 숲과 강이 정교하게 그려져 있었다. 서로 다른 기술로, 여러 스타일로 그려진 풍경이었다. "기숙사 사람들이 지난겨울 주말에 한 번 시간을 내서 이걸 그렸어." 아마라가 말했다. "북쪽 예술가 마을에서 사람을 불렀으면 더 보기 좋았겠지만, 투표를 통해 우리가 직접 하기로 결정했지. 재미도 있고 말이야. 큰 사슴이 있는 저쪽 호수가 내가 그린 건데, 뿔은 도대체 제대로 못 그리겠더라고." 그녀가 가리키는 쪽을 올려다보니, 머리에 막대기가 삐죽 솟은, 형체를 알 수 없는 덩어리가 보였다. "정말 재능 있는 사람들도 있어. 모리스를 만나봐야 해. 조각보를 만든 장본인이지."

"전업 예술가인가요?" 게스트가 물었다.

"여기에는 뭐든 직업적으로 하는 사람은 아무도 없어!" 아마라가 소리 내어 웃으며 말했다. "언젠가는 다들 '아침에 사냥을 하고, 오후에 고기를 잡고, 저녁에 가축을 기르고, 저녁 식사 후에 비평을 한다'라던 맑스의 말 알지? 우린 채식주의자라 글자 그대로 그렇게 살지는 않지만, 무슨 뜻인지는 알겠지?"

게스트가 깜짝 놀란 표정을 보였지만, 상대는 눈치채지 못한 모양이었다.

"우리가 주로 하는 일은 채소 재배야." 그녀가 말을 이었다. "하지만 일이 아주 많진 않아. 모종 심는 철과 추수철엔 바쁘지만, 기르는 종자가 워낙 다양해서 단일품종 농장과 달리 작업이 일 년 내내 고르게 퍼져 있거든. 관리할 일이야 늘 있지만 대체로 농장일은 하루에 서너 시간 정도야. 그래서 부업이나 취미 생활에 쓸 시간이 아주 많아. 헤인은 요리도 하고 술도 빚는데, 최상위 포식자 재도입에 열중하는 생물학자이기도 해. 모리스는 직물을 짜고 낡은 옷과 신발을 수선하고, 이디스는 늘 도서관에 앉아서 지역계획과 전 지구적 계획에 골몰하지. 게다가 건축부터 수학까지 온갖 주제의 공부 모임도 있고. 아주 활기가 넘치는 곳이라네."

"당신은 뭘 하나요?" 게스트가 물었다.

"아, 난 이것저것 집적거려." 그녀가 말했다. "이디스와 수시로 만나면서 내 의견을 지역계획에 보내는 걸 좋아해. 최근에는 헤인을 도와 사슴 수와 관련해서 급하게 계산하는 일을 했지. 부모님이 이그보우어(나이지리아 서남부에서 사용하는 언어―편집자)를 쓰셨는데, 나와 대화할 때는 쓰신 적이 없어서 난 배우질 못했어. 그래서 애머스트 대학에 있는 나이지리아 기후 피난민들과 함께 연습하고 있다네." 그녀가 짬을 두었다가 말을 이었다. "다른 사람한테는 비밀인데, 그림은 내 장기가 아닌 것 같아서 추리소설을 써볼까 해."

한편에 위치한 공용 공간들이 훨씬 더 크다는 점만 아니면, 아래층 복도는 다른 부분과 아주 비슷했다. 책장과 벨벳 안락의자가 들어찬 도서관이 있었는데, 몇몇 긴 탁자 위에는 낡았지만 튼튼한 노트북과 전화 서너 대가 놓여 있었다. 침실은 위층 침실보다 커 보였고, 몇몇 출입문은 아이들의 크레용 그림으로 장식되어 있었다. '11 농업 구역 대표'라는 글씨와 함께 '이디스 리트 박사'라는 명패가 붙은 문 앞에서 아마라가 걸음을 멈추고 문을 두드렸다.

문이 활짝 열리면서 군더더기 없는 방이 눈에 들어왔다. 있는 장식이라고는 두 대의 모니터와 토양생태학부터 교육이론까지 온갖 주제의 교재 더미, 책장 모서리가 수없이 접히고 색색의 북마크가 삐져나와 두툼해진 거대한 바인더가 전부였다. 문간에 선 여성은 붉은 직모를 머리 뒤에서 하나로 바짝 잡아 묶고 블랙커피가 담긴 머그잔을 들고 있었다.

"안녕하세요, 아마라." 그녀가 짧게 인사하고는 게스트에게 물었다. "기숙사에 누굴 찾아오셨나요?"

"사실은 여기 처음 왔대." 게스트가 대답할 새도 없이 아마라가 말했다. "이쪽은 윌리엄. 어쩌다 오게 된 모양이야. 시스템에 등록되어 있지 않아. 저렇게 손이 고운 사람은 참 오랜만에 보는데, 일은 잘해." 그녀가 게스트에게 한쪽 눈을 찡긋했다. "주방에서 나를 도와줬거든. 우리 조에 넣어줘도 될 것 같은데."

이디스가 이마를 찡그렸다. "한동안 그런 일은 안 했잖아요. 이런 종류의 결정을 중앙에서 한다는 것이 우리의 취지이니까요. 일과 일꾼을 최적의 조건으로 맞추기 위해서." 그녀가 말을 끊더니 한숨을 쉬었다. "십 년을 해왔어도 여전히 미비점이 많긴 하지만요." 이렇게 말을 맺으며 그녀가 게스트의 헝클어진 수염을 빤히 바라보았다. 이디스는 구석에 놓인 의자를 향해 손짓하고는, 자리를 뜨는 아마라에게 인사했다.

이디스가 컴퓨터의 데이터베이스를 여는 사이 게스트는 자리에 앉았다. "농사지어본 적 있어요?" 그녀가 물었다.

"없어요." 게스크가 대답했다. "난 프로그래머입니다. 하지만 학부에서 식물학 수업을 들은 적이 있는데, 그게 도움이 될지 모르겠네요."

"도움 안 돼요." 이디스가 딱 잘라 말했다. "학교에 배정해줄게요. 대부분의 밭일을 할 수 있도록 첫 달에는 집중교육을 받을 거예요. 그 다음에는 다른 수업을 더 들으라고 권장할 거예요. 교대조 조장이 되고 싶다거나 지역계획에 기여하고 싶다면 특히 그렇고. 당신의 컴퓨터 기술은 그때 요긴하게 쓰이겠죠."

"아마라한테도 말했지만 난 당신들이 말하는 계획이 뭔지 제대로 몰라요." 그가 말을 멈추고 조심스레 단어를 골랐다. "워낙 오래전에 이곳을 떠나서."

상대는 미심쩍다는 듯이 그를 주시했지만, 그의 당혹스러운 표정이 진짜로 보인 모양이었다. "새로 생긴 체제이고 세계 많은 지역이 여전히 구체제에서 이행하는 과정에 있지만, 기초는 대체로 자리를 잡았어요. 적어도 아바나에 있는 고스플랜트 사무실은 알겠죠?"

게스트는 고개를 저었다. 이디스가 눈을 치켜떴다.

"지구절반 블록에 가담한 세계 모든 지역이 쿠바의 중앙 계획국에 데이터와 기술 분야 전문 지식과 제안을 제공하고 있어요." 이디스가 의자에 앉은 채로 몸을 앞으로 기울이며 말했다. "쿠바는 계획과 탈탄소와 유기농업 분야 경험이 가장 풍부하니까 그곳에 계획국을 두는 게 맞죠. 그곳의 사진을 꼭 봐야 해요. 어마어마하게 커요." 그녀가 양팔을 활짝 벌리더니 곧바로 컴퓨터 쪽으로 몸을 돌려, 넓고 평평한 지붕에서 나무가 자라는 개조된 아르데코 건물의 사진을 열었다.

"거기서 무슨 일을 하나요?" 사무실 건물에 그렇게 감탄하다니 참 재미있다고 생각하며 게스트가 물었다.

"전 세계에서 온 수천 명이 일해요." 이디스가 그렇게 말했는데, 말수가 적은 평소 태도와 달리 눈이 반짝거렸다. "이 거대한 컴퓨터를 사용해서, 미래의 장면들을 시뮬레이션하면서 일련의 전 지구적 계획을 세워요. 가령 향후 5년간 지구의 상세한 청사진 다섯 종류, 향후 10년의 청사진 열 종류, 향후 25년의 청사진 몇십 종류, 그렇게요."

게스트가 약간 놀라 상대를 바라보았다. "그런 일을 어떻게 하죠? 가능한 몇 가지 미래도 아니고 전 세계를 계획할 만한 자료를 어떻게 구해요? 설사 구한다 해도 그걸 처리할 컴퓨터가 어디 있어요?" 그렇게 불쑥 내뱉자마자 자기 말이 공격적으로 들리지 않았을까 걱정스러웠다.

"필요한 자료가 어마어마한 건 맞아요." 그렇게 말하는 그녀의 눈가에 웃음기가 어른거리자 게스트는 안도했다. "요는, 모든 지식이 단 한 사람의 머릿속이나 단 하나의 사무실에 있을 필요가 없다는 거죠. 아바나의 설계자들은 수많은 정보에 정통하지만, 그들에게는 생물다양성이나 기후 지도, 전 세계 식량이나 에너지 요구의 추정치, 자원이용의 제약처럼 지구 전체의 대략적인 그림만 있으면 돼요. 그런 자료는 혁명이 시작되기 한참 전부터 있었고요."

"혁명?" 게스트가 불쑥 끼어들었다.

"새로운 사회가 저절로 태어나지는 않잖아요." 이디스가 놀란 듯 빙그레 웃으며 대답했다.

"하지만……" 게스트는 당혹스러움을 애써 누르며 요점에서 벗어나지 않으려 애썼다. "그 정도로는 충분하지 않죠! 계획국이 커다란 쟁점에 집중하는 건 좋은데, 동부콩을 얼마나 심어야 하는지, 다음 철도노선은 어디에 놓아야 하는지, 그런 일을 결정하는 데 그게 무슨 도움이 되나요?"

"바로 그렇기 때문에 전 지구적 모형이 '대강의 계획'이라는 거예요!" 이디스가 말하면서 바인더를 열었다. 흥분해서 목소리가 높아졌다. "여기, 가장 최근의 단기 청사진에 실린 지도를 봐요." 그녀가 모서리가 접힌 부분을 열더니 색색의 사각형이 가득한 격자판 모습의 북아메리카 사진을 손가락으로 짚었다. 여러 화소로 된, 날씨 채널의 태풍 지도와 약간 비슷했다.

"이건 목초지 환원 계획 5-F를 위한 구역이에요." 그녀의 들뜬 목소리를 들으니 게스트는 가장 좋아하는 야구선수 이야기를 할 때의 동생이 떠올랐다. "아바나에서는 다양한 에너지 할당량에 따라서, 그리고 어떤 계획에서나 항상 자연을 존중하고 낙오자가 없도록 하면서 다음 해를 위한 몇 가지 계획을 짜요. 5-F 계획은 가장 금욕적인 것으로, 소비를 1인당 750W로 잡아요. 사회가 굴러가는 데 필요한 산업생산과 공공사업까지 다 포함해서요. 그쪽에서 여러 가능한 미래의 지구 청사진을 쫙 뿌리면 지역 계획국마다 전 지구적 계획의 조건을 맞추면서 동시에 지역적 관심사도 고려하는 각자의 계획을 짜는 거예요." 이디스가 잔뜩 쌓인 교재와 과학 논문과 빨간색 표시가 가득한 바인더를 손짓으로 가리켰다.

"난 100개 기숙사에 5000명가량으로 구성된 이 농업 단지를 대표하고, 이곳 사람들과 이야기를 나누면서 그들의 경험과 요구를 가지고 상부에 제안할 지역 청사진을 만드는 일이 내 주된 임무예요." 그녀가 자랑스럽게 말하고는 말을 이었다. "우리에게 5-F 계획의 의미는 끔찍한 바이오연료 농장을 더 만드는 대신 상당한 목초지를 야생으로 되돌려야 한다는 것이에요. 2029년의 강력한 허리케인과 무시무시한 조류독감에 시달린 뉴잉글랜드에 그 계획의 지지자가 많아요."

그 사고를 언급한 뒤 이디스는 자기 생각에 빠져드는 것 같았다. 게스트는 어떻게 이해해야 할지 모른 채 눈을 가늘게 뜨고 바인더를 보았다. 백과사전 분량의 과학 논문처럼, 믿을 수 없을 만치 상세한 내용이었다.

"우리는 다른 많은 지역보다 에너지 긴축을 더 지지해요." 한참 말이 없던 이디스가 입을 열었다. "아마 이 기숙사가 난방이나 냉방을 위한 에너지가 필요하지 않은 패시브하우스passive house(단열재 등을 이용하여 내부 열이 밖으로 새어 나가는 것을 막음으로써 에너지 사용을 절감하는 집—편집자)라 그렇겠죠. 한겨울에도 말이에요. 온기가 거의 빠져나가지 않기 때문에 한파가 몰아친 밤에도 그 끔찍한 전기히터가 필요하지 않아요."

"정말로요?" 놀라서 눈썹을 치켜올리며 게스트가 물었다.

"사람들이 주저하는 이유는 교통수단뿐이에요." 들뜬 중에도 약간의 좌절감을 비치며 이디스가 말했다. "할당량이 워낙 낮으니, 장거리 이동도 엄격하게 배분해야 할 테니까요. 하지만 전동 대중교통을 가동할 수 있을 때까지는 감수해야 할 희생이죠. 이미 시골 마을까지 광범위한 철도망을 놓은 일본이나 스위스가 너무 부러워요. 단기적으로는 많은 교통수단이 바이오연료에 의존해야 할 텐데, 에너지 사용량이 워낙 커서 단기 계획을 무용지물로 만들어요. 에너지작물을 대량으로 심어야 하니까 결국 자연의 영역을 너무 많이 차지하고 말죠. 장기적으로는 거의 예전 수준의 자유로운 이동이 가능하겠지만, 자가용 같은 건 다시는 생기지 않을 거예요. 전 지구적 계획과 함께 갈 수가 없으니까요. 그런데 헤인 같은 옛날 사람 말로는 어쨌든 운전이 별로 재미있지도 않았대요."

이디스는 다시 바인더를 뒤적이기 시작했는데, 그녀가 교통수단 부분을 찾아내기 전에 게스트가 끼어들었다. "계획을 다 세운 다음에는 어떻게 되나요?"

이디스가 논문을 내려놓고 그에게 따라오라는 손짓을 했다. 두 사람은 다시 복도로 나갔는데, 그곳에는 이제 활동적인 아침의 소리가 낮게 울리고 있었다. 어린아이들 셋이 키득거리며 두 사람 옆을 지나 도서관으로 뛰어 들어가는 바람에 게스트는 펄쩍 뛰어 길을 비켜줘야 했다. "미안합니다." 아이들 뒤를 쫓던 백발의 사내가 웃으며 말했다.

이디스는 미소를 지으며 고개를 절레절레 흔들고는 복도를 따라 계속 걸음을 옮겼다. "농장 전체 모임을 몇 번 가지고 난 뒤 우리 주민들은 내가 어느 쪽에 표를 던지고 지역 의회에서 어떻게 협상하기를 바라는지 잘 알게 되었어요. 라파스(볼리비아의 행정수도—편집자)의 세계 의회에도 우리 대표가 나가 있는데, 그 사람이 우리 결정을 받아서 전 지구적 차원에서 그것을 밀고 나갈 거예요. 여전히 논쟁이 벌어지고는 있지만 늘 합의에 도달할 수 있었죠. 몇 년 전에 전 지구적 생활수준을 결정한 뒤로 이제 만장일치에 이르기가 훨씬 쉬워요."

"라파스요?" 게스트가 놀라움을 가까스로 누르며 물었다.

"그래요, 때로 이곳이 좀 지엽적이라는 느낌이 들어요." 이디스가 별생각 없이 말했다.

두 사람은 기숙사 현관을 나와 텃밭으로 들어갔다. 건물 옆면을 빙 두른 덮개 아래로, 다져진 흙 위에 자전거들이 아무렇게나 줄지어 놓여 있는 것이 보였다. 그 뒤로 작은 은색 픽업트럭이 세워져 있는데, 내부 좌석은 운전석 외에 두세 자리뿐이었다. 임시 차고의 오른쪽 면은 기숙사 벽이고 뒤쪽은 오르막 언덕이었다. 언덕 위에 야생화가 가득하고, 완만히 올라가는 초원으로 이어지는 출입문은 정교한 조각으로 장식되어 그만큼 아름다웠다. 문이 열리더니, 빵 한쪽을 들고 나오는 아마라가 게스트 눈에 들어왔다.

"어이, 두 사람." 남은 빵을 입 속에 넣은 뒤 손가락을 빨며 아마라가 말했다. 자전거에 올라타고는 핸들에 달린 헬멧을 썼다.

"아마라, 어디 가요?" 게스트가 물었다.

"시내에 가." 그녀가 미소를 띠며 대답했다. "오후 근무시간 전에 오랜 친구를 만나려고."

천천히 자전거를 몰고 멀어지는 아마라에게 두 사람은 손을 흔들었다. 게스트의 시선이 기숙사 앞쪽의 텃밭으로 옮겨갔다. 한가운데, 덩굴 콩이 뒤덮은 기단 위에 두꺼운 안경을 쓴 대머리 남자의 조각상이 서 있었다.

"저 사람은 누구죠?" 게스트가 물었다.

"늙은 리오네츠카잖아요!" 마스코트에 환호하듯이 이디스가 외쳤다. "그러니까 레오니트 칸토로비치 말이에요. 기숙사에 그의 이름을 붙였어요. 우리가 말하는 이 '청사진 의회'에 위대한 영감을 준 인물이니까요. 우리 운동이 권력을 잡기 한참 전에 사회주의 통치의 문제점을 기술한 인물이죠."

게스트가 명판에 적힌 글을 소리 내어 읽었다. "문제는 지역 의사 결정 조직들이 전체 경제의 관점에서 각자 결정의 이점을 평가할 수 있도록 하는, 정보와 회계, 경제지표, 동기부여의 시스템을 구축하는 일이다."[2]

"언변에 능한 인물은 아니었지만, 똑똑했죠." 이디스가 말했다.

두 사람은 잠시 텃밭에 서서 햇빛과 꽃을 즐겼다. 활기찬 소리가 허공에 가득했다. 게스트는 생전 그렇게 많은 벌과 곤충과 새를 본 적이 없었다. 언덕 너머까지 숲이 뻗어갔는데, 나무 사이로 큰 사슴의 뿔이 삐죽이 나온 것을 분명 보았다고 맹세할 수도 있었다. '근데 매사추세츠에 그렇게 큰사슴이 있을 리가 없잖아.' 그가 생각했다.

"내 예감으로는 전 지구적 에너지 할당량이 향후 5년간은 1400W 정도로 결정될 것 같아요. 장기적으로 2000W까지 끌어올리는 것을 목표로." 생각에 잠겨 있던 이디스가 잠시 후 입을 열었다. "만약 그렇게 된다면 우리에게는 큰 영향이 없을 거예요. 우리는 할당량보다 덜 사용할 거고, 그러면 다른 지역에서 사회기반시설 건설에 더 많은 에너지를 쓸 수 있겠죠. 바이오연료를 너무 많이 재배할 필요가 없기를 바랄 뿐이에요. 2030년대에 남부의 거대한 BECCS 농장이 온갖 수자원과 토양 문제를 야기한 이래로 그 방향으로는 회의적이거든요."

"그게 어떻게 가능해요?" 게스트가 물었다. "그러니까 코네티컷 리버밸리의 한 농장에서 에너지 사용을 줄이면, 뭄바이에 있는 비슷한 장소에서 주거시설이나 교통수단에 에너지를 더 쓸 수 있다는 걸 어떻게 알아요?"

"좋은 질문이에요." 이디스가 말했다. "지금까지 내가 보여준 건 수학적 최적화 도구를 사용해서 우리가 만들어낸 계획 청사진뿐인데, 칸토로비치가 1세기 전에 하던 일과 크게 다르지 않죠. 라파스와 지역 의회들이 머리를 맞대고 어떤 청사진을 채택할지 결정하면, 모든 단계의 계획국이 컴퓨터를 켜고 각자 지구절반시스템모형을 만들기 시작해요."

"지구절반시스템모형?" 게스트가 물었다.

"설명하기 어려운데, 학교로 가요." 이디스가 잠시 생각하더니 말했다. "거기 전시물이 괜찮아요. 자전거를 타죠."

"저 트럭을 타면 안 되나요?" 게스트가 불안하게 물었다. 자전거를 안 타본 지 너무 오래였다.

"트럭은 이동할 때 도움이 필요하거나 무거운 물건을 옮기는 사람들을 위한 거예요." 게스트의 걱정스러운 표정을 보기 전에 이디스가 말했다. "걱정 말아요. 아마라처럼 천천히 가면 되니까. 이런 아침은 언제든 즐기기 좋잖아요. 하지만 버스를 탈 수도 있어요."

게스트는 안도의 한숨을 내쉬고는 말했다. "아니에요, 자전거도 괜찮아요." 어쨌든 햇빛이 눈부시고, 들판은 방에서 내다보았을 때보다 더 아름다웠다. 두 사람은 각자 자전거에 올라타고는 길을 따라 내려갔다. 채소가 자라는 완만한 언덕 풍경은 그가 언제나 좋아하는 풍경이었지만, 여러 종류의 작물이 마치 숲에서 자라는 듯한 그곳은 농장이라기보다 공원처럼 보였다.

"그래요, 우린 꽤 운이 좋아요." 상대의 얼굴에 행복한 미소가 퍼지는 것을 보고 이디스가 말했다. "저쪽 중서부 지역에는 여전히 산업식 농장이 많아요. 예전에 가축을 먹이던 옥수수가 이제는 바이오연료로 쓰이는 거죠. 다른 곡물도 여전히 그런 규모로 재배되고요. 궁극적으로는 거기서도 대평원의 절반을 재야생화하고 들소 몇백만 마리가 다시 돌아오기를 바라지만, 그 계획은 자주 뒤로 미뤄지죠." 그녀가 한숨을 쉬었다. "혁명 이후에도 변화는 느리기만 해요. 하지만 중서부에 특전은 있어요. 남는 작물을 잔뜩 모아서, 지구공학과 기후변화의 영향에서 아직 회복중이라 산출량이 훨씬 적은 곳에 보낼 수 있거든요. 당연히 우리는 기후 피난민도 받아들이죠."

몇 채의 기숙사를 더 지난 뒤로 게스트는 딴생각에 빠져 있었다. "다른 곳에서는 뭘 해요?" 그가 물었다. 이디스가 의아한 듯 그를 쳐다보았다. "그러니까 도시처럼 이미 수많은 건물이 들어선 곳에서는 다들 어떻게 사나요? 모든 걸 완전히 처음부터 다시 건설할 수는 없잖아요."

"아, 그럼요, 그건 엄청난 낭비가 될 테니까요." 이디스가 말했다. "교외에는 주거 건물을 더 짓고 공용 공간을 더 많이 만들었어요. 넓은 잔디밭을 체육시설과 소규모 작물 재배에 이용할 수 있고요. 아예 없애버려야 했던 교외도 있었어요. 지금 여기처럼요. 그대로 유지하려니 에너지와 연료가 너무 많이 들었거든요. 하지만 적어도 여기 기숙사의 목재는 재활용할 수 있었어요. 들기로는 과거에는 집을 부수면 다 쓰레기 매립지로 보냈다죠." 넌더리가 난다는 듯이 그녀가 인상을 썼다. "낡은 건물을 재사용하는 방안에는 일반적으로 다들 창의적이었어요. 요즘 아주 흔하게 배정되는 일이 건물에너지합리화사업retrofitter이에요. 벽에 단열을 더 넣고, 큰 저택을 나누어 다가구 공동주택으로 만들고, 전체적으로 저탄소 미래 도시와 마을을 준비하는 일이죠."

20분 정도 지나 그들은 학교에 도착했다. "셔멋대학교에요!" 이디스가 자랑스럽게 말했다.

첫눈에 학교 건물은 기숙사와 비슷해 보였다. 훨씬 크고 우람한 떡갈나무 수풀이 그늘을 드리우고 있다는 점만 빼면. 높은 화단이 건물을 빙 둘러싸고, 그 사이로 야외용 칠판과 의자들이 군데군데 놓여 있었다. 건물 안으로 들어갔을 때 게스트는 엉망진창으로 보이는 광경에 순간 움찔했다. 천장이 유리로 된 거대한 중앙홀이 있었고, 임시로 만든 교실처럼 탁자와 책상이 아무렇게나 놓여 있었다. 어떤 탁자 위에는 흙과 이파리가 흩어져 있고, 다른 탁자에는 네모난 덩어리들이, 또다른 탁자에는 전자 부품이 있었다. 그 방을 중심으로 밝게 장식된 온갖 크기와 모양의 방들이 가지를 치며 이어졌다. 이디스가 오른쪽 방으로 곧장 들어갔기 때문에, 게스트는 급히 따라 들어갔다. 방안에는 큰 스크린을 향해 여남은 개 책상이 놓여 있었다. 이디스가 단추 몇 개를 누르자 스크린이 켜지면서 몇몇 도표와 그래프로 둘러싸인 지구 지도가 나타났다.

"어떤 계획을 따를지 일단 방향을 잡으면 중앙 설계자들이 수학자와 노동자 대표들과 협업해서, 전 지구적 계획의 목표를 달성하려면 건설과 산업과 농업이 어떻게 바뀌어야 할지 그 모형을 제작해요." 이디스가 설명을 시작했다. 각자 다른 방향으로 움직이는 다양한 선 그래프가 화면에 나타났다. 게스트는 오렌지색 선이 위로 올라갈 때마다 초록색 선은 아래로 내려간다는 것을 알아차리고 그에 대해 물어보려고 했는데, 그가 입을 열기 전에 이디스가 먼저 말을 꺼냈다. "프로그래밍 공부를 했다고 했죠? 그럼 수학 실력이 나쁘지 않겠네요, 그렇죠?"

게스트가 고개를 끄덕였다. "형편없진 않은데, 혹시 모르니 살살해줘요. 소셜 미디어에서 주로 일했거든요."

"좋아요." 이디스가 웃으며 말했다. "여기 학생들이 얼마나 수학을 잘하는지 우리가 좀 놀랐거든요. 여가에 수업을 듣는 나이 지긋한 분들이 특히 더 그래요. 그분들이 수학을 잘하리라고 전혀 예상 못 했는데, 아마 큰 그림을 보여줘서인가 봐요. 계획을 효율적으로 세우지 못하면 사회주의는 실패할 테고, 수학 없이 계획을 세울 수는 없죠. 정치는 적분을 연습할 타당한 명분이에요."

이디스가 화면 쪽으로 몸을 돌렸다. "지구절반시스템모형은 환경시스템에 끼칠 영향을 계산하는 내내 철도 수천 킬로미터를 놓고 배터리 수백만 개를 만들 자원의 흐름을 시뮬레이션해야 해요. 한 부분에서 변화가 일어나면 다른 모든 부분에 영향을 끼치죠. 환경에도요. 예를 들어, 부족한 철도노선 탓에 뉴잉글랜드 시골 지역의 에너지 할당량에 제약이 생기면 그 차이를 메꾸기 위해 덜 효율적인 바이오연료 버스를 이용할 수밖에 없게 되죠. 기차역이 새로 생기면 그와 결부되어 에너지 할당량을 결정하는 방정식이 허용치를 조금씩 올리기 시작해요." 그녀가 완만하게 올라가는, 번개 그림이 딸린 노란색 선을 손가락으로 가리켰다. 기차 그림이 딸린 자주색 선은 훨씬 빨리 상승하고 있었다.

게스트가 오리무중의 표정을 지었는지 이디스가 소리 내어 웃기 시작했다. "미안해요. 내가 워낙 빠져 있는 일이라." 한 손으로 반대편 팔을 문지르며 그녀가 말했다.

"아니에요, 진짜 멋있어요!" 게스트가 말했다. "단지 저런 일이 실제로 어떻게 이루어질지 여전히 확신이 들지 않아서요. 그 모든 자료가 어떻게 수집되어 애초의 계획과 결합되나요?"

이디스가 잠깐 생각해보더니 미소를 지으며 말했다. "가령 한 지역에서 대중교통 프로젝트가 뒤처지고 있다고 해봐요. 가령이라고 할 것도 없죠. 혁명 전에도 대중교통 건설 부문은 진행이 느렸고 지금도 느리니까요." 상대가 웃으리라 예상이라도 한듯 그녀가 말을 멈췄다. 게스트는 억지로 웃어줬지만, 덜컹거리고 느려터진 암트랙 기차를 타던 괴로움은 이디스는 몰라도 그에게는 생생한 현실이었다.

"어쨌든 왜 프로젝트 진행이 늦어지는지 알아보기 위해 계획국은 노동자와 논의도 하고 보고된 자료도 사용할 수 있어요. 어쩌면 강철 재활용 공장의 과부하가 문제라서 애초의 모형에서 예상했던 이상으로 많은 공장이 필요할 수도 있어요. 그런 건 지구절반시스템모형에서는 문제라고 할 것도 없어요. 모형을 다시 현실에 맞게 조정하기 위해 기후학에서 빌린 방법을 사용하거든요."

"그런데 당신이 줄곧 언급하는 합의된 새로운 계획은 뭐죠?" 게스트가 물었다. "이미 지구절반시스템모형 단계에 들어선 줄 알았는데요."

"우리는 항상 미래의 새로운 청사진을 만들고 있어요." 이디스가 대답했다. "현재에 대한 끝없는 불만족, 그것이 민주주의의 본성이잖아요. 우리는 끊임없이 배우고, 새로운 걱정거리는 늘 생겨요. 예를 들어, 다음 의회 회기에서 어업이 얼마간 금지될 거예요. 얼마간은 해양 동물과 탄소순환의 관계를 전보다 더 잘 알게 되어서지만, 동물권 운동이 훨씬 강력해져서이기도 해요. 어쨌든 일단 매사추세츠의 지역 청사진을 끝내고 나면 대중에게 공개할 거고 그러면 활발한 논의가 이루어지겠죠." 이디스의 얼굴이 씰룩였고, 게스트는 '활발한 논의'에 고성도 조금 오가리라 상상했다.

모니터를 끄고 중앙홀로 돌아온 두 사람은 잠시 말없이 서 있었다. 게스트의 시선이 토양 샘플이 가득 놓인 탁자 옆의 칠판에 적힌 질문 목록에 닿았다. 멀어서 인상을 써가며 읽었다.

조별 시험 (5학년)
"여러분은 여러분의 집을 얼마나 잘 알고 있나요?"
• 여러분의 생태지역의 한도를 정의해보세요. 각자 선택한 한

계를 정당화할 수 있어야 함.

- 달이 완전히 차오르기까지 며칠이 걸리나요? (2-3일 오차 범위 내)
- 여러분이 사는 집 주변의 토양을 설명해보세요.
- 여러분이 사는 지역에서 겨울 태풍은 일반적으로 어느 방향에서 불어오나요?
- 여러분이 사는 지역의 나무종 다섯 가지의 이름을 적으세요. 그중 토종은 무엇인가요?
- 지금 앉아 있는 지점에서 북쪽을 가리켜보세요.
- 여러분이 사는 지역에서 한결같이 봄에 가장 먼저 피는 야생화는 무엇인가요?
- 간밤에 별이 보였나요?
- 여러분이 사는 지역의 두드러진 지형 일곱 가지를 적어보세요. 거기에 어떤 언어가 쓰였나요?
- 여러분의 삶에서 여러분의 생태지역과 무관한 면모 다섯 가지를 들어보세요. 그것은 지구의 어느 다른 지역에서 지원받나요?

질문지를 뚫어지게 보는 그를 보고 이디스가 웃었다. "꽤 어려운 시험이에요, 그렇죠?"

"그렇네요." 게스트가 말했다. "저런 건 생전 처음 봐요."

"도끼자루아카데미Axe Handle Academy'에서 받은 시험이에요. 오래전 1980년대에 알래스카원주민지식네트워크Alaska Native Knowledge Network: ANKN의 일환으로 제안된 커리큘럼이죠.[3] 지구절반 사회주의로 우리가 하려는 일에 딱 맞는 것 같아서요." 이디스가 말했다.

"나로서는 두세 문제 빼고는 답을 못하겠는데요. 열 살짜리도 아닌데 말이죠." 게스트가 말했다.

"사회주의 교육이 어떤 식이어야 할지 아직 완전한 결정에 이르진 못했어요." 이디스가 생각에 잠겨 말했다. "하지만 몇 가지 원칙은 있죠. 자유롭고 비판 의식을 기르는 평생교육이어야 한다. 우리 사회는 만인의 참여에 기초하기 때문에 사람들이 알아야 할 구체적인 내용이 아주 많아요. 수학과 자연과학은 계획에 꼭 필요한데, 그것만 있다고 되는 건 절대 아니죠. 자연의 취약성에 대한 이해심과 과거와 현재의 문화적 지혜에 대한 깊은 존경심이 있어야 해요."

두 사람은 잠깐 말없이 다시 시험 문제를 바라보았다.

"예전의 개혁은 한계가 있었어요." 이디스가 말했다. "좀더 생태친화적으로 살라거나 사회가 좀더 민주적이 되어야 한다는 요구가 실제 사람들이 사는 구체적 현실이나 자본의 이해관계와 갈등한다면 절대 확고히 자리잡지 못해요. 현재 새로운 세상에서도 인간 본성에 대해 배울 것은 여전히 많아요."

게스트는 탁자 하나를 골라 자리에 앉은 뒤, 전자부품을 옆으로 치워 팔꿈치를 얹을 자리를 마련했다. "아마라가 말하길 이곳이 곧 문을 닫는다던데요." 게스트가 말했다. "진심으로 애석하네요.

천국 같은 곳인데."

"우리는 새로운 사회를 건설하고 있어요. 모두의 정신을 고양하면서 이 행성에 수 세기 동안 안전하게 존재할 수 있는 사회지요." 이디스가 말했다. "그런 일은 하룻밤 새에 일어날 수 없고, 임시적인 조치들도 필요해요. 이 농장은 그런 조치 중 하나였고, 항상 그런 식이었어요."

"하지만 기숙사와 밭과 사람들은 다 어떻게 되나요?" 게스트가 물었다.

"그건 우리가 결정해야 해요." 이디스가 말했다. "전 지구적 설계자들은 장기적으로 이곳을 대부분 재야생화했으면 해요. 대다수 계획에서 목재 수요를 맞추려면 조림지는 일부 필요하다고 보지만요. 기숙사를 어떻게 할지는 그들의 관심사가 아니에요. 대강의 계획이라고 했던 것 기억하죠?"

"그래서 어떻게 할 건데요?" 게스트가 물었다.

"저녁 식사 자리에서 논의를 시작했어요." 이디스가 말했다. "기숙사는 조립식이라 쉽게 해체해서 다른 건물에 쓸 수 있어요. 하지만 개인적으로는 아마라의 방안이 마음에 들어요. 야생 관리와 교육센터가 합쳐진 장소로 바꾸자는 거예요. 이 지역 전체를 일종의 거대한 '도끼자루아카데미'로 바꾸기 위해 인근 대학과 원주민 지도자들과 논의중이고, 거기에 아마라가 참여하고 있어요. 아마라는 언어 능력이 뛰어나서 여러 언어를 구사하거든요. 자랑하는 법은 없지만. 토착 언어 부흥을 위한 기관이 이곳에 자리잡는다는 생각에 잔뜩 신이 나 있죠. 문화와 과학이 융합되어 서로를 떠받치면서 니프먹 민족의 주도 아래 다른 유형의 보존을 이루는 멋진 일이 가능해요. 그 운동이 저 북쪽에서는 이미 뿌리를 내렸어요. 캐나다에서 메티스 혼혈이 처음으로 총서기로 선출되었다는 얘기는 들었죠? 루이즈 리엘Louise Riel 말이에요."

게스트는 고개를 저으며 미소를 지었다. 두 사람은 중앙홀에서 나와 바깥 햇살이 비치는 곳으로 들어갔다. 눈부신 정오의 햇살에 게스트는 눈을 깜박였다. 자전거를 타고 쌩하니 지나가는 사람이 이디스의 눈에 들어왔다. "이봐요, 카르멘!" 그녀가 소리쳤다. 자전거가 끽 소리를 내며 멈췄고, 자전거를 타던 사람이 폴짝 뛰어 우아하게 착지하는 동시에 자전거는 옆으로 쓰러졌다. 발목께에서 흙먼지가 피어올랐다. 몸을 숙여 자전거를 붙들더니, 마치 처음부터 그렇게 갑작스레 멈출 계획이었다는 듯이 아무렇지도 않게 자전거를 끌고 게스트와 이디스 쪽으로 왔다.

"어이, 이디스." 카르멘이 말했다. 나이를 먹지 않는 햇빛에 그을린 얼굴을 짧게 자른 검은 머리가 둘러싸고 있었다. 눈가와 이마의 주름은 나이나 지혜나 웃음기의 뚜렷한 표시일 법했다.

"카르멘, 이쪽은 윌리엄." 이디스가 말했다. "여기 처음 왔어요. 이곳을 돌아다니며 설명을 해주는 중이죠. 아바나의 계획국도 모른다니까요."

카르멘이 눈썹이 치켜 올라갔다. "와, 정말 처음인가 보네. 이디스가 어디에 배정해줬나? 십중팔구 고된 노동이겠지. 싫으면 싫다고 해도 돼요." 그녀가 게스트를 장난스럽게 팔꿈치로 쿡 찌르며 말했다.

"아, 그만해요." 이디스가 어이없다는 듯이 말했다. "평범한 농장 허드렛일부터 시작할 거예요. 운 좋게 아마라를 먼저 만났거든요. 당신 쪽이 아니라."

카르멘이 웃으며 게스트를 향해 말했다. "조립라인에서 일하면 특전이 있다는 말을 이디스가 했나? 농장일은 보수 등급이 중간 정도야. 사무직보다는 위쪽이지만 고차원 훈련이 요구되는 즐겁지 않은 육체노동보다는 아래지. 나라면 케이프에서 시간을 더 보낼 수만 있다면 기꺼이 공장 교대근무를 조금 더 하거나 잭해머를 들고 낡은 고속도로 뜯어내는 일을 할 텐데."

이디스가 웃으면서 짐짓 꾸짖는 투로 말했다. "생각이 너무 자본주의적이잖아요. 그런 일은 해변에서 시간을 더 보내기 위해서가 아니라 더 좋은 세상을 건설하기 위해서 해야 하는 거예요. 하지만 의도야 어떻든 그런 일꾼들이 없다면 우린 아무것도 아니죠."

카르멘의 얼굴이 자부심으로 밝아지더니 과장되게 허리 숙여 절을 했다. "마침내 이디스가 칭찬을 해주는군!"

이디스는 그 말을 그냥 넘기고는 물었다. "윌리엄을 데리고 가서 점심을 함께 먹을 수 있을까요? 공장도 좀 보여주고요. 카르멘 말도 맞는 것이, 당신이 원하면 당연히 공장 교대근무를 할 수 있어요. 그쪽에 흥미가 있으면 시스템 내 당신 지위를 농장노동자에서 공장노동자로 바꿔줄게요. 양쪽 다 일손은 부족하니까, 어느 쪽을

택하든 전혀 상관없어요." 그녀는 완만한 언덕의 밭에 정신이 팔린 게스트를 바라보았다. "하지만 교육프로그램에 배당한 건 잘한 일이었네요."

눈을 깜박이며 딴생각에서 벗어난 게스트가 이디스의 말은 다 들었다는 듯이 고개를 끄덕였다.

"좋아요, 나랑 갑시다, 윌리엄." 카르멘이 말했다. "당신을 저 히피들의 수중에서 빼낼 수 있을지 한번 봅시다."

"맙소사." 자전거에 올라타고 길을 따라 내려가며 이디스가 말했다. "저녁 식사 때 봐요, 윌리엄!" 어깨 너머로 그렇게 소리쳤다.

게스트는 자전거에 올라타서 밭이 있는 쪽으로 페달을 밟았다. 고개를 들어보니 카르멘은 뒷바퀴에서 피어오르는 흙먼지를 달고 이미 저만치 가고 있었다. 게스트는 엉덩이를 들어 페달을 힘차게 밟으며, 카르멘을 따라 흙길을 달려갔다. 허벅지가 달아오르고 이마에는 땀이 맺혔다. 이 정도 운동도 몇 년 만에 해보는지 몰랐다. 그가 다시 밭을 쳐다보니 울타리를 세우고 잡초를 뽑고, 일찍 여문 콩을 수확하는 사람들 무리가 보였다. 다들 얼마나 건강하고 편안해 보이는지 감탄이 나왔다.

"어이, 윌리엄." 카르멘이 소리쳤다. "공장에 다 왔으니 백일몽은 그만 꾸지." 게스트가 눈길을 돌리니 거대한 빨간 벽돌 건물이 앞에 있었다. 태양광 패널이 건물을 덮고 있고 근처에도 패널들이 둥글게 놓여 있었다.

"태양광 패널 공장에 온 걸 환영하네!" 브레이크도 잡지 않고 자전거에서 뛰어내려, 좀 아까처럼 천연덕스럽게 땅을 디디며 카르멘이 말했다. "솔직히 공장이 여기 이러고 있는 게 말이 안 되긴 해. 뉴잉글랜드에는 규소(실리콘)가 많이 나지 않으니, 재료를 다 이쪽으로 운송해야 해서 비효율적이거든. 하지만 우리가 가진 생산력과 기술력이 상당하니, 여기서 생산을 좀 하는 게 최적일 거라는 설계자의 계산을 따르기로 했지." 카르멘은 이미 태양광 패널 사이를 가로질러 공장 입구 쪽으로 걸어가고 있었기에, 게스트는 또다시 급히 따라잡았다.

"지금 바로 일하는 건가요?" 게스트가 가쁜 숨을 몰아쉬며 물었다. "태양광 패널 만드는 일은 전혀 아는 바가 없어요."

"아니." 카르멘이 말했다. "공장 식당에서 점심을 먹으려는 거야. 난 오후 교대근무인데, 분명 나중에 농장으로 갈 사람이 있을 거야. 그 사람을 따라가면 돼."

두 사람은 현관을 지나 LED로 환히 밝힌 하얀색 복도로 들어섰다. 푸른 가운과 수술용 마스크를 쓴 한 무리의 사람들이 지나가서 약간 병원처럼 보였다. 창문 너머로 화학약품 통이 가득한 제조현장이 보였다. "논밭처럼 낭만적이진 않아, 그렇지?" 카르멘이 말했다. "이곳을 아주 깨끗하게 유지하지 않으면 패널 효용성이 떨어지거나 아예 못 쓰게 될 거야."

게스트가 인상을 찌푸리며 말했다. "사회주의에서는 로봇이 불쾌한 노동은 다 하리라 생각했는데."

"사회주의는 마술이 아니야!" 카르멘이 자기도 모르게 코웃음을 치며 내뱉더니, 당황하며 손으로 입을 가렸다. "이윤이라는 동기가 사라지면 오히려 자동화의 속도도 느려지지. 고된 노동은 한참 지속될 거야."

"그러면 여기서는 왜 일들을 하나요? 이거 사회주의잖아요, 그렇죠? 그냥 집에 박혀 있어도 굶어 죽거나 집에서 쫓겨나는 일은 없을 텐데요."

"자네야말로 자본가처럼 생각하는구만!" 카르멘이 말했다. "다들 사리사욕만 따지며 추가적인 보상이 있어야 반응한다는 생각에 사로잡혀 있으니 말이야. 물론 그런 경향이 아직 있기는 하지. 다른 일보다 고되어서 마음이 덜 가는 일이 있고, 그런 일을 할 사람을 충분히 모으려면 명망이나 의무감만 가지고는 안 된다는 사실을 설계가와 위원회도 다들 이해한다네. 이디스가 휴가를 더 쓰는 얘기를 했는데, 난 기차를 타고 해변에 가서 예전의 화려한 저택을 개조한 리조트에서 묵는 걸 정말 좋아해. 거기에 더해서 추가 크레딧과 주택 우선권이 주어지면 더 좋고."

모래사장과 짠 바닷바람이 떠오르는지 카르멘이 말을 멈추고 미소를 지었다. "하지만 내게 가장 중요한 것은 노동시간이 짧다는 거야. 여기서는 일주일에 나흘만 일하면 되거든! 철마다 변동이 있긴 하지만 농장노동자들은 대개 일주일에 닷새를 일하지. 그래서 심심해지면 일을 더 하거나 때로 농장에서 일손을 거들기도 해."

카르멘은 말을 멈추고 미소를 지었다. "광산이나 제조업 같은 다른 힘든 일도 높은 보수를 받으니 좋은 일이지. 여기 일보다도 한참 높아. 여기 일은 규소 정제에 비하면 꽤 수월하거든. 예전에 그 분야는 거의 노예제 같았어. 지금은 적어도 그 사람들이 주도권을 잡고, 노동조건이나 보상에 대해 설계자와 위원회와 마주앉아 논의하지.”

두 사람은 어느새 식당 안에 들어섰고, 긴 탁자에 앉은 서너 명의 노동자 곁에 자리를 잡았다.

“이쪽은 윌리엄.” 카르멘이 말했다. “한동안 해외에 나가 있었다는군. 정말이지 함께 대화를 나누다 보면 20년대로 돌아간 기분이 들어.”

“토머스.” 왼손에 팔라펠(병아리콩이나 누에콩으로 만드는 튀김 요리로, 주로 중동 지역에서 즐겨 먹는다—편집자)을 들고 먹던 사람이 오른손을 내밀며 말했다.

“옥타비아.” 다음 사람이 게스트와 악수를 하며 말했다. 그녀는 토머스를 향해 눈을 부라렸는데, 그러자 토머스는 입을 벌린 채 과장되게 음식을 씹기 시작했다.

“어디 묵어요?” 물 한잔을 들이킨 후 토머스가 물었다.

“기숙사요.” 게스트가 대답한 뒤 머릿속을 뒤졌다. “11 농업 구역에 있는.”

그 말에 다들 웃음을 터뜨리는 바람에 게스트는 어리둥절한 표정이 되었다. “아무도 그런 식으로 말하지 않아, 윌리엄!” 카르멘이 말했다. “내가 공짜로 조언을 해주지. 그냥 농장에서 일한다고만해. 몇 구역이니 몇 번이니 몇 조니 하는 건 이디스에게 맡겨두고.”

"난 그런 기숙사 너무 싫던데." 옥타비아가 스튜를 떠먹으며 말했다. "사생활이라고는 없는 느낌이거든요. 아파트가 훨씬 좋아요. 개인 주방과 화장실에, 여기저기 캐고 다니는 이웃도 없고."

"여전히 나는 아이가 있으면서 기숙사에서 나간 건 미친 짓이라는 생각이야." 토머스가 강조하듯 팔라펠을 흔들며 말했다. "아이 있는 부모들은 다들 기숙사에 사는 걸 좋아하잖아. 언제든 아이를 봐줄 사람이 있으니까! 요리할 필요도 없고 밥 먹고 치울 필요도 없고. 거대한 확대가족처럼 말이야. 실제 가족들이 기숙사에 많이 살기도 하고."

"늙은이들 없이 각자 좋아하는 가족을 이루는 방법이니까." 잠깐 진지해지며 카르멘이 말했다.

"나도 나이들면 거기서 살 것 같아요." 옥타비아가 말했다. "기숙사에는 어르신들이 많잖아요. 거기 사는 걸 아주 좋아하시죠. 눈빛만 봐도 알겠어요. 아이들도 봐주고 텃밭도 가꾸면서 여러 방법으로 지역사회를 도울 수 있죠. 생산성 없다고 구석에 처박아두던 옛날에 비하면 훨씬 나아요." 그녀가 말을 멈췄는데, 그 얼굴에 잠깐 넌더리가 난다는 표정이 스쳤다. "지역 계획국에서 일부 기숙사에 간호사와 의료 장비를 들일 것을 제의했다는 말을 들었어요. 노인을 돌볼 수 있게 방을 개조하는 거죠. 멋진 방안이잖아요? 나이들어서 보살핌을 받을 수 있다면 좋은 일이죠."

"그런데 지금은 아니다?" 토머스가 물었다.

"아이가 생기면 다들 참 관심도 많다니까." 옥타비아가 말했다. "의견이 얼마나 많은지. 어쨌든 학교에 돌봄센터가 있잖아. 난 화장실에서 느긋하게 시간을 보낼 수 있기를 바란다고."

"각자 원하는 대로 하는 거지." 카르멘이 말했다. "하지만 전력은 더 많이 소모하지." 게스트에게 눈을 찡긋해보이며 그녀가 말했다. '늘 분란을 일으키네.' 그가 생각했다.

"그렇게 많이 소모하지도 않아요!" 옥타비아가 말했다. "그건 그렇고 농장에서 어르신이 어울리는 그 독선적인 인물들―기분 나쁘게 듣지는 말아요, 윌리엄―이 750W 할당량을 밀어붙인다니 믿을 수가 없어요. 위기가 있다는 건 알겠는데, 그래도 말이 안 돼요. 그쪽에서 그렇게 맘대로 하면 조만간 모두 기숙사에 살게 될걸요."

"옥타비아는 사실상 자유주의자야." 카르멘이 다시 눈을 찡긋하며 말했다.

"아니에요! 그만해요, 카르멘!" 그녀가 말했다. "난 그저 더 많은 할당량을 정하는 대표에게 투표한다는 거예요. 1750W를 사치라고 할 순 없잖아요."

"새로 지어야 할 기반시설이 얼마나 많은데, 그렇게 하기는 힘들지." 토머스가 말했다. "당신 남편더러 수소 연구에 박차를 가하라고 해. 우리의 편리를 위해 밤샘 공부라도 하라고."

"수소 비행기를 타고 어디 가면 정말 좋을 것 같아." 카르멘이 말했다. "타히티섬이라든가."

"해변은 어디나 똑같아요." 옥타비아가 말했다. "여행 할당량을 늘 케이프에 다 쓰시다니 참 놀라워요. 산이 훨씬 더 아름다운데."

카르멘이 벌떡 일어나더니 화난 시늉을 하며 말했다. "그만 해!" 그러곤 게스트에게 손짓을 하며 말했다. "먹을 걸 가져와야지." 두 사람은 음식을 받으러 갔다.

"스테이크가 또 없네?" 군데군데 흰 가닥이 있는 곱실거리는 턱수염을 가진 남자가 누구에게랄 것 없이 투덜거렸다. 그는 게스트와 카르멘 앞쪽에서 쟁반을 들고 선 채 그날의 메인 요리를 못마땅하게 바라보았다. 그의 불평을 게스트는 이해할 수 없었다. '시골풍 스튜'라는 이름 아래에 푸른 감자와 적양파, 노랗고 빨간 향긋한 토마토(아마 토착종일 것이다), 그리고 수제 글루텐 소시지가 가득 든, 맛있어 보이는 음식이 냄비에 담겨 있었기 때문이다. 하지만 그는 그때까지 종일 아무것도 먹지 않았으니 무엇이든 앞에 있으면 게걸스럽게 먹어 치울 것이었다.

"아, 적당히 해, 코너." 카르멘이 말했다. "지금 위기 상황이라고, 알잖아."

"돼지한테나 줄 음식이야." 코너가 노려보며 말했다.

카르멘이 고개를 절레절레 흔들더니 게스트에게 속삭였다. "괜찮아. 오늘 좀 까칠하네."

카르멘이 탁자 쪽으로 움직이는 사이 게스트는 잠깐 주저했다. "돈은 어디서 내죠?"

"크레딧으로 말야?" 카르멘이 말했다. "그건 여기서는 쓸 필요가 없어. 공장 지도부가 필요한 음식은 전부 넣어주니까."

게스트가 얼굴을 찌푸리며 물었다. "크레딧이 뭘 하는 거죠?

돈 같은 건가요?"

카르멘이 그를 보며 생각에 잠겼다. "약간은." 함께 탁자로 가며 그녀가 말했다. "식료품점이나 카페에서 쓸 수 있는 음식 크레딧이 있어. 기숙사에 사는 사람들은 그곳에서 밥을 먹으니까 조금만 받지만, 옥타비아 같은 사람들은 장을 봐야 하니까 더 받지. 그건 옥타비아에게 물어봐."

"다른 물품은요?" 게스트가 물었다.

"각자 원하는 이런저런 사소한 물품을 위한 크레딧이 있긴 한데, 별로 쓸 일이 없어서 아마 놀랄걸. 주거, 음식, 교육, 의료가 다 무상으로 보장되니까 돈 쓸 일이 별로 없어. 게다가 자원 집중적 물품은 모두 별개 시스템에서 담당해. 예를 들어, 장거리 운송은 따로 요청을 넣어야 해. 특히 기숙사에 살면 달리 크레딧을 쓸 일이 없어. 기숙사 지도부가 각 건물의 주문을 처리하니까, 자전거 타이어나 셔츠가 필요하면 달라고 하면 돼." 옥타비아와 토머스 옆에 자리를 잡으며 카르멘이 말했다. "크레딧과 요청시스템 이야기를 하고 있어." 두 사람을 대화로 끌어들이려 그녀가 말했다.

"기숙사에 사는 사람이 많진 않아요." 옥타비아가 말했다. "대부분은 나처럼 종래의 아파트에 살고, 그 경우 시스템과 접촉해야 할 일이 훨씬 많이 생기죠. 작년에 오븐이 완전히 망가졌어요. 구제불능이라 그 히피 수선공도 고쳐봐야 소용이 없다고 했죠. 재활용하라고 하더라고요. 듣고 싶지 않은 말이었는데. 가전제품은 늘 부족하거든요. 큰 가전제품은 더 그렇고, 가족 단위는 기숙사나 식당 주방보다 우선순위에서 밀리니까요. 요청했는데 무지하게 오래 걸렸어요."

그녀는 말을 멈추고 마지막 남은 빵조각을 집어 남은 스튜를 닦아 먹었다. "엄청나게 골치 아팠어요. 하루 날잡아 오후 내내 파고들었더니 이젠 오븐 생산에 도가 텄어요. 한 달 반 동안 가스레인지로 요리했고, 몇 번 케이크를 구워야 할 때는 이웃들이 친절하게도 오븐을 쓰게 해줬어요. 어쨌든 시스템은 짝 맞추기 알고리즘으로 요청을 처리해요. 필요한 오븐 수의 추정치를 거대한 계획모형 안에 집어넣어요. 한 달 요청 수의 등락에 따라 발열체에 들어가는 니크롬 같은 기본 모형의 원자재 공급을 조절하겠죠. 가령 오븐 요청이 적으면 전기난로의 생산을 늘리는 식으로요. 완성된 오븐은 우선순위에 따라 배급돼요. 우리는 처음에는 우선순위에서 한참 떨어져 있었지만 오래 기다린 끝에 맨 위로 올라갈 수 있었죠."

"기숙사에 살아야 할 또 하나의 이유지." 토머스가 웃으며 말했다. "우리도 오븐 하나가 망가졌는데 일주일 만에 새 오븐을 받았거든."

"식료품 같은 자잘한 것들은 어때요?" 게스트가 옥타비아를 보며 물었다. "아니면 책상이나 옷이나 새 커튼 같은 것들은?" 돈이 가장 많이 드는 생활 요소가 충족되고 나니, 놀랍게도 달리 사야 할 물품을 떠올리기가 무척 힘들었다.

"카르멘이 음식 크레딧 얘기는 했겠죠?" 옥타비아가 대답했다. "살면서 필요한 온갖 자잘한 것의 경우엔 시장사회주의 요소가 좀

235

있어요. 설계자들이 가격 실험을 거쳐 수요와 공급과 환경비용이 딱 맞아떨어지는 지점을 찾아요. 아무래도 운송 때문에 커피와 코코아는 좀 비싸지만, 그런 건 오래 가니까 열대과일만큼 비싸진 않죠. 겨울에는 플로리다에서 오렌지를 받지만 양이 많지는 않아요. 그런가 하면 예전에는 전혀 몰랐던 이 지역 토종 딸기는 아주 많이 받아요. 곡물과 토종 과일과 채소는 가장 값이 싼 물품이고, 겨울에는 직접 만든 저장 음식을 많이 먹어요. 다들 필요 이상으로 크레딧을 갖고 있지만, 뭘 먹을지는 각자 알아서 하는 거죠. 다른 물품도 운용 방식은 비슷해요."

그들은 식사를 다 마치고 그릇을 배식대에 갖다 놓았다. "난 일하러 갑니다." 카르멘이 딱딱하게 경례를 붙이며 말했다. "토머스, 지금 한가하지? 윌리엄을 농장에 데려다줄 수 있을까?"

"그럼요." 그가 말했다. 카르멘과 옥타비아는 공장 안쪽으로 들어갔고, 토머스와 게스트는 반대쪽으로 나와 햇살 아래 섰다.

"예상보다 점심시간이 길어졌네." 토머스가 말했다. "사회주의자들이 워낙 모임을 좋아해서 말이죠."

"맞아요." 게스트가 웃으며 말했다.

두 사람은 자전거를 타고 농장으로 돌아갔는데, 그곳이 얼마나 편안하던지 게스트는 스스로도 놀라웠다. 그의 생각을 읽기라도 한 듯, 누군가 옆에서 크게 그를 부르는 소리가 들렸다. 그가 돌아보자 아마라가 손을 흔들었다. 아마라는 넓은 챙이 달린 모자를 쓰고, 장화를 신고, 두꺼운 장갑을 끼고는 몇십 명의 일꾼들 사이에서 있었다.

"난 저리로 갈게요." 그가 토머스에게 말했다. "만나서 반가웠어요." 상대는 고개를 끄덕인 후, 게스트가 천천히 고개를 내려가는 사이 쌩하니 가버렸다.

"크게 실수한 거야." 재빨리 그를 안아준 뒤 아마라가 말했다. "일을 시킬 거거든, 신참!"

모여선 사람들이 큰 소리로 웃었다. 아마라가 그에게 장화와 장갑, 모자와 작업복을 건네주었다. "내일이나 볼 줄 알았는데 말이야. 이거 입고 땀 뺄 준비나 하라고." 그녀가 말했다.

게스트는 하라는 대로 했지만, 민망하게도 작업복을 입느라 시간이 좀 걸렸다. 아마라는 기다리지 않고, 그가 낑낑대며 작업복 밑자락을 장화 속으로 구겨 넣는 동안 농사짓는 방법을 설명하기 시작했다.

"이 밭에서는 '세 자매'라고 부르는, 옛날부터 내려온 작물을 심네. 옥수수와 콩과 겨울호박이지." 아마라가 말했다. "이 지역 원주민인 니프먹 종족에게 오래전부터 전해내려오는 기발한 조합이야. 물론 여전히 이곳에 살고 있는 종족이지. 콩 덩굴이 나무 막대나 쇠막대 대신 키 큰 옥수숫대를 타고 올라갈 수 있어. 콩에서 발산되는 질소가 옥수수와 호박의 비료가 되어주고, 까슬까슬한 호박 줄기가 동물의 침입을 막지. 힘을 합해 산출량을 늘리고 토양의 건강을 지켜주는 거야. 당연히 작업량은 늘어나지만 적어도 화학 농약이나 화석연료는 쓸 필요가 없어."

237

그녀가 말을 멈추고 호박덩굴을 들어 커다란 노란색 꽃을 보여주었다. "이게 잘 자라면 크리스마스 만찬에 딱 좋은 훌륭한 버터넛 스쿼시가 되겠어." 그녀가 말했다. 이번엔 콩나무 줄기를 잡아당겼다. "콩을 키울 때 격자 구조물을 쓰는 밭이 많은데, 아직도 옥수수는 대부분 서부의 산업식 농장에서 키우기 때문이지. 이제는 종래의 조합과는 다른 비율이 필요해."

그녀가 몸을 돌려 게스트를 보았다. "이런 건 학교에서 다 배울 텐데! 오늘은 나랑 배수로 작업을 하자고." 두 사람은 밭 가장자리로 걸어갔다. 작물과 숲의 경계를 이루는 배수로 작업이 반 정도 이루어져 있었다. "이걸 우리는 '배수 관리'라고 부르지. 배당되는 작업 가운데 최악. 오늘 운 좋은 날인 줄 알아, 윌리엄." 그에게 삽을 건네주며 그녀가 말했다.

모인 사람 가운데 반 정도가 두 사람과 함께 일을 시작했다. 다행히 해가 기울어 나무 꼭대기 뒤로 모습을 감췄다. 게스트는 금방 작업의 리듬을 익혔고, 타악기 소리 같은 삽질 소리가 나지막한 대화의 배경음악이 되어주었다.

"보스턴은 지금 어떤가요?" 팔뚝으로 이마의 땀을 닦으며 그가 아마라에게 물었다. "농장처럼 흙을 덮어 반을 재야생화했나요?"

"아니, 전혀 아니야." 아마라가 웃으며 말했다. "하지만 이젠 도시와 시골의 격차가 덜 하지. 요즘에는 이곳에 나와 작물을 기르는 노동자가 훨씬 많아졌으니까. 화석연료에서 빠져나온 노동력이 얼마나 많은지 놀라울 정도야. 물론 여전히 기계를 많이 사용하지만, 비료라든가 다른 용도에 석유가 많이 쓰였잖아. 사람의 근육이 그 빈자리를 메꿔야 하는 거지." 그녀가 팔을 구부려 보이며 웃었다.

"도시에는 광고라든가 임시직 배달일처럼 이제는 별 의미가 없는 분야의 노동자들이 많았잖아." 그녀가 덧붙였다. "보스턴은 여전히 활기찬 곳이고, 뉴잉글랜드 설계가와 위원회의 지역 중심지이지만, 이런 작은 마을과 공동체가 다시 생기를 찾았으니 그게 멋진 일이지."

두 사람은 잠시 일에 집중했다. "지금은 훨씬 아름다워." 생각에 깊이 잠겨 있던 아마라가 입을 열었다. "보스턴 말이야. 찰스강에는 연어와 왜가리가 살고, 주차장과 골프장은 이제 정원이나 재야생화된 생태계가 되었지. 건물들도 많이 달라졌어. 예전 건물을 전면적으로 확장하고 개조하고 새로운 장비를 넣어 모두를 위한 패시브하우스를 만드는 프로그램을 추진해왔거든. 기숙사처럼 철저한 단열과 다른 온갖 방식을 써서 추운 지역은 다들 비슷한 일을 추진하는 중인데, 진행은 더디지."

"이곳 사람들은 대부분 보스턴 출신인가요?" 게스트가 물었다.

"일부는 그렇고, 또 일부는 코네티컷 리버밸리에서 왔어." 아마라가 말했다. "이런저런 유형의 기후 피난민이 꽤 많아. 카르멘은 과테말라에서 끔찍한 폭풍우로 산사태가 일어난 뒤 갓난아기일 때 이곳에 왔어. 20년대와 30년대는 지구에게 힘든 시절이었어. 자연 재난이 아주 잦았지." 그녀가 고개를 절레절레 흔들었다. "최악은 지나갔기를 바라는 마음이지만, 설계자들은 여전히 매년 심각한 화재와 폭풍이 있으리라 가정하지. 헐어내는 일이 오래 걸리니까 아마 수년 동안은 그럴 거야. 자네가 살던 곳에도 그런 문제가 있었나?"

"네?" 그렇게 되묻고 나서야 게스트는 자신이 해외에 나가 있었다고 말했던 사실을 떠올렸다. "아, 아니요, 심하지는 않았어요." 그가 급히 덧붙였다. 아마라는 미소를 지었고 두 사람은 다시 배수로 작업으로 돌아갔다.

한 시간 정도 일을 하고 나니 게스트의 움직임이 느려졌다. 땅을 파느라 어깨와 등이 쑤셔왔다. "걱정 마, 결국 익숙해질 테니." 아마라가 웃으며 말했다. "게다가 고된 일을 했으니 다른 사람보다 일찍 일을 끝낼 수 있어."

게스트는 15분가량 더 기를 썼지만 결국 두 손을 들었다. "자, 흙을 밭 옆으로 옮겨." 아마라가 외바퀴 손수레를 가리키며 말했다. 곧 게스트는 흙을 옮기고 오며가며 다른 일꾼들과 한가로이 잡담을 나누는 기분 좋은 일을 반복했다. 시간이 흘러갔다.

마침내 아마라가 그의 팔을 잡으며 말했다. "저녁 먹을 시간이야."

작업 시간이 얼마나 빨리 지나갔는지 게스트는 깜짝 놀랐다. 다들 덜거덕거리는 수레에 작업 도구를 싣고, 저녁 향기와 소리를 즐기며 말없이 자전거를 타고 기숙사로 돌아갔다. 시원한 바람이 머리를 스치고 지나가는 순간 게스트는 멀리서 울음소리를 들었나 싶었다.

"저 소리는?"

"맞아, 늑대야." 아마라가 말했다. "오래 걸리긴 했지만 다시
돌아왔어. 늑대가 생태계에 미친 영향은 놀라워. 사슴 수가 지나치
게 많아서 식물 생명주기를 교란하고 라임병 따위 온갖 고약한 질
병을 옮겼거든. 이곳은 최상위 포식자가 있어야 했어. 그것들을 다
쫓아냈으니 미친 짓이었지. 혜인이 아주 뿌듯해해."

두 사람은 기숙사로 들어갔고, 아마라가 그를 식당으로 이끌
었다. '태양광 패널 공장보다 훨씬 반갑게 맞이하는 분위기군.' 그
가 생각했다. 둥근 탁자에는 장미 문양이 들어간 식탁보가 늘어져
있었다. 모리스 작품이 틀림없다고 보았다.

"윌리엄!"

그 소리에 몸을 돌리자 두 젊은 가족과 함께 앉은 이디스가 보
였다. 게스트는 그들과 합석해서 자신의 하루를 들려주고 그들의
하루를 들었다. 마침내 자리에서 일어나 배식대로 갔다. 도덕적으
로 흠잡을 데 없던 점심에 비해 너그러운 음식은 맛이 좋았다. 바삭
하게 튀긴 호박을 먹고 나서 손가락을 빨고, 상추와 토마토가 잔뜩
들어간 커다란 검은콩 버거를 한입 크게 베어 물었다. 참깨가 뿌려
진 빵은 방금 구운 것이 분명했다. 부드럽고 폭신하면서도 겉은 놀
랍도록 바삭했다. 흑맥주는 맥아 향이 강했지만 너무 텁텁하진 않
았다. "혜인의 작품이야." 친구들을 양옆에 거느리고 옆을 지나가
며 아마라가 말했다. 함께 앉은 사람들이 그 지역 야구 리그나 음

악, 기숙사의 다음 벽화 프로젝트 등에 대해 이야기를 나눌 때 게스트는 대체로 듣기만 했다. 아이들은 뒤쪽 계단 벽에 그림을 그릴 수 있게 된 것에 특히 신이 나서 어떤 그림을 그릴지 자기들끼리 떠들었다. 대화는 몇 시간이고 이어졌고, 어떤 탁자에서는 카드놀이나 게임이 벌어졌다. 게스트는 피로감이 몰려와 양해를 구하고 먼저 일어섰다.

"어젯밤에 썼던 방을 이미 배정해놓았어요." 이디스가 말했다. "내일 아침에 일어나자마자 수업에 출석해요."

방에 들어가보니, 색색의 환영 문구로 장식되어 있었다. 뜻밖에도 눈물이 흘렀다. 손등으로 눈물을 훔쳤다. 모리스의 아름다운 조각보 이불을 덮고 누우니 마음이 점점 무거워졌다. 다음날 아침에 눈을 뜨면 자신이 떠나왔던 집으로 다시 돌아가게 될 것임을 알았다. 하지만 전날 밤 술집에서 있었던 대화를 다시 떠올리니 희망이랄까 그런 것이 자라나는 듯도 했다. 그는 마치 기도처럼 이렇게 중얼거렸다. "내가 본 것을 다른 사람도 볼 수 있다면 그것은 꿈이 아니라 미래의 전망이라고 할 수 있다."

우리는 자본주의에 살고 있다. 그 힘은 불가항력으로 보인다. 왕의 신성한 권리도 그랬다.

_어슐러.K 르 귄

영국 빅토리아시대에 아주 부유하게 살았던 윌리엄 모리스는 바이킹 영웅 전설을 번역하고 옷감을 짜고 글을 쓰고 사회주의 혁명을 위해 분투하며 일생을 보냈다. 1890년에는 초기 생태사회주의 유토피아를 다룬 『에코토피아 뉴스』라는 소설을 발표했다. 환멸에 빠진 빅토리아시대의 사회주의자 윌리엄 게스트가 마법처럼 2102년의 런던에서 깨어나는 이야기다. 주인공은 다들 건강하고 걱정 따위 없고 얼마 안 되는 아름다운 소유물에 만족하는 사회주의 영국의 낙원을 구석구석 살펴본다. 맑은 템스강에는 연어가 가득하다. 이 유토피아의 시민 한 사람이 게스트에게 이렇게 말한다. "새로운 시대인 우리 시대의 정신은 세상의 생명에 기뻐하는 것이어야 했어요. 인간이 거주하는 이 땅의 피부와 표면을 강렬하게 넘치도록 사랑하는 것이죠."[1]

노이라트와 마찬가지로 모리스 역시 유토피아가, 냉철한 혁명가가 폐기해야 할 비현실적 로맨스가 아니라 사회주의를 실현하는 실제 작업에서 긴요한 부분임을 깨달았다. 모리스는 에드워드 벨러미의 『뒤를 돌아보며』를 반박하기 위해 『에코토피아 뉴스』를 썼는데, 그렇게 해서 두 사람은 소설을 통해 사회 설계가로서 사회주의 미래를 두고 논쟁할 수 있었다. 노동의 목적, 사회와 자연의 교섭, 남녀 관계, 그리고 사회주의자가 완강한 자본주의 지배층의 수중에서 권력을 빼앗을 방법까지, 그 모두를 유토피아 소설을 통해서만 한꺼번에 논의할 수 있었다. 모리스가 생태사회주의 미래를 꿈꿨던 시대 이후로 많은 것이 변했지만 활기찬 유토피아 사회주의의 필요성은 줄어들지 않았다. 우리는 강력하지만 최근에 도외시된 이 전통에 미약하나마 공헌하고자 『지구의 절반을 넘어서』를 썼다. 모리스는 자기 시대에 필요한 사회주의를 이해하고 건설하기 위해 솜씨 좋은 손재주와 능숙한 언변과 지칠 줄 모르는 헌신을 동원했다. 우리는 같은 목적을 이루기 위해 역사, 수학, 철학, 전염병학, 소설, 그리고 기발한 웹사이트까지 동원했다.

이 책은 환경 재난의 시대에 사회주의라는 수수께끼를 이해하기 위해 이렇게 여러 학문을 끌어들인다. 1장에서 보았듯이, 지금 인류는 지구공학 따위의 정신 나간 계획으로 자연의 인간화를 부질없이 더 밀고 나갈 것인가, 아니면 지구위험 한계선 내에서 경제를 계획할 것인가라는 하나의 선택에 직면해 있다. 2장에서는 BECCS와 원자력과 식민적 지구절반이라는, 주류 환경론에서 제기된 세 가지 절반 유토피아 해결책의 단점을 알아보았다. 그런 뒤 광범위한 채식주의와 에너지 할당량처럼, 세계를 허무는 대안을 제시했다. 3장에서는 시장 없이 생산과 분배를 조직하는 어려운 문제와 씨름해보았다. 지구절반 사회주의는 노이라트의 실물 계산, 칸토로비치의 선형계획법, 비어의 사이버신, 오스트리아의 기후경제모형 IIASA를 비롯한 수많은 전통에서 영감을 받았다. 민주주의 계획법과 유연한 중앙 계획법 양자의 강점을 결합하여 과거 사회주의 실험에서 초래된 인도주의와 생태계 관련 재난을 피하고자 했다. 기후 재난과 생물다양성의 붕괴, 거기에 지구공학까지 불길하게 모습을 드러내는 상황이라, 발터 벤야민Walter Benjamin이 "역사라는 기관차의 비상 제동장치emergency brake"라고 지칭했던 역할을 사회주의가 해내는 일이 지금 그 어느 때보다 중요하다. 사회주의는 인간의 자유와 자연이 조화를 이루는 유일한 길을 제시하지만, 그것은 자동화된 유토피아가 아니다. 4장에서는 지구절반 사회주의가 실제 어떤 모습일지 재현하기 위해 허구의 형식을 빌려 일종의 21세기『에코토피아 뉴스』를 써보았다. 우리의 유토피아는 소박한 목가시다. 지구절반 사회주의자는 가속주의 좌파의 약속처럼 "현재 백만장자의 삶과…… 동등한 삶을 영위"하지 않는다.[2] 그보다는 사치와 환경 안정성 간의 상충관계를 피할 수 없다고 인정한다. 그런 한계를 이해하고 받아들이는 일에 진정한 자유가 존재한다는 사실을 안다.

『에코토피아 뉴스』에서 모리스가 상상한 생활 조건이 그랬듯이, 지구절반 사회주의의 생활 기준이 금욕적으로 느껴진다면, 그것은 완전히 인간화된 자연에서 탈취한 풍요로움이라는 환상과 비교할 때만 그렇다. 지구절반 사회주의는 기술을 혐오하지도 않고 맹신하지도 않는다. 자연의 전용을 촉진하기 위해 선진 기술을 도입하는 일은 그 실물 비용에 비추어 판단될 것이다. 우리의 유토피아가 쿠바의 특별한 시기보다는 더 안락하기를 바라지만, 저택 지붕에 태양광 패널을 설치하고 목초지에서 기른 소로 바비큐를 하고 차고에 7만 불짜리 전기차를 세워두는 북쪽 선진국의 전형적인 친환경 여피족보다는 덜 안락하기를 바란다. 지구절반 사회주의는 의료부터 보육까지 모든 사람의 필수적인 요구를 충족시키지만, 때로 순서를 기다려야 할 것이다. 누구나 육체노동을 하고 뇌 전문 외과 의사든 총괄 계획가든 텃밭을 가꾸고 공동 주방 청소를 할 것이다.

이 책을 읽고 독자들이 최악의 환경 위기를 피하려면 일부 희생은 불가피하다는 점을 이해했으면 한다. 여전히 자연의 인간화를 인식 불가능한 위험이 아니라 해방의 원천으로 치켜세우는 프로메테우스적 사회주의 분파의 타당성은 환경 위기로 인해 신뢰도가 떨어졌다. 신자유주의는 신성한 시장을 한갓 인간의 지저분한 손에서 보호할 수만 있다면 자연과 사회가 모두 파괴되어도 개의치 않는다. 하지만 바이오스피어 2의 처참한 실패를 통해, 자연적 기후와 안정적 생태계는 생존을 위해 대체할 수 없는 전제 조건일 뿐 아니라 우리가 완전히 인식할 수도 통제할 수도 없을 만큼 어마어마하게 복잡하다는 사실이 증명되었다. 지구절반 사회주의는 축산업을 폐지하고 도시를 재건하고 적어도 지구의 절반을 재야생화함으로써 생태계를 유지하고 더 나아지게 할 것이다. 그런 미래에는 평등과 여가, 건강, 경제민주주의―환경 위기로 우리에게 억지로 주어지기보다 그 자체로 싸워서 얻을 가치가 있는 유토피아적 성취들―가 생겨날 것이다. 소비주의는 진정한 자유를 이루려면 꼭 끊어버려야 할 황금 족쇄다.

『에코토피아 뉴스』에는 '휴식의 시대'라는 특이한 부제가 달려 있다. 사실 등장인물들은 자주 쉬는 시간을 갖으며 휴식의 미덕을 칭송한다. 모리스에게 휴식은 한갓 빈둥거림이 아닌 그보다 심오한 것이었다.[3] 진정 헤겔식으로(그의 후기 저작은 하나도 읽지 않았지만) 모리스는 역사의 종말을 할 일을 모두 끝낸 시간, 보편적 만족으로 생겨나는 시대로 상상했다. 그에게 휴식이 그렇게 중요했기에 고도로 기계화되고 소비적인 벨러미의 '런던내기 낙원'에 격렬하게 반대했던 것이다.[4] 『뒤를 돌아보며』 서평에 모리스는 이렇게 썼다. "인간에게 자연을 지배할 더 커다란 힘을 주는 자원의 개발은 또한 자연을 향한 새로운 욕망과 요구로 인간을 몰아갔다. …… 그리고 기계의 증가는 그저 기계의 증가일 뿐이다."[5] 다른 곳에서 모리스는 사회주의 사회에서 일단 사람들이 노동보다 여가를 받아들이게 되면, "느슨해진 인간의 작업에 안도한 자연이 예전의 아름다움을 회복할 것"이라는 상상도 했다.[6] 헤겔과 벨러미가 자연의 인간화를 칭송한 데 반해 모리스는 궁극적으로 사람들이 도구를 내려놓고 자연을 자연에게 맡길 필요가 있다고 이해했다.

유토피아 전통의 귀환

유토피아주의의 해방적 힘은 아마 그것을 향한 신자유주의의 강한 혐오감에서 가장 잘 증명될 것이다. 신자유주의는 신비주의자처럼 자신이 받드는 시장−몰록(아이를 바쳐 섬기던 신으로 큰 희생을 비유적으로 이르는 말―편집자)의 전지전능함을 열렬히 믿으니 그런 점에서 반인본주의 유토피아주의자의 기이한 종자이면서도 스스로를 유토피아 파괴자로 여긴다. 결국 신자유주의는 미제스와 하이에크가 야심찬 명료함으로 사회주의 통치시스템을 제안했던 노이라트―탁월한 유토피아주의자인―와 교전하는 과정에서 탄생했다. 사회주의 계산 논쟁이 한창일 때 하이에크는 경제학의 목적이 "성공적인 유토피아적 제안의 반박"이라고 단언했다.[7]

1930년대와 1940년대에 하이에크가 수행했던 사회주의에 대한 인식론 비평이 그 노력의 일환이었지만, 그는 또한 지성사도 파고들었다. 『과학의 반혁명Counter-Revolution in Science』은 데카르크와 콩트, 생시몽, 헤겔, 맑스, 케인스를 연결하는 이질적인 계보학이었다. 서로 어떤 차이점이 있건, 인간 운명의 의식적 통제가 가능하다는 믿음을 가졌다는 점에서 다들 신자유주의의적이었다. 하이에크가 요약한 바에 따르면 "절대 이성이 자신을 의식하고 자기 운명을 통제해간다는 스승의 견해를 개략적으로 서술하는 엄격한 추종자이든, 아니면 '인간 사상은 이제 자신을 결정할 가능성을 감지했으므로 과거 어느 때보다 더 자발적이고 절대적인 존재가 되었다'고 생각한 칼 만하임Dr. Karl Mannheim[『이념과 유토피아Ideology and Utopia』의 저자]이든 기본적인 입장은 똑같다."[8] 시장만능주의라는 신자유주의 유토피아의 존재는 다른 모든 유토피아적 구상을 격파하는 일에 달려 있다. 우리는 지적 전통들, 특히 1798년 이후 환경사상의 세 가지 주요 흐름 간의 차이를 분석했는데, 하이에크보다는 더 세심하고자 했다.

그렇게 해서 유토피아 사회주의자와 프로메테우스 사회주의자의 차이를 얼마간 알아보았다. 헤겔과 자연의 인간화를 직접 계승하지 않은 유토피아 사회주의자는, 고도의 기계화나 자연의 정복을 전제하지 않고도 완벽한 사회를 이룰 수 있다고 믿었다. 아마 그래서 그들 중 아주 상당수(당연히 전부는 아니지만)가 자연을 아끼고 채식을 했을 것이다. 18세기 이후의 해방적 전통, 그리고 아마 더 거슬러 모어와 플라톤까지 연결하는 계보를 기술하면 지구절반 사회주의는 더욱 풍부한 역사적 깊이를 지닐 수 있다. 사회주의 내 경쟁 상대였던 유토피아 사회주의의 계보를 알면 환경론자와 동물권 활동가도 오랫동안 프로메테우스주의에 지배되어온 좌파에게서 거리감을 덜 느낄 수도 있다. 프랑스혁명이 한창일 당시 스코틀랜드 출신 자코뱅 당원이었던 존 오스왈드John Oswald는 정치혁명이 인류가 자연과 맺는 관계의 혁명과 하나라고 믿었다. "인간을 향한 평화와 호의의 감정이 자라나면서 하등 생물까지 더 넓은 자애의 품에 끌어안을 날이 다가오고 있다."[9]

이 시기 영국 유토피아 사회주의는 단단히 결속된 집단이었다. 오스왈드는 윌리엄 고드윈과 아는 사이였을 테고, 맬서스는 고드윈의 유토피아 저작을 읽고 『인구론』을 썼다.[10] 장난삼아 채식주의자가 되었던 고드윈은 급진적 채식주의자 로버트 오언Robert Owen과 퍼시 셸리Percy Shelley를 알았다. 오언은 스코틀랜드의 뉴래나크와 인디애나의 뉴하모니에 유토피아 정착지를 세웠고, 그곳에서 혁신적 아동교육프로그램과 노동자 협동조합을 육성했다. 맑스가 '가장 진보된 사회주의 경비대의 한 사람'으로 여겼던 시인 셸리는 오스왈드의 팸플릿을 칭찬했을 뿐 아니라 「자연적 식단의 옹호A Vindication of Natural Diet」라는 채식주의 글도 썼다. 그 글에서 그는 "한 끼 식사로 1에이커를 집어삼키면" 전쟁이 일어난다는 플라톤식 주장을 했을 뿐 아니라, 질병 자체는 역사적인 것이라 육식을 포함한 "부자연스러운 식단에서 흘러나온다"는 제너식의 통찰도 보여주었다.[11] 그와 결혼한 메리 셸리Mary Shelley는 고드윈과 메리 울스턴크래프트Mary Wollstonecraft의 딸이다.[12]

흔히 간과되지만 메리 셸리의 『프랑켄슈타인Frankenstein: Or the Modern Prometheus』은 채식주의의 문제를 거듭 고심한다. '괴물'은 "내

식욕을 채우기 위해 양과 새끼 염소를 죽이지" 않겠다면서, "도토리와 딸기로도 충분한 영양분을 얻을 수 있다"고 말한다. 칼 J. 애덤스Carl J. Adams와 티모시 모튼Timothy Morton 같은 비평가가 지적하기를, 셸리 부부에게 프로메테우스 신화는 선사시대의 단절을 묘사한다는 점에서 중요했다. 불을 사용하여 고기를 요리하게 된 순간 인간역사에 존재했던 에덴식의 채식주의 시기가 종말에 이르렀기 때문이다. 괴물이 '현대판 프로메테우스'인 이유는 처참히 망가진 프랑스혁명에서 태어난 '신 인간'이어서이기도 하지만 육식을 하지 않기로 '선택'했기 때문이기도 하다.[13] 주목할 만한 사실은 셸리가 프랑수아 펠릭스 노가레래François-Félix Norgaret의 소설 『최근 사건의 거울Le Miroir des événemens actuels』에서 영감을 받았다는 것이다. 프랑스혁명 초기 낙관적이던 시절에 쓰인 그 소설에서는 '프랑켄슈테인Frankénsteïn'이라는 이름의 발명가가 완벽한 자동기계를 창조한다.[14] 그와 달리 셸리의 괴물은 훔친 프롤레타리아 시체를 조각조각 이어붙여 만들었고, 생명 없는 자연에 인간의 의식을 주입하여 '새로운 종자'를 창조하겠다는 프랑켄슈타인의 욕망은 죽음과 혼돈으로 귀결된다.[15]

유토피아 사회주의와 유토피아 채식주의의 결속은 19세기에 들어서도 한참 지속됐지만, 갈수록 프로메테우스의 불에 위협받았다. 모리스는 채식주의자가 아니었지만, 그의 친구 에드워드 카펜터Edward Carpenter는 채식주의자였다. 카펜터는 일평생 생체 해부 반대와 사회주의와 샌들sandal에 헌신하며 '영국 좌파의 동성애자 대부'로 불렸다.[16] 채식주의는 참정권 운동, 특히 그 안에서도 급진적인 사회주의적 분파에 널리 퍼졌다.[17] 이사벨라 포드Isabella Ford와 샬럿 데스파드Charlotte Despard, 미국의 샬럿 퍼킨스 길먼Charlotte Perkins Gilman을 비롯한 잘 알려진 일부 지도자들도 채식주의자였지만, 평범하면서도 전투적인 참여자 가운데 채식주의자가 많았다.

맑스는 1849년부터 영국에 살았지만, 영국 유토피아 사회주의 전통의 영향은 별로 받지 않은 것으로 보인다. 그는 이미 1860년대에 왕립동물학대방지협회Royal Society for the Prevention of Cruelty to Animals: RSPCA가 부르주아적 억압에 '성스러움의 평판'을 줄 뿐이라며 무시했다.[18] 20세기 들면서 유토피아 사회주의 전통은 후퇴하기 시작했다. 조지 오웰George Orwell — 모든 보수주의자가 총애하는 사회주의자 — 은 사내답지 못한 우스꽝스러움을 좌파에서 깨끗이 정리하기 위해 채식주의와 샌들을 맹비난했다.[19] 유토피아 사회주의가 별난 것은 사실이다. 하지만 바로 그 별남이 유토피아를 향해 갈 힘이 된다. 지구절반 사회주의가 동성애와 페미니즘과 채식주의의 영광으로 찬란히 빛나는 운동이 되어, 오웰이 무덤에서 벌떡 일어났으면 하는 바람이다.

지난 세기에 프로메테우스 맑스주의가 대세가 되었지만 유토피아 사회주의의 전통은 전혀 사라지지 않았다. 그렇게 창의적인 사상가였던 노이라트가 20세기 중반에 광범위한 좌파에게 상대적으로 영향력이 적었다는 사실은, 유토피아 사회주의 사상의 힘을 내보이면서 동시에 그것이 사회운동에서 갈수록 고립되었음을 알려준다. 정통에서 벗어난 좌파의 뒤를 이은 또다른 집단으로 프랑크푸르트학파Frankfurt School가 있는데, 그 이론가들은 분별없는 자연의 정복에서 비롯한 파괴를 맹렬히 비판했다. 알프레드 슈미트Alfred Schmidt와 허버트 마르쿠제Herbert Marcuse를 비롯하여 아도르노, 호르크하이머, 벤야민까지 모두 생태사회주의의 초석을 놓는 데 기여했다. 마르쿠제의 제자 가운데 가장 유명한 앤절라 데이비스는 현재 위대한 유토피아 프로젝트—감옥의 폐지—의 지칠 줄 모르는 옹호자이자 채식주의자다. 하지만 요점은 단지 프로메테우스 맑스주의를 유토피아 사회주의로 대체하자는 것이 아니라, 둘을 결합하여 인식론적으로 겸손한 새로운 사회주의를 창조하는 것이다.

어둑한 곳

현재 가장 두드러진 유토피아 사상의 계승자는 메리 셸리의 후손인 SF 작가들이다. 가장 잘 알려진 어슐러 K. 르 귄의 유토피아 소설은 아마 타우 세티 행성계의 자본주의와 국가사회주의와 무정부주의를 탐구하는 『빼앗긴 자들』일 테지만, 제너식 사회주의의 교훈은 『어스시의 마법사A Wizard of Earthsea』에서 가장 잘 나타난다. 모리스의 『에코토피아 뉴스』처럼 그 소설도 겸손하고 불완전한 자연의 정복에 기초한 사회를 묘사한다. 어스시에서는 모든 것이 표면과 본질로 나누어지고, 그 경계는 오직 마법으로만 극복할 수 있다.

자연과 인간에 속하는 '진정한 이름'의 언어인 옛언어의 지식이 어스시 마법의 원천이다. 주인공인 스패로우호크―그의 진정한 이름은 게드다―는 "모든 곶과 갑, 해협, 작은 만, 만, 항구, 여울, 펠니쉬해의 작은 섬인 로소우 해안의 암초와 바위 이름"을 배워야 한다. 하지만 옛언어에 대한 마법사의 앎은 영원히 불완전하다. 게드는 이런 말을 듣는다. "완성된 목록이 아니야. 세상이 끝날 때까지는 완성될 수도 없을 테고."[20] 그와 유사하게 자연에 대한 우리의 앎도 영원히 불완전할 것이다. 게드는 이해하지 못하는 존재의 진정한 이름을 사용하는 것은 위험하므로 "정확하고, 완전한, 이름을 부여할 수 있는" 것만 통제해야 한다는 경고를 듣는다. 프랑켄슈타인처럼 게드도 자만심으로 망자를 부활시키려 한다. 주문을 온전히 이해하지 못한 탓에, 주문으로 생겨난 틈을 뚫고 '그림자'가 튀어나와 그를 공격한다. 우리 입장에서 그림자란 인수공통전염병과 기후변화, 오존층 구멍, 그리고 자연의 인간화가 맹목적으로 앞으로 밀치고 나가면서 생겨나는, 아직 알 수 없는 미래의 공포다.

게드의 명예욕과 지배욕이 파멸을 초래한다면 지구절반 사회주의는 겸양과 제약의 측면에서 실수를 범한다. 국가는 여전히 정치적―경제의 의식적 통제는 만사의 정치화를 의미한다―이지만 일단 서로의 가치를 보편적으로 인정함으로써 평등이 실현되고 자연계가 안정되면 국가기구는 한갓 행정기관으로 축소될 것이다. 궁극적으로 정치가 버스 노선을 만들어내는 일상적인 업무가 된다는 의미에서 국가는 '시들어 사라질' 것이다. 열렬한 민족주의를 따르는 대신, 한 버스에 탄 승객처럼 국제 사회주의자들은 더 광범위한 인류와 관계를 맺을 수 있다. 이 휴식의 시대에는 배려와 호기심과 자기인식이 동료 인간과 자연에 대한 지배를 능가할 것이다. 이런 점에서 르 귄의 겸허한 유토피아주의는 모리스와 모어와 플라톤의 저작과 유사하다. 비평가 콜린 버로우Colin Burrow는 이렇게 적었다. "문명이란 행성을 정복하거나 빛보다 빠른 속도로 여행하는 문제가 아니다. 문명이란 길을 잃었다는 생각이 들더라도 계속 살아가는 것, 자손들이 살아가도록 하고 과실수를 키우고 만물이 변화하는 것을 지켜보면서 염소를 키우는 일이 삶이라는 점을 인식하는 것이다."[21] 문명이란 삶의 문제다.

우리의 유토피아에 그럴 듯한 면모가 너무 없다고 트집 잡을 사람도 있을 것이다. 왜 원자로를 수천 기 짓거나 자동온도조절장치를 만들지 않는가? 바이오스피어 2 같은 폐쇄체계를 완성한 뒤에 우주를 식민화하는 건 어떤가? 그에 대답한다면, 지구절반을 만들어내고 수십억 인구에게 좋은 삶을 보장하는 일만도 수십 년 혹은 수 세기까지 걸리는 어려운 일이므로 하늘의 별따기는 좀 나중 일이라고 말할 수 있겠다.

르 귄은 기술적 현란함이라는 전망에 빠진 구식 공상과학소설에 끌리지 않았다. 대신 인간이 겸허함의 교훈을 배우는 이야기에 집중했다. 르 귄은 실패와 절망, '어둑한 곳'에 대해 이야기한다. 온갖 재난이 첩첩이 쌓이는 지금 인류는 어둑한 곳에 있다. 르 귄은 "우리의 뿌리는 어둠 속에 있다. 지구는 우리의 나라고…… 우리가 가질 희망도 거기에 있다"고 조언한다.[22] 그런 까닭으로 우리는 세상을 허무는 겸허한 노력인 지구절반에 관심을 돌리는 것이다. 그일은 우리가 사는 세상만큼 아름답고, 재주 많은 인류가 일단 자본주의에서 해방되면 실현 가능하다. 그 뒤에 어떻게 될지 누가 알겠는가? 다시 르 귄의 말을 빌자면,

심지어 인간까지 그의 원래 자리, 만사의 계획 내 그의 자리에 놓을 공간이 있다. 야생귀리를 잔뜩 거두고, 또 심을 시간도 충분히 있다…… 그래서 아직 이야기는 끝나지 않았다. 여전히 거둬야 할 씨앗이 있고, 별의 가방 속에 공간이 있다.[23]

이 소름끼치는 시작이 당신에게는 나그네 앞에 솟아난 가파른
바위투성이 산과 다를 바가 없기를.

_조반니 보카치오Giovanni Boccaccio

원래 마감 기한이었던 2020년 2월에서 1년 반이나 지난 이 책
을 마무리할 즈음 참 어울리게도 우리 가운데 한 사람이 조반니 보
카치오가 고향으로 삼았던 플로렌스로 막 이사했다. 약 700년 전에
쓰인 그의 저서 『데카메론Decameron』에서 아래쪽 도시에 역병이 창
궐할 때 한 무리의 젊은이가 인근 피에졸로 도망쳐 역병이 지나갈
때까지 기다린다. 그들은 이야기를 지어내며 시간을 보냈는데, 불
운하게 책의 출간이 늦어지는 동안 우리 역시 그랬다. 『지구의 절반

을 넘어서』는 현재의 혼란을 사고하고, 황량한 고립의 시대에 동료애를 나눌 수 있는 일종의 피난처를 제공했다. 마침내 모습을 드러냈을 때 그 원고는 처음 상상했던 것보다 훨씬 야심 찬(그리고 세 배나 긴) 원고였고, 그런 점에서 편집자 제시 킨디그, 케이틀린 도허티, 마크 마틴, 잔 타오, 제인 힐시의 조언과 인내에 특히 감사를 드린다. 이렇게 아름다운 책을 제작한 Verso의 구성원 모두에게 감사한다.

이 프로젝트에 노동시간을 들인 사람은 그 밖에도 많고, 그들의 노력이 지금 독자 여러분이 손에 든 책 속에 응집되어 있다. 이 책의 비공식적인 세번째 저자로 필립 메스코가 있는데, 그는 저술 과정 내내 원고를 광범위하게 손보고 사실 확인을 하고 책 속의 많은 아이디어에 대해 사려 깊은 반론을 제시해주었다. 우리의 협동 작업은 계속되어서, 『지구의 절반을 넘어서』를 건축이라는 필립의 전문 분야에 적용했다. 이 분야의 진입에 건축협회의 호세 알프레도 라미레즈가 지원을 아끼지 않아, 이 책을 위한 가상 세미나까지 열어주었다. 또한 윌리엄 콘로이의 초청을 받고 필립과 함께 하버드대 디자인대학원에서 『지구의 절반을 넘어서』를 소개했다. 하버드는 우리가 이 책을 쓰는 동안 고향이 되어준 기관으로, 특히 웨더헤드센터와 환경공학부에 감사를 전한다.

변경 내용 추적기능을 충분히 사용하며 비평을 해주고 그렇게 이 책을 훨씬 더 풍부하게 해준 리자 보스트, 사라 게일, 데이튼 마틴데일, 애덤 디커슨에게도 감사한다. 프랭크 카일, 캐머런 후, 페이지 로코머, 마이클 베티스, 비녜시 스리다란, 안드레아 맘, 켄 피쉬, 애스트라 테일러, 재스퍼 번즈, 키스 우드하우스도 귀중한 피드백을 해주었다. 그레고리 베티스는 이 책을 맨 처음 읽었을 뿐 아니라 우리 작업에 생기를 불어넣은 뮤즈였다. 셰넌 비티는 세세하게 논평을 해주고 밤늦게까지 이어지는 토론에도 한없는 인내심을 보여주었다. 류 싱유는 읽고 쓰는 일에서 잠시 벗어나 상당한 기분 전환의 시간을 마련해주었다. 조이 심스는 수년에 걸쳐 이 책의 아이디어를 두고 참을성 있게 논의했다. 하비 로크는 WILD 재단에 대해 우리와 흔쾌히 이야기를 나누었다. 그는 우리가 그린 지구절반 역사에 동의하지 않을 수도 있겠지만, 그것이 부당한 것으로 여겨지지 않기를 바란다.

시카고대의 역사학부 모임에도 감사를 표하고 싶다. 2020년 10월, 우리가 이 주제를 처음 발표할 자리를 마련해준 샬럿 로빈슨, 니콜라스 오닐, 프레드릭 얼브리튼 존슨에게 특히 감사한다. 초기 원고에 대한 그들의 비평은 무척 유용했고, 윌리엄 시월은 심지어 3장을 두 번이나 읽고는, 아직 생각이 다듬어지지 않은 당시 우리에게 무척 필요했던 격려를 아끼지 않았다. 노이라트의 팬인 아론 베나나프는 사회주의 계획과 유토피아주의에 대해 많은 통찰력과 함께 유머도 제공했다. 올리버 커슨은 처음으로 지구절반 사회주의를 가르친 사람이다. 훌륭한 토의를 해준 그와 그의 학생들에게 감사한다.

http://half.earth에서 할 수 있는 '지구절반 사회주의' 비디오

게임은 재능 많은 프랜시스 쎙과 손 라 팜이 프로그램과 디자인을 맡았다. 게임과 인터스페이스 뒤에서 아이디어를 만들어낸 인공두뇌학 독서 모임은 치아라 디 리온이 이끌었다. 그렇게 멋진 웹사이트를 만드는 데 도움을 준 아서 뢰잉 바에르와 트러스트의 팀원 전체에게도 고마움을 표한다.

마지막으로 우리를 지지해주신 부모님께 감사한다. 이 데카메론식 세계에서 부모님의 사랑은 안식처다. 프레드 베티스는 매의 눈으로 편집에 도움을 주었다. 셰럴린 매튜 베티스는 많은 통찰력과 함께 '아기 밴프' 글쓰기 피정에서 환대해주었다. 그곳에서 1장과 2장의 초고를 완성했다. 한결같은 사랑과 지지에 덧붙여 톰 펜더그라스와 수전 펜더그라스는 초기 COVID 퇴거 후 머물 곳을 제공했다.

프레드리히 엥겔스는 윌리엄 모리스를 '감상적 사회주의자'라고 조롱했는데, 그런 모욕을 모리스는 명예 훈장처럼 여겼다. ("난 분명 감상주의자이고…… 그 명칭이 자랑스럽다.") 마무리를 하면서 약간 감상에 빠져보고 싶다. 마구 뻗어나간 이 프로젝트가 아니었으면 만나지 못했을 많은 사람들을 비롯해 이 모든 사람들의 지지가 없었다면 『지구의 절반을 넘어서』는 아이디어로 끝났을 것이다. 여전히 남아 있는 실수는 당연히 우리의 책임이다. (이들 중 누군가는 경고했을) 책을 쓰는 일과 세계를 바꾸는 일은 자릿수가 다른 협동적 노력임에 틀림없지만, 이 작업을 하며 우리가 받은 도움과 영감은 진정한 변화가 가능하다는 희망을 주었다. SRM으로 열기가 식은 하늘이나 새로운 인수공통전염병으로 보카치오와 셸리처럼 어쩔 수 없이 다시 글이라는 피난처로 들어가기 전에 변화가 일어나길 바랄 뿐이다. 여름이 없는 미래라는 공포소설이 아니라 유토피아를 믿고 싶기 때문이다.

3장에서 대략 설명한 선형계획법모형의 가정은 다음과 같다.

인구는 100억이고 누구에게나 영양이 충분한 식단과 동일한 에너지 할당량이 제공된다고 가정한다. 거주 가능한 대지면적은 1억 400만km²다. (Hannah Ritchie and Max Roser, 'Land Use', Our World in Data, September 2019, ourworldindata.org 참조)

우리가 가정한 생물물리학상의 한계는 두 가지다. 적어도 토지의 50%(5200만km²)를 자연의 몫으로 하고, 기후 민감도를 중간 정도로 가정하여 기온이 약간의 온난화(각 계획에 따라 1.5°C나 2°C)를 초과하지 않도록 탄소배출을 완화해야 한다는 것이다.

온난화를 1.5°C 아래로 유지할 가능성이 67%가 되려면, 남아 있는 탄소예산이 5700억톤이라고 가정한다. IPCC의 추정치가

4년 전에 나왔으므로 넉넉하게 잡았다. 21세기 말까지 모든 인구가 똑같은 탄소배출을 한다고 가정하면 0.73톤 CO_2/year/person이 된다. 온난화를 2°C 아래로 유지하는 건 더 쉬워서, CO_2 예산 1조 3200억톤, 1.69톤 CO_2/year/person이다. 재야생화나 심지어 탄소제거 기술이 시행되어 CO_2가 감소하면 재량권이 더 커지겠지만 그것은 계산에 넣지 않았다. (이 탄소예산에 대해서는 Kelly Levin, 'According to New IPCC Report, the World Is on Track to Exceed Its "Carbon Budget" in 12 Years', World Resources Institute, 7 October 2018, wri.org 참조)

다양한 식단에 따른 토지이용과 탄소배출에 대해서는 3장에서 설명했는데, 다시 설명하자면 선형계획법 알고리즘의 선택지는 세 가지로, 잡식이라면 1.08헥타르와 2.05톤, 온건한 채식이라면 0.14헥타르와 1.39톤, 완전한 채식이라면 0.13헥타르와 1.05톤이다. 잡식 인구와 온건한 채식주의자와 완전한 채식주의자를 합한 인구가 전 세계 인구와 같다.

우리는 세계 농업이 일부 재생농업이리라 가정한다. 곧 토양 탄소를 보호하고 배출을 줄이는 개혁이 이루어졌다는 뜻이다. 재생농업 옹호자 가운데는 배출이 마이너스가 될 수도 있다고 생각하는 경우도 있지만 우리는 그보다 적은 숫자인, 앞서 인용했던 70%를 가정한다. 재생농업은 산출량이 적으므로, 재래식 농법만큼 식량을 생산하려면 토지가 더 필요하다. 유기 작물의 추정치를 따라 재생농법으로는 산출량이 34% 감소한다고 가정했다. (Verena Seufert

et al., 'Comparing the Yields of Organic and Conventional Agriculture',
Nature 485, no.7397 [2012]:229-32 참조) 이런 의미에서 80%의 농업
이 재생농업이라는 야심 찬 가정을 골랐다. 하지만 농업 분야 탄소
배출이 1인당 허용치 아래로 내려간다면(1.5℃ 경우라면 상당히 그렇
다) 출력된 모형은 이 양에 특히 민감하지는 않을 것이다.

서로 다른 전력생성방법에서 가정된 탄소배출과 토지이용은
다음과 같다. 준거가 되는 메탄(천연가스)의 탄소배출 같은 자료를
사용해서 계산했을 때 석탄과 석유의 탄소배출은 각각 8.5와 8.8kg
CO_2/year/W고, 토지이용은 석탄이 1000W/m²(메탄과 마찬가지로
변수가 크다. Smil, Power Density, 140) 석유가 650W/m²이다.(2012년
전 지구 추출양의 중간치. Smil, Power Density, 115). 준거치를 다시 적
자면 메탄은 4500W/m² 전력밀도에 3.6kg CO_2/year/W가 들고,
바이오연료, 태양열발전(CSP), 광전지, 풍력은 모두 탄소배출이
0으로 가정된다. CPS, 광전지, 풍력의 전력밀도는 각각 20, 10, 50
W/m², 에탄올과 바이오디젤을 섞어서 생겨나는 액체바이오연료
는 전력밀도가 0.3W/m², 목재에서 나온 고체바이오연료와 식물성
기체바이오연료의 전력밀도는 0.9W/m²다. (Box 8.1 in Smil, Power
Density, 246).

스밀의 추정치를 좇아 우리는 풍력발전과 태양광발전이 전력
생산에서 동등한 부분을 구성한다고 가정한다. 2012년 미국에서
화석연료의 15%가 전력에, 52%가 액체연료에, 33%가 고체연료와
기체연료에 들어갔다. 따라서 우리는 네 가지 시나리오를 고려한

다. 전력 생산만 재생에너지가 담당하고 전체 비율은 똑같은 경우가 첫번째, 전력 생산을 제생에너지가 담당하고, 운송의 엄격한 할당, 강철 같은 재활용 재료 사용의 약간의 증가, 다른 자원 사용량의 축소 따위 개혁을 통해 연료 사용을 50% 줄이는 것이 두번째(이렇게 되면 에너지 비율은 전기 26%, 액체연료 45%, 고체와 기체연료 29%다), 액체연료 10%만 제외하고 전부 전기로 바꾸고, 고체와 기체연료를 반으로 줄이는 것이 세번째(이렇게 되면 에너지 비율은 전기 74%, 액체연료 6%, 고체와 기체연료 20%다), 마지막은 모든 분야의 전기화다. 선형계획법모형은 전력 생성에 어느 연료 자원을 선택해도 된다. 액체연료의 경우 액체 바이오연료나 석유 중 하나를 사용하는 할당량에 맞춰야 한다. 고체와 기체연료의 경우 고체 및 기체 바이오연료나 메탄이나 석탄을 사용해야 한다.

파이손의 PuLP 팩을 이용하여 모형을 돌렸다.

서문

1. Thomas Knutson et al., 'Tropical Cyclones and Climate Change Assessment: Part II: Projected Response to Anthropogenic Warming', Bulletin of the American Meteorological Society 101, no. 3 (2020): E303 – 22.

2. David Keith, A Case for Climate Geoengineering (MIT Press, 2013), 71; David Keith, 'The Perils and Promise of Solar Geoengineering', 2019년 10월 30일 Harvard Museum of Natural History 강연, YouTube video, 1:05:28, youtube.com.

3. David W. Keith et al., 'Stratospheric Solar Geoengineering Without Ozone Loss', Proceedings of the National Academy of Sciences 113, no. 52 (2016): 14910 – 14.

4. Daniel J. Cziczo et al., 'Unanticipated Side Effects of Stratospheric Albedo Modification Proposals Due to Aerosol Composition and Phase', Scientific Reports 9, no. 18825 (2019).

5. 'MOP 30 Highlights', Earth Negotiations Bulletin 19, no. 144(2018), enb.iisd. org. Sara Stefanini, 'US and Saudi Arabia Block Geoengineering Governance Push', Climate Home News, 14 March 2019, climatechangenews.com.

6. Joshua Horton and David Keith, 'Solar Geoengineering and Obligations to the Global Poor', in Climate Justice and Geoengineering: Ethics and Policy in the Atmospheric Anthropocene, ed. Christopher J. Preston (Rowman & Littlefield, 2016).

7. John Lauerman and Tasos Vossos, 'Pandemic Bonds Paying 11% Face Their Limits in Ebola-Hit Congo', Bloomberg Quint, 14 August 2019, bloombergquint.com.

8. Jeremy Blackman, Micah Maidenberg, and Sylvia VarnhamO'Regan, 'Mexico's

Disaster Bonds Were Meant to Provide Quick Cash after Hurricanes and Earthquakes. But It Often Hasn't Worked Out That Way', Los Angeles Times, 8 April 2018, latimes.com.

9. Christopher J. Smith et al., 'Impacts of Stratospheric Sulfate Geoengineering on Global Solar Photovoltaic and Concentrating Solar Power Resource', Journal of Applied Meteorology and Climatology 56, no. 5 (2017): 1483 – 97; ExxonMobil, Outlook for Energy: A Perspective to 2040 (2019), 30, corporate.exxonmobil. com/Energy-and-environment/Looking-forward/Outlook-for-Energy.

10. 'The World Urgently Needs to Expand Its Use of Carbon Prices', Economist, 23 May 2020, economist.com.

11. IPCC가 추산한 바로는 온난화를 1.5°C 아래로 유지하려면 2030년까지 유류세가 135달러에서 6050달러 사이가 되어야 한다. Marc Hafstead and Paul Picciano, 'Calculating Various Fuel Prices under a Carbon Tax', Resources, 28 November 2017, resourcesmag.org; IPCC, Global Warming of 1.5°C. An IPCC Special Report (2018), 152.

12. ExxonMobil, Outlook for Energy, 9.

13. Ibid., 14.

14. bid., 28.

15. 'A World Turned Upside Down', Economist, 25 February 2017; Jacques Leslie, 'Utilities Grapple with Rooftop Solar and the New Energy Landscape', Yale Environment 360, 31 August 2017, e360.yale.edu.

16. 재생에너지시스템에서는 저장을 위한 좋은 선택지가 없다. 댐은 상당히 파괴적이고 다른 한편 배터리는 에너지 밀도가 무척 낮다. Richard Heinberg and David Fridley, Our Renewable Future: Laying the Path for One Hundred Percent Clean Energy (Island Press, 2016), 56 – 7.

17. David McDermott Hughes, 'To Save the Climate, Give Up the Demand for Constant Electricity', Boston Review, 1 October 2020, bostonreview.net.

18. Linnea I. Laestadius et al., 'No Meat, Less Meat, or Better Meat: Understanding

NGO Messaging Choices Intended to Alter Meat Consumption in Light of Climate Change', Environmental Communication 10, no. 1 (2016): 84 – 103; Brian Machovina, Kenneth J. Feeley, and William J. Ripple, 'Biodiversity Conservation: The Key Is Reducing Meat Consumption', Science of the Total Environment 536 (2015): 419 – 31.

19. 'Meat and Meat Products', Food and Agriculture Organization of the United Nations, fao.org/ag.

20. Mary J. Gilchrist et al., 'The Potential Role of Concentrated Animal Feeding Operations in Infectious Disease Epidemics and Antibiotic Resistance', Environmental Health Perspectives 115, no. 2 (2007): 313 – 16; Kate Kelland, 'French-German E. coli Link Seen in Sprouted Seeds', Reuters, 27 June 2011, reuters.com; Wim van der Hoek et al., 'Epidemic Q Fever in Humans in the Netherlands', Advances in Experimental Medicine and Biology 984 (2012): 329 – 64.

21. 'Influenza: H5N1', World Health Organization, who.int/news-room/q-a-detail/influenza-h5n1;James Sturcke, 'Burning Issue',Guardian, 22 August 2005.

22. 도태를 해결책으로 삼는 주장에 대한 비판으로는 Susanne H. Sokolow et al., 'Ecological Interventions to Prevent and Manage Zoonotic Pathogen Spillover', Philosophical Transactions of the Royal Society B: Biological Sciences 374, no. 1782 (2019): 20180342와 Daniel G. Streicker et al., 'Ecological and Anthropogenic Drivers of Rabies Exposure in Vampire Bats: Implications for Transmission and Control', Proceedings of the Royal Society B: Biological Sciences 279, no. 1742 (2012): 3384 – 92를 보라.

23. Jonathan A. Patz et al., 'Unhealthy Landscapes: Policy Recommendations on Land Use Change and Infectious Disease Emergence', Environmental Health Perspectives 112, no. 10 (2004): 1092 – 8.

24. World Health Organization, A Billion Voices: Listening and Responding to the Health Needs of Slum Dwellers and Informal Settlers in New Urban Settings

(WHO Kobe Centre, 2005), 4, who.int/social_determinants. 이 문제의 상반된 분석으로는 Aaron Benanav, 'Demography and Dispossession: Explaining the Growth of the Global Informal Workforce, 1950 – 2000', Social Science History 43, no. 4 (2019): 679 – 703을 보라.

25. Cornelia Daheim and Ole Wintermann, 2050: The Future of Work (Bertelsmann Stiftung, 2016), 11, bertelsmann-stiftung.de.

26. World Inequality Lab, World Inequality Report 2018: Executive Summary, Fig. E9, wir2018.wid.world/files.

27. Fiona Harvey, 'World's Richest 1% Cause Double CO_2 Emissions of Poorest 50%, Says Oxfam', Guardian, 21 September 2020.

28. 그 가운데 한 사람을 들자면 주요 지구공학기술자 데이비드 키스가 켐트레일 음모론자에게서 살해 협박을 받은 적이 있다. Virginia Gewin, 'Real-Life Stories of Online Harassment – and How Scientists Got Through It', Nature, 16 October 2018, nature.com.

29. Raymond Pierrehumbert, 'The Trouble with Geoengineers "Hacking the Planet"', Bulletin of the Atomic Scientists, 23 June 2017, thebulletin.org.

30. Simon Factor, 'The Experimental Economy of Geoengineering', Journal of Cultural Economy 8, no. 3 (2015): 309 – 24.

31. Steven D. Levitt and Stephen J. Dubner, SuperFreakonomics: Global Cooling, Patriotic Prostitutes, and Why Suicide Bombers Should Buy Life Insurance (William Morrow, 2011); Philip Mirowski, Never Let a Serious Crisis Go to Waste: How Neoliberalism Survived the Financial Meltdown (Verso, 2014), 340. 지구공학자 데이비드 키스의 스타트업인 카본 엔지니어링Carbon Engineering을 셰브론Chevron과 캐나다의 역청탄 산업 거물인 머리 에드워즈Murray Edwards가 지원했다. carbonengineering.com/our-team 참조.

32. 칼 포퍼, 레몽 아롱Raymond Aron, 밀턴 프리드먼, 루드비히 폰 미제스, 마이클 폴라니Michael Polanyi, 베르트랑 드 주베넬Bertrand de Jouvenel을 비롯하여 꽤 많은 유명 지식인들이 호화로운 호텔에서 열린 이 자유주의 잔치에 참석했다. 초청받은 여성은

단 한 명으로 역사가인 베로니카 웨지우드Veronica Wedgwood였다. Bruce Caldwell, 'Mont Pelerin 1947', in From the Past to the Future: Ideas and Actions for a Free Society, ed. John B. Taylor (Mont Pelerin Society, 2020), 44, hoover.org 참조.

33. Friedrich Hayek, 'The Use of Knowledge in Society', American Economic Review 35, no. 4 (1945): 526. 신자유주의를 연구하는 역사가 필립 미로브스키Philip Mirowksi는 하이에크의 혁신이란 시장을 일종의 전지적 '정보처리 과정'으로 재구성한 것이라고 요약한다. Mirowski, Never Let a Serious Crisis Go to Waste, 54.

34. Mirowski, Never Let a Serious Crisis Go to Waste, 77.

35. Ibid., 332. 미로브스키는 자유주의가 "전 영역에 걸친 서로 맞물린 대안적 정책의 쬠쇠들을 촉진하고 조합하는 방식으로 계속 확장하여 인식된 대안의 공적 공간을 완전히 채울 수 있었다"고 주장한다. 이외에도 시장을 만드는 방법은 많다. 그와 관련해서는 Philip Mirowski and Edward Nik-Khah, The Knowledge We Have Lost in Information: The History of Information in Modern Economics (Oxford University Press, 2017)를 보라.

36. Stuart Hall, 'Thatcher's Lessons', Marxism Today (March 1988): 20.

37. Jeremy Hance, 'Could We Set Aside Half the Earth for Nature?', Guardian, 15 June 2016.

38. 1967에 윌슨과 맥아더는 S = CA^{z}라는 공식을 제시했다. "S는 종의 수, A는 지역, C는 지역을 측정하는 단위에 따라 생물군별로 광범위하게 달라지는 상수, 그리고 z는 대체로 0.20와 0.35 사이에 떨어지는 상수다." Edward O. Wilson and Robert H. MacArthur, The Theory of Island Biogeography (Princeton University Press, 1967), 17. 최근 저작 『지구절반』에서 윌슨은 z를 0.25로 정한 네 제곱근 공식을 사용한다. Edward O. Wilson, Half-Earth: Our Planet's Fight for Life (Liveright, 2016), 186.

39. Sarah Gibbens, 'Less Than 3 Percent of the Ocean Is "Highly Protected"', National Geographic, 25 September 2019, nationalgeographic.com; Kendall R. Jones et al., 'One-Third of Global Protected Land Is Under Intense Human Pressure', Science 360, no. 6390 (2018): 788.

40. Wilson, Half-Earth, 186.

41. Kate E. Jones et al., 'Global Trends in Emerging Infectious Diseases', Nature 451, no. 7181 (2008): 992.

42. 수많은 암울한 통계 가운데 하나를 인용하자면, 2019년에만 적어도 212명의 환경운동가가 살해당했는데, 상당수가 라틴아메리카 원주민 활동가였다. Mélissa Godin, 'Record Number of Environmental Activists Killed In 2019', Time, 29 July 2020, time.com.

43. Alan Beattie and James Politi, '"I Made a Mistake," Admits Greenspan', Financial Times, 23 October 2008, ft.com.

44. Quinn Slobodian, 'Anti-'68ers and the Racist-Libertarian Alliance: How a Schism among Austrian School Neoliberals Helped Spawn the Alt Right', Public Culture 15, no. 3 (2019): 372–86; Melinda Cooper, 'The Alt-Right: Neoliberalism, Libertarianism and the Fascist Temptation', Theory, Culture & Society (April 2021): 1–21; Quinn Slobodian and Dieter Plehwe, 'Neoliberals Against Europe', in Mutant Neoliberalism: Market Rule and Political Ruptures, ed. William Callison and Zachary Manfredi (Fordham University Press, 2018), 89–111.

45. 'Monthly CO_2', CO_2.earth, co$_2$.earth/monthly-co$_2$.

46. Richard Betts, 'Met Office: Atmospheric CO_2 Now Hitting 50% Higher Than Pre-Industrial Levels', Carbon Brief, 16 March 2021, carbonbrief.org.

47. 'More Than Half of All CO_2 Emissions Since 1751 Emitted in the Last 30 Years', Institute for European Environmental Policy, 29 April 2020, ieep.eu; 'World of Change: Amazon Deforestation', NASA Earth Observatory, earthobservatory.nasa.gov.

48. 'Deforestation Has Slowed Down but Still Remains a Concern, New UN Report Reveals', UN News, 21 July 2020, news.un.org.

49. Michael Perelman, Farming for Profit in a Hungry World: Capital and the Crisis in Agriculture (Allanheld, Osmund, 1978). 1989년에 중국 전체에서 살육한 닭이

20억 마리였는데, 그 끔찍한 숫자는 30년 후 다섯 배 이상 증가했다. FAOSTAT, fao.org.

50. Andreas Malm, 'China as Chimney of the World: The Fossil Capital Hypothesis', Organization & Environment 25, no. 2 (2012): 146 – 77.

51. 이 암울한 역사에 관해서는, 특히 아프리카를 중심으로 2장에서 그 사례를 살펴볼 것이다. 북미의 한 사례로는 Karl Jacoby, Crimes Against Nature: Squatters, Poachers, and the Hidden History of American Conservation (University of California Press, 2014)를 보라.

52. Friedrich Hayek, 'Planning, Science and Freedom', Nature 148 (1941): 580. 현재 명백히 반맑스주의자인 브뤼노 라투르Bruno Latour와 그 추종자들이 지배하는 과학기술 연구는 소련과 영국의 맑스주의 철학자(J. D. 버널J. D. Bernal, 니콜라이 부하린 Nikolai Bukharin, 미하일 바흐친Mikhail Bakhtin 등)들이 1931년 런던에서 열린 국제과학사회의에서 만났을 때 처음 태동했다. Gary Werskey, The Visible College: The Collective Biography of British Scientific Socialists of the 1930s (Holt, Rinehart and Winston, 1978), chapter 5 참조.

53. Will Kymlicka, 'Human Supremacism: Why Are Animal Rights Activists Still the "Orphans of the Left"?', New Statesman, 30 April 2019, newstatesman.com; Ryan Gunderson, 'Marx's Comments on Animal Welfare', Rethinking Marxism 23, no. 4 (2011): 543 – 48.

54. Amie 'Breeze' Harper, 'Dear Post-Racial White Vegans: "All Lives Matter" Is a Racial Microaggression Contributing to Our Daily Struggle with Racial Battle Fatigue', Sistah Vegan, 13 January 2015, sistahvegan.com; Summer Anne Burton, 'Stop Comparing Black Lives Matter to Animal Rights', Tenderly, 4 June 2020, medium.com/tenderlymag. 장애 연구의 시각에서 동물권 운동을 비판하는 예로는 Sunaura Taylor, Beasts of Burden: Animal and Disability Liberation (New Press, 2017); David Sztybel, 'Can the Treatment of Animals Be Compared to the Holocaust?', Ethics and the Environment 11, no. 1 (2006): 97 – 132 참조.

55. 'Why Black Americans Are More Likely to Be Vegan', BBC, 11 September 2020,

bbc.com.

56. Upton Sinclair, The Jungle (Penguin, 1985 [1905]), 408. Alyssa Battistoni, 'Living, Not Just Surviving', Jacobin, 15 August 2017, jacobinmag.com.

57. Alyssa Battistoni, 'Living, Not Just Surviving', Jacobin, 15 August 2017, jacobinmag.com.

58. It's Not Intersectional, It's DxE: An Exposé Written by DxE's Victims', Dismantle DxE, 16 September 2015, dismantledxe.wordpress.com; Owen Hatherley, 'A Tale of Rape Claims, Abuses of Power and the Socialist Workers Party', Guardian, 8 February 2013.

59. 최근엔 상황이 나아졌다. Joanna Kerr, 'Greenpeace Apology to Inuit for Impacts of Seal Campaign', Greenpeace, 24 June 2014, greenpeace.org를 보라. 역사적인 설명으로는 Ryan Tucker Jones, 'When Environmentalists Crossed the Strait: Subsistence Whalers, Hippies, and the Soviets', RCC Perspectives, no. 5 (2019): 81–8를 보라.

60. Richard Schuster et al., 'Vertebrate Biodiversity on Indigenous-Managed Lands in Australia, Brazil, and Canada Equals That in Protected Areas', Environmental Science & Policy 101 (2019): 1–6.

61. 마하티르 빈 모하맛Mahathir bin Mohamad은 1992년 지구정상회의Rio Earth Summit 대표단을 이렇게 호되게 꾸짖었는데 적절한 비판이었다. "부유한 나라가 자기들 숲을 갈아엎고, 유독가스를 내뿜는 공장을 세우고, 값싼 자원을 찾아 전 세계를 뒤지고 다녀도 가난한 나라는 아무 말도 하지 않았습니다. 사실은 부유한 나라의 발전 비용을 지불했죠. 그런데 지금 부유한 나라들은 가난한 나라의 발전을 규제할 권리를 요구하고 있습니다."1992년 6월 13일 브라질 리우데자네이루에서 열린 유엔 환경개발회의 연설, mahathir.com.

62. Frederick Engels, 'Preface to the English Edition', in Capital: A Critique of Political Economy, vol. 1, by Karl Marx (Penguin, 1976 [1887]), 113.

63. Eric Hobsbawm, 'The Murder of Chile', New Society, 20 September 1973, quoted in Ralph Miliband, 'The Coup in Chile', Jacobin, 11 September 2016.

64. 『뒤를 돌아보며』는 『톰 아저씨의 오두막Uncle Tom's Cabin』과 『벤허Ben-Hur』와 함께 19세기에 엄청난 판매량을 기록한 책이다.

65. John Atkinson Hobson, 'Edward Bellamy and the Utopian Romance', Humanitarian 13 (1898): 180, quoted in Matthew Beaumont, introduction to Looking Backward: 2000 – 1887, by Edward Bellamy (Oxford University Press, 2007 [1888]), xvii.

66. Karl Marx, 'Postface to the Second Edition', in Capital: A Critique of Political Economy, vol. 1 (Penguin, 1976 [1867]), 99. Karl Marx and Friedrich Engels, The Communist Manifesto (Penguin, 2015 [1848]), 46 – 9도 참조.

67. Philip Mirowski, 'Markets Come to Bits: Evolution, Computation and Markomata in Economic Science', Journal of Economic Behavior & Organization 63, no. 2 (2007): 209 – 42.

1장 프로메테우스 묶기

1. Peder Anker, 'The Ecological Colonization of Space', Environmental History 10, no. 2 (2005): 239.

2. Cyrus K. Boynton and Arthur K. Colling, 'Solid Amine CO_2 Removal System for Submarine Application', SAE Transactions 92 (1983): 601; Eugene A. Ramskill, 'Nuclear Submarine Habitability', SAE Transactions 70 (1962): 355.

3. Buckminster Fuller, Operating Manual for Spaceship Earth (Simon & Schuster, 1969).

4. 측지선 돔이 녹색이라는 허식을 얻은 것은, 풀러가 판지에 적힌 지시문만 이용하여 현장에서 13미터 높이의 판지 반구체를 만들어 대상을 받았던 1954년 밀라노 트리엔날레(주제가 '인공물과 자연 사이의 삶: 디자인과 환경적 도전'이었다)에서다. 'Geodesic Domes', Buckminster Fuller Institute, bfi.org.

5. 이 용어에 대한 상세한 설명은 Anker, 'Ecological Colonization', 243을 보라.

6. 냉전 이후 미국은 그 대신 이후 국제우주정거장이 될 시설을 짓기 위해 러시아와 협력하는 길을 택했다. Sabine Höhler, 'The Environment as a Life Support System: The Case of Biosphere 2', History and Technology 26, no. 1 (2010): 48.

7. Anker, 'Ecological Colonization', 256. 공교롭게도 바이오스피어 2와 플로리다의 디즈니 엡콧센터는 둘 다 측지선 돔 모양이다.

8. 유리창이 벌의 시각과 비행에 필요한 자외선을 차단했기 때문에 벌은 이미 그곳에서 살기가 힘들었다. 'Lee Pivnik at Biosphere 2', Art Viewer, September 2017, artviewer.org. 9.

9. 예를 들어, 중국 남서부 일부 지역에서는 살충제로 인해 사라진 벌을 대신해서 수분 작업자들이 손으로 그 일을 하고 있다. Dave Goulson, 'Pollinating by Hand: Doing Bees' Work', interview by Natalie Muller, Deutsche Welle, 31 July 2014, dw.com.

10. Mark Nelson, 'Biosphere 2: What Really Happened?', Dartmouth Alumni Magazine, May – June 2018, dartmouthalumnimagazine.com; Jane Poynter, 'What Lessons Came Out of Biosphere 2?', interview by Guy Raz, NPR, 27 September 2013, npr.org.

11. Joel E. Cohen and David Tilman, 'Biosphere 2 and Biodiversity-The Lessons So Far', Science 274, no. 5290 (1996): 1150.

12. James K. Wetterer et al., 'Ecological Dominance by Paratrechina longicornis (Hymenoptera: Formicidae), an Invasive Tramp Ant, in Biosphere 2', Florida Entomologist 82, no. 3 (1999): 381 – 8.

13. Cohen and Tilman, 'Biosphere 2 and Biodiversity', 1151.

14. '여섯번째 대멸종'이란 개념은 엘리자베스 코버트Elizabeth Kolbert의 책으로 최근 널리 퍼졌지만, 그 용어는 그 전에 만들어졌다. Richard E. Leakey and Roger Lewin, The Sixth Extinction: Patterns of Life and the Future of Humankind (Anchor, 1996); Norman Myers, The Sinking Ark: A New Look at the Problem of Disappearing Species (Pergamon Press, 1979) 참조.

15. Gerardo Ceballos, Paul R. Ehrlich, and Peter H. Raven, 'Vertebrates on the

Brink as Indicators of Biological Annihilation and the Sixth Mass Extinction', Proceedings of the National Academy of Sciences 117, no. 24 (2020): 13596.

16. Robert Costanza et al., 'Changes in the Global Value of Ecosystem Services', Global Environmental Change 26 (2014): 152 – 8. 로버트 코스탄자Robert Costanza 가 1997년에 처음으로 매년 약 33조 달러라는 가격을 자연에 책정하면서 이런 추세에 시동을 걸었다. Robert Costanza et al., 'The Value of the World's Ecosystem Services and Natural Capital', Nature 387, no. 6630 (1997): 253 – 60을 보라.

17. Oscar Wilde, 'Lady Windermere's Fan', in Five Plays by Oscar Wilde (Bantam Books, 1961), 42.

18. Terry Pinkard, Hegel: A Biography (Cambridge University Press, 2000), 24.

19. Malthus, An Essay on the Principle of Population, as It Affects the Future Improvement of Society: With Remarks on the Speculations of Mr. Godwin, M. Condorcet, and Other Writers (J. Johnson, 1798), 2.

20. Andrea A. Rusnock, 'Historical Context and the Roots of Jenner's Discovery', Human Vaccines & Immunotherapeutics 12, no. 8 (2012): 2027. 그렇지만 영국에서 새로운 치료법의 활용은 혁명기 프랑스보다 뒤처졌다. 프랑스는 이미 1803년에 군대에서 대규모 백신접종을 실시했다.

21. 레이먼드 플랜트Raymond Plant는 헤겔의 이후 철학에서 이 저작이 지니는 중요성을 강조한다. Raymond Plant, 'Hegel and Political Economy (Part I)', New Left Review 1/103 (1977): 82 – 4.

22. Georg W. F. Hegel, Philosophy of Nature, Being Part Two of the Encyclopaedia of the Philosophical Sciences (1830) (Oxford University Press, 2004), 444.

23. Georg W. F. Hegel, 'The Spirit of Christianity and Its Fate', in On Christianity: Early Theological Writings by Friedrich Hegel, trans. T. M. Knox (Harper & Brothers, 1961), 182.

24. 헤겔은 그리스의 홍수신화가 유대 전통과 상당히 다르다는 사실에 주목한다. 니므롯도 노아도 자연 상태로 되돌아가지 못했지만, '그보다 아름다운 한 쌍인 데우칼리온과 피라'는 다른 운명을 누렸다. "그들의 시대에 닥쳤던 홍수가 지나간 후 그

들은 다시 한번 인간을 세계와의 우정으로, 자연으로 초대했고, 기쁨과 즐거움 속에서 인간들이 욕구와 적대감을 잊도록 했으며, 사랑으로 평화를 빚었다. 또한 더 아름다운 민족의 선조가 되어 자기 시대가 젊음의 생기를 유지하는, 새로 태어난 자연적 삶의 어머니가 되도록 했다." Hegel, 'Spirit of Christianity', 184 – 5. 아이러니하게도 데우칼리온은 프로메테우스의 아들이다.

25. Ibid., 183. 헤겔의 설명에 따르면 "아직은 생명이 상당히 존중되어 동물의 피 안에 동물의 생명, 영혼이 담겨 있으므로 인간이 동물의 피를 먹는 일은 금지되었다."

26. Ibid., 184.

27. Ibid., 186.

28. Plant, 'Hegel and Political Economy (Part I)', 84.

29. 고드윈이 맬서스의 공격 대상으로는 묘한 선택이었던 것이, 둘 다 프랑스혁명에 비판적이었기 때문이다. 고드윈은 어딜 보나 급진적이었지만 1789년 혁명에 반대했을 뿐 아니라 스스로 '혁명의 적'이라고 선언했다. William Petersen, 'The Malthus – Godwin Debate, Then and Now', Demography 8, no. 1 (1971): 16.

30. William Godwin, 'Of Avarice and Profusion', in The Enquirer (Edinburgh: John Anderson Junior, 1823 [1793]), 156 – 7; Malthus, An Essay on the Principle of Population, I.

31. Malthus, An Essay on the Principle of Population, 14.

32. 제스티가 자신의 실험결과를 발표한 적이 없으므로 제너는 그의 방법을 알지 못했다. James F. Hammarsten, William Tattersall, and J. E. Hammarsten, 'Who Discovered Smallpox Vaccination? Edward Jenner or Benjamin Jesty?', Transactions of the American Clinical and Climatological Association 90 (1979): 44 – 55.

33. 자신의 백신 방법으로 평생 면역을 얻을 수 있다는 사실을 깨닫지 못했기 때문에 제너의 이해는 불완전했다. Dworetzky, Cohen, and Mullin, 'Prometheus in Gloucestershire', 810.

34. Arthur Boylston, 'The Origins of Vaccination: No Inoculation, No Vaccination', Journal of the Royal Society of Medicine 106, no. 10 (2013): 396.

35. Edward Jenner, An Inquiry into the Causes and Effects of the Variola vaccina, a Disease Discovered in Some of the Western Counties of England, Particularly Gloucestershire, and Known by the Name of the Cow Pox (London: Sampson Low, 1798), 1.

36. Ibid., 2.

37. Carlton Gyles, 'One Medicine, One Health, One World', Canadian Veterinary Journal 57, no. 4 (2016): 345 – 6; Michael Francis, 'Vaccination for One Health', International Journal of Vaccines & Vaccination 4, no. 5 (2017), 00090.

38. 드물게 그런 점이 언급될 때도 "인간의 많은 질병이 동물에서 연유한다는 횡설수설하는 가정"이라는 식으로 비웃음거리가 되었다. Boylston, 'The Origins of Vaccination', 395.

39. Lisa Herzog, Inventing the Market: Smith, Hegel, and Political Theory (Oxford University Press, 2013), 59 – 60.

40. Malthus, An Essay on the Principle of Population, 16.

41. James P. Huzel, 'The Demographic Impact of the Old Poor Laws: More Reflections on Malthus', in Malthus and His Time, ed. Michael Turner (Palgrave Macmillan, 1986), 40 – 59.

42. 이 개념을 탐구한 얼마 안 되는 사회주의 사상가 중 한 명이 존 오닐John O'Neill이다. 'Science, Wonder and the Lust of the Eyes', Journal of Applied Philosophy 10, no. 2 (1993): 139 – 46을 보라.

43. Karl Marx, Economic and Philosophic Manuscripts of 1844 (Prometheus Books, 1988 [1932]), 77.

44. Ibid., 107-8.

45. Hesiod, 'Theogony', in Hesiod, trans. Richmond Lattimore (University of Michigan Press, 1959), p. 153, line 510; p. 157, line 567.

46. Karl Marx and Frederick Engels, review of Die Religion des Neuen Weltalters. Versuch einer Combinatorisch-Aphoristischen Grundlegung, by Georg Friedrich Daumer (Hamburg, 1850), in Collected Works, vol. 10 (Lawrence & Wishart, 1978),

245, Reiner Grundmann, 'The Ecological Challenge to Marxism', New Left Review 1/187 (1991): 110에서 인용. 제너는 뻐꾸기가 기생하는 생물종이라고 주장한 최초의 인물이었는데, 1921년에 사진을 증거로 그 사실이 증명되기 전까지는 그에 대한 논쟁이 지속되었다.

47. Rick Kuhn, 'Marxism and Birds', 30 March 1998, sa.org.au/ marxism_page/ marxbird/marxbird.htm. 스탈린에 대해서는 John Lewis Gaddis, The Landscape of History: How Historians Map the Past (Oxford University Press, 2002), 117을 보라.

48. Karl Marx, Capital: A Critique of Political Economy, vol. 1 (Penguin, 1976 [1867]), 639n49; Karl Marx, 'Economic Manuscript of 1861 – 63', in Collected Works, vol. 31 (Lawrence & Wishart, 1989), 345.

49. Jonathan Sperber, Karl Marx: A Nineteenth-Century Life (Liveright, 2013), 354.

50. Bertell Ollman, 'Marx's Vision of Communism: A Reconstruction', Critique 8, no. 1 (1977): 27 – 8.

51. Frederick Engels, 'Outlines of a Critique of Political Economy', in Collected Works, vol. 3 (Lawrence & Wishart, 1975), 440.

52. Kohei Saito, Karl Marx's Ecosocialism: Capital, Nature, and the Unfinished Critique of Political Economy (Monthly Review Press, 2017), 229.

53. Leon Trotsky, Literature and Revolution (Haymarket, 2005 [1924]), 204.

54. Stephen Brain, 'Stalin's Environmentalism', Russian Review 69, no. 1 (2010): 93 – 118; John Bellamy Foster, 'Late Soviet Ecology and the Planetary Crisis', Monthly Review, 1 June 2015, monthly review.org.

55. Boris Lyubimov, Bering Strait Dam (US Joint Publications Research Service, 1960), 1, apps.dtic.mil.

56. Ken Caldeira and Govindasamy Bala, 'Reflecting on 50 Years of Geoengineering Research', Earth's Future 5, no. 1 (2017): 10.

57. Philip Micklin, 'The Aral Sea Disaster', Annual Review of Earth and Planetary Sciences 35 (2007): 47 – 72.

58. Beatrice Grabish, 'Dry Tears of the Aral', UN Chronicle 1 (1999): 38 – 44.

59. John Bellamy Foster and Paul Burkett, Marx and the Earth: An Anti-Critique (Brill, 2016) 참조. 이런 점에서 생태사회주의 문헌을 비판하는 비평으로는 Andreas Malm, 'For a Fallible and Lovable Marx: Some Thoughts on the Latest Book by Foster and Burkett', Critical Historical Studies 4, no. 2 (2017): 267 – 75 를 보라.

60. Alex Williams and Nick Srnicek, '#ACCELERATE MANIFESTO for an Accelerationist Politics', Critical Legal Thinking, 14 May, 2013, criticallegalthinking.com.

61. Leigh Phillips and Michal Rozworski, 'Planning the Good Anthropocene', Jacobin, 15 August 2017, jacobinmag.com; Peter Frase, 'By Any Means Necessary', Jacobin, 15 August 2017.

62. Holly Jean Buck, After Geoengineering: Climate Tragedy, Repair, and Restoration (Verso, 2019), 168, 181.

63. Ibid., 173, 178.

64. Thomas Robertson, The Malthusian Moment: Global Population Growth and the Birth of American Environmentalism (Rutgers University Press, 2012); Alison Bashford and Joyce E. Chaplin, The New Worlds of Thomas Robert Malthus: Rereading the Principle of Population (Princeton University Press, 2016) 참조.

65. Paul R. Ehrlich, The Population Bomb (Ballantine Books, 1968), 15.

66. Ibid., xi.

67. Garrett Hardin, 'The Tragedy of the Commons', Science 162, no. 3859 (1968): 1246.

68. Garrett Hardin, 'Commentary: Living on a Lifeboat', BioScience 24, no. 10 (1974): 561.

69. Thomas Malthus, An Essay on the Principle of Population, or, A View of Its Past and Present Effects on Human Happiness: With an Inquiry Into Our Prospects Respecting the Future Removal or Mitigation of the Evils Which It Occasions,

2nd ed. (London: J. Johnson, 1803), 6.

70. Garret Hardin, 'Conspicuous Benevolence and the Population Bomb: Why Good Fences Make Good Neighbors', Chronicles 15, no. 10 (1991): 18–22; 'Garrett Hardin', Southern Poverty Law Center, splcenter.org.

71. 예를 들어, Environment and Society: A Reader, ed. Schlottmann et al. (New York University Press, 2017)라는 교재는 짧은 글인 「공유지의 비극」을 보란 듯이 발췌하여 싣고 있는데, 앞에 인용한 부분을 비롯하여 가장 혐오스러운 대목은 넣지 않았다.

72. Mark Tran, 'David Attenborough: Trying to Tackle Famine with Bags of Flour Is "Barmy"', Guardian, 18 September 2013; George Monbiot, 'Population Panic Lets Rich People Off the Hook for the Climate Crisis They Are Fuelling', Guardian, 26 August 2020, theguardian.com.

73. 허가증 방안은 환경경제학자인 케네스 볼딩이 농담 삼아 꺼낸 것이지만(여전히 논란의 여지는 있다), 허만 달리Herman Daly를 비롯하여 일부에서는 여전히 진지하게 받아들인다. 'Ecologies of Scale,' New Left Review 1/108 (2018): 92를 보라. 1973년에 앨라배마에서 미니Minnie와 메리 앨리스 렐프Mary Alice Relf라는 두 흑인 소녀에게 원치 않는 불임수술을 받게 한 사건이 알려지면서, 연방정부가 복지후생비가 삭감되지 않도록 불임수술을 받는 10만 명에서 15만 명의 비용을 매년 부담한다는 사실이 전 국민의 관심을 끌었다. 이 비극이 진행되는 동안 ZPG가 애매모호한 태도를 보였기 때문에 그것이 환경주의자와 미국 흑인 단체 사이의 불화로 이어졌다. 'Relf v. Weinberger', Southern Poverty Law Center.

74. Natasha Lennard, 'The El Paso Shooter Embraced Eco-Fascism. We Can't Let the Far Right Co-Opt the Environmental Struggle', Intercept, 5 August 2019, theintercept.com.

75. Michael Greger, 'The Human/Animal Interface: Emergence and Resurgence of Zoonotic Infectious Diseases', Critical Reviews in Microbiology 33, no. 4 (2007): 243.

76. Robin Weiss and Anthony J. McMichael, 'Social and Environmental Risk Factors

in the Emergence of Infectious Diseases', Nature Medicine 10, no. 12 (2004):
S72; Kennedy Shortridge, 'Severe Acute Respiratory Syndrome and Influenza:
Virus Incursions from Southern China', American Journal of Respiratory and
Critical Care Medicine 168, no. 12 (2003): 1417; Tony McMichael, Human
Frontiers, Environments and Disease: Past Patterns, Uncertain Futures (Cambridge
University Press, 2001), 101.

77. Igor Babkin and Irina N. Babkina, 'The Origin of the Variola Virus', Viruses 7,
no. 3 (2015): 1106 – 7.

78. Nathan Wolfe, Claire Panosian Dunavan, and Jared Diamond, 'Origins of Major
Human Infectious Diseases', Nature 447, no. 7142 (2007): 282.

79. Mark S. Smolinski, Margaret A. Hamburg, and Joshua Lederberg, eds., Microbial
Threats to Health: Emergence, Detection, and Response (National Academies Press,
2003), 17.

80. C. E. Gordon Smith, 'Introductory Remarks', in Ebola Virus Hemorrhagic Fever,
ed. S. R. Pattyn (Elsevier, 1978), 13.

81. 이어지는 문장에서, "그런 변화가 충분히 채택되거나 강제된다면, 커다란 두려움
의 대상인 [조류] 인플루엔자 유행이 발생할 확률을 낮출 수 있을 것"이라고 말한
다. David Benatar, 'The Chickens Come Home to Roost', American Journal of
Public Health 97, no. 9 (2007): 1545 – 6.

82. Aysha Z. Akhtar et al., 'Health Professionals' Roles in Animal Agriculture,
Climate Change, and Human Health', American Journal of Preventive Medicine
36, no. 2 (2009): 182 – 7.

83. Kate E. Jones et al., 'Global Trends in Emerging Infectious Diseases', Nature 451
(2008): 992.

84. Sonia Shah, Pandemic: Tracking Contagions, from Cholera to Ebola and Beyond
(Sarah Crichton Books, 2016), 19.

85. "파리의 엘리트들은 콜레라를 부정했고, 그에 맞설 심산으로 무시무시한 시체처
럼 꾸미고는 '콜레라 왈츠'를 추는 계획된 가장무도회 파티에 참석했지만, 곧 분장

한 대로 스스로 시체가 되었다…… 이따금 춤추며 즐기던 사람 중에는 갑자기 가면을 찢어버리고, 자주색으로 변한 얼굴을 내보이며, 그 자리에 쓰러진 이도 있었다. 콜레라로 얼마나 빨리 사망에 이르렀는지 무도회 의상을 입은 채 무덤에 들어갔다." Ibid., 43.

86. 전기적 문헌들은 대부분 헤겔이 콜레라로 사망했다고 동의하지만 전부 그런 것은 아니다. 테리 핀카드Terry Pinkard는 '상부 위장관' 질병을 사망원인으로 본다. Pinkard, Hegel, 616.

87. Hesiod, 'The Works and Days', in Hesiod, trans. Richmond Lattimore (University of Michigan Press, 1959), p. 29, lines 90 – 2.

88. Marshall Sahlins 'The Original Affluent Society', in Stone Age Economics (Aldine-Atherton, 1972) 참조.

89. Hesiod, 'The Works and Days', p. 29, line 95.

90. Ibid., pp. 29 – 31, lines 101 – 3.

91. "부르주아는 다른 사람을 위해 일하지 않는다. 그렇다고 생물학적 독립체로 이해되는 자기 자신을 위해 일하지도 않는다. 그는 '법적 인간', 사적인 '자산소유자'로 이해되는 자신을 위해 일한다. 재산 그 자체, 이제 돈이 된 재산을 위해 일한다. 즉, 그는 자본을 위해 일한다." Alexandre Kojeve, Introduction to the Reading of Hegel: Lectures on the Phenomenology of Spirit, ed. Alan Bloom (Cornell University Press, 1980 [1947]), 65.

92. Marx, Capital, 1:255.

93. Karl Marx, 'Results of the Immediate Process of Production', in Capital: A Critique of Political Economy, vol. 1 (Penguin, 1976), 1062.

94. Ibid., 1:988.

95. Herzog, Inventing the Market, 55에서 인용.

96. Marx, Capital, 1:254.

97. Max Horkheimer and Theodor W. Adorno, Dialectic of Enlightenment: Philosophical Fragments (Stanford University Press, 2002 [1944]), 26.

98. Ibid., 27.

99. 모이세 포스톤Moishe Postone은 자본주의가 가만히 있지 못하는 이유를 이렇게 설명한다. "생산성이 높아지면 시간당 생산되는 사용가치는 증가하지만, 그 결과 시간당 생산되는 가치의 양은 단기적으로만 증가할 뿐이다. 일단 생산의 증가가 보편화되면 가치의 양은 기준치까지 떨어진다. 결과적으로 일종의 쳇바퀴 역학이 생긴다." 그의 'Critique and Historical Transformation', Historical Materialism 12, no. 3 (2004): 59를 보라.

100. IPCC, Global Warming of 1.5°C. An IPCC Special Report (2018), 148, 353, 354, 364.

101. John O'Neill, 'Who Won the Socialist Calculation Debate?', History of Political Thought 17, no. 3 (1996): 434.

102. Otto Neurath, 'Pseudorationalismus Der Falsifikation', Erkenntnis 5 (1935): 353 – 65; Otto Neurath, 'The Problem of the Pleasure Maximum', in Empiricism and Sociology, ed. Marie Neurath and Robert S. Cohen (D. Reidel, 1973 [1912]), 113 – 22; Otto Neurath, 'Through War Economy to Economy in Kind', in Empiricism and Sociology, 146.

103. Neurath, 'Economy in Kind', 145.

104. Otto Neurath, 'Total Socialisation', in Economic Writings, Selections 1904 – 1945, ed. Thomas. E. Uebel and Robert S. Cohen (Springer, 2005 [1920]), 399.

105. Otto Neurath, 'What Is Meant by a Rational Economic Theory?', in Unified Science, ed. Brian McGuinness (D. Reidel, 1987 [1935]), 108.

106. Jordi Cat, 'Political Economy: Theory, Practice, and Philosophical Consequences', in Stanford Encyclopedia of Philosophy (Fall 2019 edition), ed. Edward N. Zalta, plato.stanford.edu.

107. Neurath, 'Economy in Kind', 131.

108. Ibid., 136, 141, 146 – 7.

109. Ibid., 142.

110. 빈 지식인 사회는 밀접하게 서로 연결된 사회라, 미제스와 노이라트는 전쟁 전 경제학자 오이겐 폰 뵘바베르크Eugen Ritter von Böhm-Bawerk의 세미나에 함께 참석

했기 때문에 개인적으로 아는 사이였다. 그때에도 미제스는 '광신도적 열정'으로 '터무니없는 소리'를 내뱉는다며 노이라트를 경멸했다. Bruce Caldwell, Hayek's Challenge: An Intellectual Biography of F. A. Hayek (University of Chicago Press, 2004), 114. 이 논쟁의 개략적인 설명으로는 Jessica Whyte, 'Calculation and Conflict', South Atlantic Quarterly 119, no. 1 (2020), 31–51을 보라.

111. Friedrich Hayek, 'The Nature and the History of the Problem', in Collectivist Economic Planning, ed. Friedrich Hayek (Routledge & Kegan Paul, 1935), 30.

112. Ludwig von Mises, Economic Calculation in the Socialist Commonwealth (Mises Institute, 1990 [1920]), 21n. 이 글의 원본은 노이라트를 언급조차 하지 않았다. 나중에 하이에크가 설명한 바로는, 미제스를 '도발해서' 1920년 글을 쓰게 한 것이 사실 노이라트의 글이었다고 한다. Caldwell, Hayek's Challenge, 116 참조.

113. Mises, Economic Calculation, 14.

114. "그의 위대한 봉사에 대한 인정의 표현이자, 건전한 경제 회계의 지극한 중요성을 기억하는 증표로, 미제스 교수의 동상이 사회주의화 부서나 사회주의 국가의 중앙계획이사회 건물 중앙홀의 영광스러운 자리를 차지해야 한다." Oskar Lange, 'On the Economic Theory of Socialism: Part One', Review of Economic Studies 4, no. 1 (1936): 53.

115. Thomas E. Uebel, 'Otto Neurath as an Austrian Economist: Behind the Scenes of the Early Socialist Calculation Debate', in Otto Neurath's Economics in Context, ed. Elisabeth Nemeth et al. (Springer, 2007), 41.

116. "계획 실행자는 아마도 산수를 광범위하게 사용할 테고, 사실 산술적 방법을 써서 자원의 최적 이용과 관련하여 한 지역에 한정된 결정을 내리길 원한다면, 계산을 위해 서로 다른 생산물을 어떤 공통분모로 전환할 필요가 있다는 미제스의 주장은 상당히 옳다. 하지만 전 경제에 걸친 전 지구적 최적화를 실행하고자 한다면, 뇌의 신경계가 작동하는 방식과 많은 부분 겹치는 다른 계산 기술이 더 적절하고, 이는 원칙적으로 산수에 기대지 않고는 실행될 수 없다. 물론 미제스의 글이 발표되고도 한참 뒤에 이루어진 컴퓨터과학의 발전을 고려하지 않았다고 트집을 잡는다면 그것은 시대착오적인 일이 될 것이다." Allin Cottrell and W. Paul

285

Cockshott, 'Calculation, Complexity and Planning: The Socialist Calculation Debate Once Again', Review of Political Economy 5, no. 1 (1993): 79.

117. Friedrich Hayek, 'The Use of Knowledge in Society', American Economic Review 35, no. 4 (1945): 519.

118. Ibid., 526.

119. 이것은 Robert N. Proctor and Londa Schiebinger, eds., Agnotology: The Making and Unmaking of Ignorance (Stanford University Press, 2008)에서 나온 용어다.

120. Frank Knight, 'Some Fallacies in the Interpretation of Social Cost', Quarterly Journal of Economics 38, no. 4 (1924): 606.

121. Bruce Caldwell, 'F. A. Hayek and the Economic Calculus', History of Political Economy 48, no. 1 (2016): 161n.

122. 일찍부터 하이에크는 "열심히 기도와 단식을 해서 쫓아버린 찬장 속 해골인 '경제적 인간'이 유사 전지한 개인이라는 형태로 회귀한 것 같다"며 불평했다. 그의 'Economics and Knowledge', Economica, 4, no. 13 (1937): 45를 보라.

123. Philip Mirowski, Never Let a Serious Crisis Go to Waste: How Neoliberalism Survived the Financial Meltdown (Verso, 2014), 332.

124. Friedrich Hayek, 'The Trend of Economic Thinking', Economica, no. 40 (1933): 123, 130. 말년에 하이에크는 자신의 경제분석에 인공두뇌학과 진화론의 통찰력까지 더하게 된다. Naomi Beck, Hayek and the Evolution of Capitalism (University of Chicago Press, 2018).

125. Hayek, 'The Trend of Economic Thinking', 123; Friedrich Hayek, 'The Pretence of Knowledge' (Lecture to the memory of Alfred Nobel, Stockholm, 11 December 1974), nobelprize.org.

126. H. Scott Gordon, 'The Economic Theory of a Common-Property Resource: The Fishery,' Journal of Political Economy 62, no. 2 (1954): 124–42; Edward Nik-Khah, 'Neoliberal Pharmaceutical Science and the Chicago School of Economics', Social Studies of Science 44, no. 4 (2014): 489–517.

127. Mirowski, Never Let a Serious Crisis Go to Waste, 340.

128. John H. Dales, Pollution, Property and Prices: An Essay in Policy-Making and Economics (Edward Elgar, 2002 [1968]), 102 – 4. 이와 유사하게 로널드 코스Ronald Coase는 환경 문제를 '골칫거리'로 이해한다. Ronald Coase, 'The Problem of Social Cost', Journal of Law & Economics 3 (October 1960): 1 – 44를 보라.

129. Mises, Economic Calculation, 11.

130. Paul J. Crutzen, 'The Influence of Nitrogen Oxides on the Atmospheric Ozone Content', Quarterly Journal of the Royal Meteorological Society 96, no. 408 (1970): 320 – 5; Paul J. Crutzen, 'SST's: A Threat to the Earth's Ozone Shield', Ambio 1, no. 2 (1972): 41 – 51.

131. Mario J. Molina and F. Sherwood Rowland, 'Stratospheric Sink for Chlorofluoromethanes: Chlorine Atom-Catalysed Destruction of Ozone', Nature 249, no. 5460 (1974): 810 – 12.

132. 이 문제를 해결하기 위해 알베르트 아이젠슈타인Albert Einstein은 친구인 Leo Szilard레오 실라르드와 협력하여 프레온가스를 쓰지 않는 훨씬 안전한 냉장고를 만들게 되었다. Sam Kean, 'Einstein's Little-Known Passion Project? A Refrigerator', Wired, 23 July 2017, wired.com.

133. Susan Solomon, 'The Mystery of the Antarctic Ozone "Hole"', Reviews of Geophysics 26, no. 1 (1988): 131.

134. 'An Undeniable Problem in Antarctica', Understanding Science, undsci.berkeley.edu.

135. Richard A. Kerr, 'Deep Chill Triggers Record Ozone Hole', Science 282, no. 5388 (1998): 391.

136. 'An Undeniable Problem in Antarctica'.

137. Alan Robock, '20 Reasons Why Geoengineering May Be a Bad Idea', Bulletin of the Atomic Scientists 64, no. 2 (2008): 15 – 16.

138. David W. Keith et al., 'Solar Geoengineering Without Ozone Loss', Proceedings of the National Academy of Sciences 113, no. 52 (2016): 14910.

139. Daniel J. Cziczo et al., 'Unanticipated Side Effects of Stratospheric Albedo

Modification Proposals Due to Aerosol Composition and Phase', Scientific Reports 9, no. 18825 (2019).

140. Kat Eschner, 'One Man Invented Two of the Deadliest Substances of the 20th Century', Smithsonian Magazine, 18 May 2017, smithsonianmag.com. 발명과 관련된 불행한 사고가 결국 미즐리의 목숨을 앗아갔다. "『브리태니커 백과사전 Encyclopedia Britannica』에 따르면 그는 말년에 소아마비에 걸려 다리를 못 쓰게 되었다고 한다. 탐구 정신이 강한 인물답게 침대에 눕고 일어나는 일을 도와줄 기계를 발명했지만 결국 그는 그 줄에 목이 졸려 사망했다."

141. Thomas J. Algeo and Stephen E. Scheckler, 'Terrestrial-Marine Teleconnections in the Devonian: Links Between the Evolution of Land Plants, Weathering Processes, and Marine Anoxic Events', Philosophical Transactions of the Royal Society of London. Series B: Biological Sciences 353, no. 1365 (1998): 113–30.

142. 볼딩이 처음으로 이 개념을 사용한 글은 Kenneth E. Boulding, 'The University, Society, and Arms Control', Journal of Conflict Resolution 7, no. 3 (1963): 458–63이다.

143. Kenneth E. Boulding, 'The Economics of the Coming Spaceship Earth', in Environmental Quality Issues in a Growing Economy, ed. Henry Jarrett (RFF Press, 1966), 9.

144. 예를 들어, Fred Scharmen, 'Jeff Bezos Dreams of a 1970s Future', Bloomberg CityLab, 13 May 2019, bloomberg.com을 보라.

145. Bruce Caldwell, 'Mont Pelerin 1947', in From the Past to the Future: Ideas and Actions for a Free Society, 42, hoover.org.

146. David Keith, 'The Earth Is Not Yet an Artifact', IEEE Technology and Society Magazine 19, no. 4 (2000): 27.

147. Horkheimer and Adorno, Dialectic of Enlightenment, 1.

148. Neurath, 'Total Socialisation', 395.

149. "거대한 고래가 큰 방 한가운데에 걸려 있다. 하지만 우리는 그 '수염'이 어떻게 구시대적인 코르셋이 되는지, 어떻게 그 피부가 신발이 되는지, 혹은 그 지방이 아

름다운 여인의 화장실에 자리잡은 비누가 되는지 알지 못한다. 또한 일 년에 얼마나 많은 고래가 잡히는지, 이런 방법으로 얼마나 많은 고래의 뼈와 지방과 가죽이 생산되는지 알지 못한다…… 인간의 성쇠는 굶주리는 선원과 노르웨이 부부 어부들의 배곯는 가족을 이렇게 전시하는 일과 연결되어 있다. 그래서 모든 것은 인간과 사회로 귀결된다." Otto Neurath, 'Museums of the Future', in Empiricism and Sociology, 219 – 20.

150. Otto Neurath, 'The Lost Wanderers of Descartes and the Auxiliary Motive (On the Psychology of Decision)', in Philosophical Papers 1913 – 1946, ed. Robert S. Cohen and Marie Neurath (D. Reidel, 1983 [1913]), 8.

151. 이 책에 대해 대화하던 중 카메론 후Cameron Hu가 '지은 것을 허물다unbuild'라는 용어를 만들어냈다.

152. 이 문장의 뒷부분을 마저 인용하자면, "맑스가 헤겔의 다른 많은 주제 가운데 이 주제를 받아들였음을 떠올려보자. 인간('계급')이 인정을 위해 서로 싸우고, 노동을 통해 자연에 맞서 싸우는 고유한 의미의 역사를 맑스는 '필요의 영역'이라고 불렀다. 그 너머에…… 인간(대개 서로를 거리낌 없이 인정하는)이 더이상 싸우지 않고 노동도 가능한 한 거의 하지 않는(자연은 확실히 정복된, 곧 인간과 조화를 이루는) '자유의 영역'이 있다." Kojeve, Introduction to the Reading of Hegel, 158 – 9n6.

153. Otto Neurath, 'A System of Socialisation', in Economic Writings, 345.

154. Otto Neurath, 'Anti-Spengler', in Empiricism and Sociology, 199.

2장 새로운 공화국

1. Angela Davis, 'Social Justice in the Public University of California: Reflections and Strategies' (2012년 2월 23일 캘리포니아대학 데이비스 캠퍼스에서 열린 토론회), video.ucdavis.edu. 내용이 명확해지도록 약간 손을 봤다.

2. Plato, The Republic, trans. Paul Shorey, Loeb Classical Library (Harvard University Press, 1937 [1930]), 372b.

3. Ibid., 372c-d.

4. Ibid., 372b-d.

5. Ibid., 373e.

6. Plato, Euthyphro. Apology. Crito. Phaedo. Phaedrus., trans. Harold N. Fowler, Loeb Classical Library 36 (Harvard University Press, 1914), 230d.

7. Thomas More, 'Utopia', in Three Early Modern Utopias, ed. Susan Bruce (Oxford University Press, 1999), 81.

8. Ibid., 22.

9. Ibid., 44.

10. Ibid., 23.

11. Ellen Meiksins Wood, The Origin of Capitalism: A Longer View (Verso, 2002), 109.

12. William Shakespeare, The Life and Death of Richard II, act 2, sc. 1.

13. Wood, The Origin of Capitalism, 152 - 6. 1500년에서 1600년 사이에 양의 수는 300만 마리에서 400만 마리로 급증했다. William Lazonick, 'Karl Marx and Enclosures in England', Review of Radical Political Economics 6, no. 2 (1974): 19. 1300년부터 1850년까지 더 긴 기간의 곡선을 보면, 그 사이 가축 산출량은 400% 증가하여 노동생산성(56%)과 곡물산출량(120%)을 훨씬 능가했다. Robert C. Allen, 'English and Welsh Agriculture, 1300 - 1850: Outputs, Inputs, and Income' (working paper, Nuffield College, University of Oxford, 2006), 2, ora.ox.ac.uk.

14. Wood, The Origin of Capitalism, 153.

15. 튜더왕조가 엔클로저를 경계했던 이유는 Lazonick, 'Karl Marx and Enclosures in England', 17 참조.

16. 아일랜드의 식민화는 이미 튜더시대에 진행되고 있었지만 크롬웰 통치 아래에서 극심해졌다. Donald Woodward, 'The Anglo-Irish Livestock Trade of the Seventeenth Century', Irish Historical Studies 18, no. 72 (1973): 489 - 523; Tiarnán Somhairle, 'Capital's First Colony? A Political Marxist Approach to Irish "Underdevelopment"', Historical Materialism, 5 February 2018,

historicalmaterialism.org.

17. John Locke, Second Treatise of Civil Government (Prometheus Books, 1986 [1690]), 20.

18. Wood, The Origin of Capitalism, 162; More, 'Utopia', 63. 모어의 유토피아 시민들은 "어떤 민족이 땅을 유용하고 이롭게 이용하지 않고, 비어 있는 채로 그냥 놔두면서, 다른 민족이 그 땅을 이용하고 소유하는 일도 막을 때, 그것을 전쟁의 정당한 명분으로 여긴다."

19. 그 가격은 $60 – $150t/C는 되어야 할 것이다. Sean Sweeney, 'Hard Facts about Coal: Why Trade Unions Should Rethink Their Support for Carbon Capture and Storage' (working paper, Trade Unions for Energy Democracy, New York, October 2015), 8, unionsforenergydemocracy. org. 취소된 CCS 발전소의 전체 목록은 다음에서 찾아볼 수 있다. MIT, 'Cancelled and Inactive Projects', Carbon & Sequestration Technologies, 30 September 2016, sequestration.mit.edu. 이 목록을 작성한 MIT의 CCS 연구소도 2016년에 문을 닫았다.

20. 그 예로 Carl-Friedrich Schleussner et al., 'Differential Climate Impacts for Policy-Relevant Limits to Global Warming: The Case of 1.5 C and 2 C', Earth System Dynamics 7, no. 2 (2016): 327 – 51; Richard J. Millar et al., 'Emission Budgets and Pathways Consistent with Limiting Warming to 1.5 C', Nature Geoscience 10, no. 10 (2017): 741 – 7을 보라.

21. 그 개념의 전체적 개요는 Richard A. Houghton, 'Balancing the Global Carbon Budget', Annual Review of Earth and Planetary Sciences 35 (2007): 313 – 47 참조.

22. 2019년 11월 26일 유엔환경계획인 "1.5°C 파리 목표를 맞추기 위해 앞으로 십 년간 전 지구적 탄소배출을 매년 7.6% 줄여야—UN 보고서"의 보도자료, unenvironment. org; Simon Evans, 'Analysis: Coronavirus Set to Cause Largest Ever Annual Fall in CO_2 Emissions', Carbon Brief, 9 April 2020, carbonbrief.org.

23. Zeke Hausfather, 'Analysis: Why the IPCC 1.5C Report Expanded the Carbon Budget', Carbon Brief, 8 October 2018.

24. 당시 그는 그 기술을 'CO_2 제거와 영구격리를 동반한 바이오매스 에너지'라

고 불렀다. Kenneth Möllersten, 'Opportunities for CO_2 Reductions and CO_2-Lean Energy Systems in Pulp and Paper Mills' (doctoral thesis, Royal Institute of Technology, Stockholm, 2002), kth.diva-portal. org.

25. Michael R. Obersteiner et al., Managing Climate Risk (IIASA interim report, 2001), 6, 16, pure.iiasa.ac.at. 곧 이보다 훨씬 짧은 보고서 형식의 글이 《사이언스》에 게재되었고, 그것은 인용지수가 높은 논문이 되었다. Michael R. Obersteiner et al., 'Managing Climate Risk', Science 294, no. 5543 (2001): 786-7.

26. David Keith, 'Sinks, Energy Crops and Land Use: Coherent Climate Policy Demands an Integrated Analysis of Biomass', Climatic Change 49 (2001): 7.

27. Ibid., 9.

28. 하나의 문제점은 CCS와 같은 인공적인 격리와 비교했을 때 '생물학적 저장소 내 탄소의 불안정성'이었다. 또한 "[자연적] 흡수원의 효율성이 논란의 여지가 있고, 고려 대상인 관리 체제와 기간에 본질적으로 좌우된다"는 사실에도 주목했다. Ibid., 3.

29. Vera Heck et al., 'Biomass-Based Negative Emissions Difficult to Reconcile with Planetary Boundaries', Nature Climate Change 8, no. 2 (2018): 151-5. 지구위험 한계선에 대한 획기적인 연구로는 Will Steffen et al., 'Planetary Boundaries: Guiding Human Development on a Changing Planet', Science 347, no. 6623 (2015): 1259855를 보라.

30. Alister Doyle, 'Extracting Carbon from Nature Can Aid Climate but Will Be Costly: U.N.', Reuters, 26 March 2014, reuters.com.

31. Heck et al., 'Biomass-Based Negative Emissions', 153.

32. Anna Harper, 'Why BECCS Might Not Produce "Negative" Emissions After All,' Carbon Brief, 14 August 2018.

33. Keith, 'Sinks, Energy Crops and Land Use', 5.

34. Matteo Muratori et al., 'Global Economic Consequences of Deploying Bioenergy with Carbon Capture and Storage (BECCS)', Environmental Research Letters 11, no. 9 (2016): 4.

35. Philip Mirowski, Never Let a Serious Crisis Go to Waste: How Neoliberalism Survived the Financial Meltdown (Verso, 2014), 332.

36. 'Summary for Policymakers of IPCC Special Report on Global Warming of 1.5° C Approved by Governments', IPCC Newsroom, 8 October 2018, ipcc.ch.

37. 한센은 백악관 앞에서 세 번 체포되었고(2010, 2011, 2013), 다른 곳에서도 두 번 체포되었다.

38. James Hansen and Michael Shellenberger, 'The Climate Needs Nuclear Power', Wall Street Journal, 4 April 2019, wsj. com; James Hansen et al., 'Nuclear Power Paves the Only Viable Path Forward on Climate Change', Guardian, 3 December 2015, theguardian.com 참조.

39. Hansen et al., 'Nuclear Power Paves the Only Viable Path'.

40. 2012년 미국에서는 화석연료의 15%가 전기에, 52%가 액화연료에, 33%가 고체연료와 기체연료에 사용되었다. Vaclav Smil, Power Density: A Key to Understanding Energy Sources and Uses (MIT Press, 2015), 246.

41. Spencer Wheatley, Benjamin Sovacool, and Didier Sornette, 'Of Disasters and Dragon Kings: A Statistical Analysis of Nuclear Power Incidents and Accidents', Risk Analysis 37, no. 1 (2017): 112.

42. Philip Ball, 'James Lovelock Reflects on Gaia's Legacy', Nature, 9 April 2014, nature.com; George Monbiot, 'Why Fukushima Made Me Stop Worrying and Love Nuclear Power', Guardian, 21 March 2011; George Monbiot, 'The Unpalatable Truth Is That the Anti-Nuclear Lobby Has Misled Us All', Guardian, 5 April 2011. 한센은 화석연료로 에너지를 공급받았다면 아마 180만 명이 더 목숨을 잃었겠지만, 원자력이 그들을 구했다는 주장까지 한다. (이 수치는 셸런버거가 곧 인용한다) Pushker A. Kharecha and James E. Hansen, 'Prevented Mortality and Greenhouse Gas Emissions from Historical and Projected Nuclear Power', Environmental Science & Technology, 47, no. 9 (2013): 4889–95.

43. World Health Organization, 'World Health Organization Report Explains the Health Impacts of the World's Worst-Ever Civil Nuclear Accident', 2006년 4월

26일 보도자료, who.int.

44. Ian Fairlie and David Sumner, The Other Report on Chernobyl (TORCH) (study for the European Parliament, Brussels, 2006); Kate Brown, Manual for Survival: A Chernobyl Guide to the Future (W. W. Norton, 2019), 311.

45. Debora Mackenzie, 'Caesium Fallout from Fukushima Rivals Chernobyl', New Scientist, 29 March 2011, newscientist.com; Tetsuji Imanaka, 'Comparison of Radioactivity Release and Contamination from the Fukushima and Chernobyl Nuclear Power Plant Accidents', in Low-Dose Radiation Effects on Animals and Ecosystems: Long-Term Study on the Fukushima Nuclear Accident, ed. Manabu Fukumoto (Springer, 2020), 257.

46. Jan Beyea et al., 'Accounting for Long-Term Doses in Worldwide Health Effects of the Fukushima Daiichi Nuclear Accident', Energy & Environmental Science 6, no. 3 (2013): 1042 – 5; Frank von Hippel, 'The Radiological and Psychological Consequences of the Fukushima Daiichi Accident', Bulletin of the Atomic Scientists 67, no. 5 (2011): 27 – 36.

47. 'Accident Cleanup Costs Rising to 35 – 80 Trillion Yen in 40 Years', Japan Center for Economic Research, 3 July 2019, jcer.or.jp.

48. 'Cleaning up Nuclear Waste Is an Obvious Task for Robots', Economist, 20 June 2019, economist.com.

49. Ben Dooley, Eimi Yamamitsu, and Makiko Inoue, 'Fukushima Nuclear Disaster Trial Ends with Acquittals of 3 Executives', New York Times, 19 September 2019, nytimes.com.

50. Associated Press, 'Japanese Power Company TEPCO Admits It Lied about Meltdown after Fukushima', CBC News, 21 June 2016, cbc.ca.

51. 사실 평가치는 이러한 원자력발전소 수명의 '외적' 단계를 생략하고 오직 발전에만 초점을 둔다. Keith Barnham, 'False Solution: Nuclear Power Is Not "Low Carbon"', Ecologist, 5 February 2015, theecologist.org.

52. Benjamin K. Sovacool, 'Valuing the Greenhouse Gas Emissions from Nuclear

Power: A Critical Survey', Energy Policy 36, no. 8 (2008): 2941. 이 수치가 CO_2 자체라기보다 CO_2 등가물이라는 점에 주목하라.

53. 그와 달리 평균적인 석탄발전소는 1050gCO_2/kWh의 탄소를 배출한다. Daniel Nugent and Benjamin K. Sovacool, 'Assessing the Lifecycle Greenhouse Gas Emissions from Solar PV and Wind Energy: A Critical Meta-Survey', Energy Policy 65 (2014): 229 – 44.

54. Simon Evans, 'Solar, Wind and Nuclear Have "Amazingly Low" Carbon Footprints, Study Finds', Carbon Brief, 8 December 2017.

55. Terry Norgate, Nawshad Haque, and Paul Koltun, 'The Impact of Uranium Ore Grade on the Greenhouse Gas Footprint of Nuclear Power', Journal of Cleaner Production 84 (2014): 365.

56. Ibid., Figs. 8 – 9. 광석 순도가 겨우 0.001%까지 떨어질 미래를 미리 내다본다면, 원자력의 탄소배출은 일부 화석연료보다 더 높은 594gCO_2/kWh까지 껑충 뛴다. Ibid., 263.

57. 예를 들어, James Hansen, Storms of My Grandchildren: The Truth about the Coming Climate Catastrophe and Our Last Chance to Save Humanity (Bloomsbury, 2009), 201을 보라.

58. Frank N. von Hippel, 'Plutonium Programs in East Asia and Idaho Will Challenge the Biden Administration', Bulletin of the Atomic Scientists, 12 April 2021, thebulletin.org.

59. Frank N. von Hippel, 'Bill Gates' Bad Bet on Plutonium-Fueled Reactors', Bulletin of the Atomic Scientists, 22 March 2021.

60. Galina Raguzina, 'Holy Grail or Epic Fail? Russia Readies to Commission First Plutonium Breeder Against Uninspiring Global Track Record', Bellona, 4 August 2014, bellona.org; Thomas B. Cochran et al., 'It's Time to Give Up on Breeder Reactors', Bulletin of the Atomic Scientists 66, no. 3 (2010): 52.

61. Masa Takubo, 'Closing Japan's Monju Fast Breeder Reactor: The Possible Implications', Bulletin of the Atomic Scientists 73, no. 3 (2017): 182 – 7.

62. R. D. Kale, 'India's Fast Reactor Programme — A Review and Critical Assessment', Progress in Nuclear Energy 122 (2020): 103265; M. V. Ramana, 'A Fast Reactor at Any Cost: The Perverse Pursuit of Breeder Reactors in India', Bulletin of the Atomic Scientists, 3 November 2016.

63. S. Rajendran Pillai and M. V. Ramana, 'Breeder Reactors: A Possible Connection Between Metal Corrosion and Sodium Leaks', Bulletin of the Atomic Scientists 70, no. 3 (2014): 51 – 2.

64. 이 작전의 이름은 투명성을 목적으로 한다는 뜻이 아니라, 방사선이 햇빛처럼 어디에나 편재한다는 뜻이다. 여기에서 현대적 개념으로서의 '환경'이 생겨났음도 알 수 있다.

65. Joseph Masco, 'Bad Weather: On Planetary Crisis', Social Studies of Science 40, no. 1 (2010): 13 – 14. For baby bones, Jacob Darwin Hamblin, Arming Mother Nature: The Birth of Catastrophic Environmentalism (Oxford University Press, 2013), 103을 보라.

66. Hamblin, Arming Mother Nature, 103; Sue Rabbitt Roff, 'Project Sunshine and the Slippery Slope: The Ethics of Tissue Sampling for Strontium-90', Medicine, Conflict and Survival 18, no. 3 Sunshine's Dark Secret', Globe and Mail, 6 June 2001, theglobeandmail.com.

67. Louise Zibold Reiss, 'Strontium-90 Absorption by Deciduous Teeth: Analysis of Teeth Provides a Practicable Method of Monitoring Strontium-90 Uptake by Human Populations', Science 134, no. 3491 (1961): 1669 – 73.

68. Rachel Carson, Silent Spring (Penguin, 2000 [1962]), 22.

69. 그런 방안의 대략적인 윤곽을 제시한 사람은 존스홉킨스대학교의 생화학자인 허만 칼카르Herman Kalckar였다. 그의 'An International Milk Teeth Radiation Census', Nature 182, no. 4631 (1958): 283 – 4를 보라.

70. Reiss, 'Strontium-90 Absorption', 1669.

71. Harold L. Rosenthal, 'Accumulation of Environmental 90-Sr in Teeth of Children', in Radiation Biology of the Fetal and Juvenile Mammal, ed. Melvin R.

Sikov and D. Dennis Mahlum (US Atomic Energy Commission, 1969), 163 – 71.

72. 베리 코모너Barry Commoner와 우르줄라 프랭클린Ursula Franklin은 세인트루이스 확대핵정보시민위원회 소속이었다.

73. Joseph J. Mangano et al., 'An Unexpected Rise in Strontium-90 in US Deciduous Teeth in the 1990s', Science of the Total Environment 317, nos. 1 – 3 (2003): 43. 공동 연구로는 Jay M. Gould et al., 'Strontium-90 in Deciduous Teeth as a Factor in Early Childhood Cancer', International Journal of Health Services 30, no. 3 (2000): 515 – 39를 보라.

74. Karl Jacoby, Crimes Against Nature: Squatters, Poachers, Thieves, and the Hidden History of American Conservation (University of California Press, 2014); Jane Carruthers, The Kruger National Park: A Social and Political History (University of Natal Press, 1995).

75. 이 그룹의 역사로는 Keith Makoto Woodhouse, The Ecocentrists: A History of Radical Environmentalism (Columbia University Press, 2018), 258 – 61을 보라.

76. Reed Noss, 'The Wildlands Project: Land Conservation Strategy', Wild Earth, special issue 'The Wildlands Project' (1992): 15. 2005년 CPAWS의 50% 목표와 1992년 노스의 작업의 차이는 야생지역네트워크가 노스의 목표를 한 번도 공식적 정책으로 채택하지 않았다는 점이다.

77. Michael Soulé and Reed Noss, 'Rewilding and Biodiversity: Complementary Goals for Continental Conservation', Wild Earth 8 (1998): 18 – 28 참조.

78. Edward. O. Wilson, The Diversity of Life (Harvard University Press, 1992), 337. Harvey Locke, 'The International Movement to Protect Half the World: Origins, Scientific Foundations, and Policy Implications', in Reference Module in Earth Systems and Environmental Sciences (Elsevier, 2018)도 보라.

79. Edward O. Wilson, 'A Personal Brief for the Wildlands Project', Wild Earth 10, no. 1 (2000): 1 – 2 참조. 분명 윌슨은 자기 글을 읽을 독자가 누군지 알았고, 그래서 인구과잉에 대해 일부러 공포심을 유발하는 글을 썼다. 같은 호에 실린 Harvey Locke, 'A Balanced Approach to Sharing North America'도 볼 것.

80. Jenny Levison et al., Apply the Brakes: Anti-immigrant Co-optation of the Environmental Movement (Center for New Community, 2010), 3.

81. Ian Angus, 'Dave Foreman's Man Swarm: Defending Wildlife by Attacking Immigrants', Man Swarm and the Killing of Wildlife, by Dave Foreman의 서평, Climate & Capitalism, 25 April 2012, climateandcapitalism.com.

82. 사실 로크는 캐나다의 북서 지역에서 자연보호구역을 확대하기 위해 원주민 종족과 긴밀히 협력했다. Harvey Locke, 'Civil Society and Protected Areas: Lessons from Canada's Experience', George Wright Forum 26, no. 2 (2009): 101–28.

83. Dinitia Smith, 'Master Storyteller or Master Deceiver?', New York Times, 3 August 2002.

84. J. D. F. Jones, 'Van der Posture', London Review of Books 5, no. 2 (1983).

85. Harry Wels, Securing Wilderness Landscapes in South Africa: Nick Steele, Private Wildlife Conservancies and Saving Rhinos (Brill, 2015), 58.

86. WILD 재단의 학회 프로그램은 wild.org를 보라.

87. Malcolm Draper, 'Zen and the Art of Garden Province Maintenance: The Soft Intimacy of Hard Men in the Wilderness of KwaZulu-Natal, South Africa, 1952–1997', Journal of Southern African Studies 24, no. 4 (1998): 818.

88. Ibid., 817. 실제로 새로 만든 공원은 IFP의 보존 당국의 관할권 아래 있었다.

89. Adrian Guelke, 'Interpretations of Political Violence During South Africa's Transition', Politikon 27, no. 2 (2000): 241.

90. 동물원 원장들은 아스피날의 성공적인 고릴라 포획번식 프로그램을 연구하러 켄트에 있는 그의 사유지를 방문하곤 했다. 아스피날은 동물들에 대한 '불가사의한 요령'으로 동물학자이자 노벨평화상 수상자인 콘라드 로렌츠Konrad Lorenz까지 감화시켰다. 하지만 그는 완강한 맬서스주의자이기도 했다. 핵전쟁으로 2억 명이 죽을 수 있다는 말을 리처드 닉슨Richard Nixon에게 듣고, 그 수가 너무 적다고 생각했다. 여성혐오주의인 그는 여성(특히 좌파 여성)을 '경멸적으로' 대한다고 자랑했고, 루칸 경Lord Lucan이 자기 할머니를 죽였을 때 그의 도주를 사주했을 공산이 크다. 1997년에 아스피날은 유럽연합회의주의 국민투표 정당의 기치 아래 국회의원

선거에 출마했다. Malcolm Draper and Gerhard Maré, 'Going In: The Garden of England's Gaming Zookeeper and Zululand', Journal of Southern African Studies 29, no. 2 (2003): 551-69.

91. Stephen J. Gould, 'Cardboard Darwinism', New York Review of Books, 25 September 1986, 47-54.

92. Ed Douglas, 'Darwin's Natural Heir', Guardian, 16 February 2001; Edward O. Wilson, Half-Earth: Our Planet's Fight for Life (Liveright, 2016), 205.

93. Bram Büscher et al., 'Half-Earth or Whole Earth? Radical Ideas for Conservation, and Their Implications', Oryx 51, no. 3 (2017): 407-10.

94. Karl Marx, Capital: A Critique of Political Economy, vol. 1 (Penguin, 1976 [1867]), 494; Karl Marx, Grundrisse: Foundations of the Critique of Political Economy (Penguin, 1973), 612.

95. 맑스가 '노동력'으로 지칭하는 일할 수 있는 능력은, 다른 상품처럼 동등한 가치로 교환(예를 들어, 100달러어치 돼지고기를 100달러어치 기름으로)되는 것이 아니라 자본가가 잉여가치를 뽑아낼 기회를 제공한다는 점에서 다른 자연력과 다르다. Marx, Capital, vol. 1, chap. 6.

96. Lazonick, 'Karl Marx and Enclosures in England', 16.

97. David Wykes, 'Robert Bakewell (1725-1795) of Dishley: Farmer and Livestock Improver', Agricultural History Review 52, no. 1 (2004): 39.

98. Karl Marx, Capital: A Critique of Political Economy, vol. 2 (Penguin, 1987 [1885]), 315.

99. Ibid.

100. Richard L. Hills, 'Sir Richard Arkwright and His Patent Granted in 1769', Notes and Records of the Royal Society of London 24, no. 2 (1970): 260.

101. Andreas Malm, 'The Origins of Fossil Capital: From Water to Steam in the British Cotton Industry', Historical Materialism 21, no. 1 (2013): 53.

102. Timothy Mitchell, Carbon Democracy: Political Power in the Age of Oil (Verso, 2011).

103. Kenneth Fish, Living Factories: Biotechnology and the Unique Nature of Capitalism (McGill-Queen's University Press, 2013), 141.

104. Ibid., 150.

105. Marx, Capital, vol. 1, 508.

106. Fish, Living Factories, 6.

107. 수경재배의 그러한 경향을 다룬 훌륭한 연구로는 Stefano B. Longo, Rebecca Clausen, and Brett Clark, The Tragedy of the Commodity: Oceans, Fisheries, and Aquaculture (Rutgers University Press, 2015)를 볼 것.

108. M. J. Zuidhof et al., 'Growth, Efficiency, and Yield of Commercial Broilers from 1957, 1978, and 2005', Poultry Science 93, 12 (2014): 2980.

109. Don P. Blayney, The Changing Landscape of U.S. Milk Production (US Department of Agriculture Statistical Bulletin 978, 2002), Appendix table 1, ers.usda. gov; 'Milk: Production per Cow by Year, US', United States Department of Agriculture, nass.usda.gcv.

110. Hannah Ritchie and Max Roser, 'Land Use', Our World in Data, September 2019, ourworldindata.org.

111. Brian Machovina et al., 'Biodiversity Conservation: The Key Is Reducing Meat Consumption', Science of the Total Environment 536 (2015): 420.

112. Yinon M. Bar-On et al., 'The Biomass Distribution on Earth', Proceedings of the National Academy of Sciences 115, no. 25 (2018): 6508.

113. Robert Goodland and Jeff Anhang, 'Livestock and Climate Change', World Watch (November/December 2009): 11 - 12, awellfedworld.org.

114. Smil, Power Density.

115. Ibid., 113 - 14. 두드러진 예외가 애팔래치아 산의 산봉우리 제거로, 그 출력밀도 는 100W/m²에 한참 못 미친다.

116. Ibid., 146-7.

117. Chunhua Zhang et al., 'Disturbance-Induced Reduction of Biomass Carbon Sinks of China's Forests in Recent Years', Environmental Research Letters 10,

no. 11 (2015): Table 1; Jingyun Fang et al., 'Changes in Forest Biomass Carbon Storage in China Between 1949 and 1998', Science 292, no. 5525 (2001): 2320.

118. Joris P. G. M. Cromsigt et al., 'Trophic Rewilding as a Climate Change Mitigation Strategy?', Philosophical Transactions of the Royal Society B: Biological Sciences 373, no. 1761 (2018): 20170440.

119. Ibid., 3.

120. Ibid., 7.

121. Oswald J. Schmitz et al., 'Animating the Carbon Cycle', Ecosystems 17, no. 2 (2014): 348 – 9.

122. James W. Fourqurean et al., 'Seagrass Ecosystems as a Globally Significant Carbon Stock', Nature Geoscience 5, no. 7 (2012): 505.

123. Nicola Jones, 'How Growing Sea Plants Can Help Slow Ocean Acidification', Yale Environment 360, 12 July 2016, e360.yale. edu.

124. Joe Roman and James McCarthy, 'The Whale Pump: Marine Mammals Enhance Primary Productivity in a Coastal Basin', PLoS ONE 5, no. 10 (2010): e13255.

125. Andrew J. Pershing et al., 'The Impact of Whaling on the Ocean Carbon Cycle: Why Bigger Was Better', PloS ONE 5, no. 8 (2010): e12444.

126. World Wildlife Fund and Zoological Society of London, Living Blue Planet Report: Species, Habitats and Human Well-Being (WWF, 2015), 6; Rob Williams et al., 'Competing Conservation Objectives for Predators and Prey: Estimating Killer Whale Prey Requirements for Chinook Salmon', PloS ONE 6, no. 11 (2011): e26738; Elizabeth Pennisi, 'North Atlantic Right Whale Faces Extinction', Science 358, no. 6364 (2017): 703 – 4.

127. Wilson, Half-Earth, 136 – 51.

128. Vaclav Smil, Harvesting the Biosphere: What We Have Taken from Nature (MIT Press, 2013), 18 – 19.

129. Ulrich Kreidenweis et al., 'Afforestation to Mitigate Climate Change: Impacts on Food Prices under Consideration of Albedo Effects', Environmental Research

Letters 11, no. 8 (2016): 085001.

130. Andy Skuce, '"We'd Have to Finish One New Facility Every Working Day for the Next 70 Years" – Why Carbon Capture Is No Panacea', Bulletin of the Atomic Scientists, 4 October 2016.

131. Karl-Heinz Erb et al., 'Exploring the Biophysical Option Space for Feeding the World Without Deforestation', Nature Communications 7 (2016): 11382.

132. Kreidenweis et al., 'Afforestation to Mitigate Climate Change', Table 1.

133. 이 논쟁의 요약으로는 Tomek de Ponti, Bert Rijk, and Martin K. van Ittersum, 'The Crop Yield Gap Between Organic and Conventional Agriculture', Agricultural Systems 108 (2012): 2를 보라.

134. David Pimentel et al., 'Environmental, Energetic, and Economic Comparisons of Organic and Conventional Farming Systems', BioScience 55, no. 7 (2005): 573–82.

135. Catherine Badgley and Ivette Perfecto, 'Can Organic Agriculture Feed the World?', Renewable Agriculture and Food Systems 22, no. 2 (2007): 81.

136. Janne Bengtsson, Johan Ahnström, and Ann-Christin Weibull, 'The Effects of Organic Agriculture on Biodiversity and Abundance: A Meta-Analysis', Journal of Applied Ecology 42, no. 2 (2005): 261–9.

137. Smil, Power Density, 247.

138. Ibid., 247-8.

139. Ibid., 246. 그의 계산은, 50%를 PV로 대체하고($10W/m^2$) = 1만 6000km^2, 25%를 CSP로 대체하고 ($20W/m^2$) = 4000km^2, 25%는 풍력으로 대체한다는 것($50W/m^2$) = 1600 km^2다. 한 가지 트집을 잡자면, 스밀은 풍력발전기 사이의 땅을 개간할 수 있고 자기 계산에 따르면 출력밀도를 약 $10W/m^2$에서 $50W/m^2$까지 높일 수 있다고 보아 그 땅은 계산에 넣지 않았다. 하지만 풍력 기여도를 좀더 현실적인 $10W/m^2$로 낮추더라도 그 시스템의 땅 면적은 2만 8000km^2까지만 증가한다(이 시스템은 풍력과 태양력이 섞여 있다).

140. 'After Many False Starts, Hydrogen Power Might Now Bear Fruit', Economist, 4

July 2020.

141. Eberhard Jochem, ed., Steps Toward a Sustainable Development: A White Book for R&D of Energy-Efficient Technologies (CEPE/ETH Zurich, 2004) 참조. 1인당 주요 에너지 사용 비율이 2000W라는 것은 일 년에 1만 7500kWh, 또는 하루에 8 kWh에 해당한다.

142. Julia Wright, 'The Little-Studied Success Story of Post-crisis Food Security in Cuba', International Journal of Cuban Studies, 4, no. 2 (2012): 131 – 2.

143. Ibid., 138; Sinan Koont, 'The Urban Agriculture of Havana', Monthly Review 60, no. 8 (2009): 50.

144. Sarah Boseley, 'Hard Times Behind Fall in Heart Disease and Diabetes in 1990s Cuba', Guardian, 9 April 2013.

145. Emily Morris, 'Unexpected Cuba', New Left Review I/88 (2014): 5 – 45의 기본 주장이 이러하다. 그는 동유럽의 탈공산주의 '이행기' 경제와 비교해서 쿠바에 높은 점수를 준다. 하지만 당시 쿠바의 주된 위기는 유행성 신경질환이었다. 1992년에 3만 명이 영양부실로 시력을 잃었는데, 국가가 일단 그 병의 원인을 찾아낸 뒤로는 탄탄한 의료보장 제도 덕에 발 빠르게 비타민제를 배포할 수 있었다. Rosaralis Santiesteban, 'In the Eye of the Cuban Epidemic Neuropathy Storm', interview by Christina Mills, MEDICC Review 13, no. 1 (2011): 10 – 15.

146. Elisa Botella-Rodriguez, 'Cuba's Inward-Looking Development Policies: Towards Sustainable Agriculture (1990 – 2008)', Historia Agraria, no. 55 (2011): 160.

147. World Wide Fund for Nature, Living Planet Report 2006 (World Wide Fund for Nature, 2006), 19.

148. Meghan E. Brown, et al., 'Plant Pirates of the Caribbean: Is Cuba Sheltered by Its Revolutionary Economy?', Frontiers in Ecology and the Environment (2021); 'Cuba's Thriving Honey Business', Economist, 22 September 2018.

149. Stephen Milder, 'Between Grassroots Activism and Transnational Aspirations: Anti-Nuclear Protest from the Rhine Valley to the Bundestag, 1974 – 1983',

Historical Social Research/ Historische Sozialforschung 39, no. 1 (147) (2014):
194.

150. Adrian Mehic, 'The Electoral Consequences of Nuclear Fallout: Evidence from
Chernobyl' (working paper, Department of Economics, School of Economics and
Management, Lund University, 2020), project.nek.lu.se.

151. Michael Shellenberger, 'The Real Reason They Hate Nuclear Is Because It Means
We Don't Need Renewables', Forbes, 14 February 2019; Michael Shellenberger,
'Stop Letting Your Ridiculous Fears of Nuclear Waste Kill the Planet', Forbes, 19
June 2018.

152. James Hansen, 'Baby Lauren and the Kool-Aid', 29 July 2011, columbia.edu

153. Michael Shellenberger, 'Democratic Presidential Candidates Target Meat, Plastic
Straws to Combat Climate Change, Reject Nuclear Power', interview by Dana
Perino, The Daily Briefing, Fox News, 5 September 2019, video.foxnews.com.

3장 지구절반 계획하기

1. Alan Bollard, Economists at War: How a Handful of Economists Helped Win
and Lose the World Wars (Oxford University Press, 2020), 137 - 8.

2. Harrison E. Salisbury, The 900 Days: The Siege of Leningrad (Harper & Row,
1969), 412.

3. Bollard, Economists at War, 138.

4. Leonid V. Kantorovich, The Best Use of Economic Resources(Pergamon Press,
1965 [1959]), xviii.

5. Ibid., xxii.

6. 『풍요로운 공산주의』라는 소설로 칸토로비치의 미래 전망이 대중적으로 알려졌
다. Francis Spufford, Red Plenty (Graywolf Press, 2012 [2010]).

7. Ibid., 254.

8. Leonid Kantorovich, 'Mathematical Methods of Organizing and Planning Production', Management Science 6, no. 4 (1960 [1939]).

9. 2세기 전 미적분학의 탄생처럼, 선형계획법은 십 년 뒤 미국에서 재발견되었다. 조지 댄치그George Dantzig는 공군 병력과 장비를 조달하는 일을 맡았던 군 프로젝트자로, 1947년에 자기식 선형계획법인 '심플렉스simplex'를 만들어냈다. 일 년 뒤 소련에 포위당한 베를린을 구해내는 합리적인 방안을 찾기 위해 이 방법이 동원되었다. 댄치그의 성공에 고무되어 민간 경영자들이 기업 운영 방식을 능률화하기 위해 선형계획법을 사용하기 시작했다. 댄치그와 칸토로비치의 중요한 차이점으로는, 댄치그가 가격에 더 초점을 둔 반면, 칸토로비치는 실물 단위를 사용했다는 것이다. Robert Dorfman, 'The Discovery of Linear Programming', Annals of the History of Computing 6, no. 3 (1984): 283–95; Richard Cottle, Ellis Johnson, and Roger Wets, 'George B. Dantzig (1914–2005)', Notices of the AMS 54, no. 3 (2007): 344–62.

10. Leonid V. Kantorovich, 'My Journey in Science (Proposed Report to the Moscow Mathematical Society)', Russian Math. Surveys 42, no. 2 (1987): 233, doi: 10.1070/RM1987v042n02ABEH001311.

11. 노이라트는 화폐라는 '유사 합리적' 세계에 근거를 둔, 양을 최적화하는 일에 동의하지 않았겠지만, 20세기 중반 소련의 맥락에서 그런 측정 기준은 GDP나 경제성장이었을 것이다. 실제로 제약이 제대로 제시된다면 이 전반적인 측정 기준은 크게 중요하지 않았다. 모두에게 충분한 에너지와 식량을 공급하면서 생물다양성과 기후를 존중한다면, 에너지 사용이나 토지이용을 최소화할지 말지는 지엽적인 문제다.

12. "처음 이야기는 1939년 인구조사를 위해 습득한, 셈으로 분석하는 계산기에 대한 것이었지만, 그것은 이후 거의 사용되지 않았다. 보아하니 레닌그라드 천문학연구소의 얀줄Yanzhul 교수가 최초로 그 기계를 수치계산에 이용한 모양이었다. 이 기계를 다른 계산에 사용할 가능성이 세미나에서 논의되었다. 기계는 아주 느렸다. 작표기는 숫자를 하나씩 더하는 데 0.5초가 걸렸고 곱셈에는 5-8초가 걸렸다. 그들은 같은 원칙(미국의 마크 I과 마크 II 유형의 원칙)으로 제작된 전자컴퓨터와 셈

으로 분석하는 계산기의 초기 발전에 대해 아무렇지도 않게 이야기를 나누었다.”
Kantorovich, 'My Journey in Science', 260.

13. Kantorovich, 'Mathematical Methods', 368.

14. Kantorovich, 'My Journey in Science', 259.

15. Bollard, Economists at War, 153.

16. Eric Magnin and Nikolay Nenovsky, 'Calculating Without Money: Theories of In-Kind Accounting of Alexander Chayanov, Otto Neurath and the Early Soviet Experiences'(출간 예정) 참조.

17. 파레토는 새로운 파시스트 정권을 묵인했지만 로마 진군 일 년 뒤 세상을 떴다. 파레토가 파시스트인지에 대해서는 논란이 있었다. Renato Cirillo, 'Was Vilfredo Pareto Really a "Precursor" of Fascism?', American Journal of Economics and Sociology 42, no. 2 (1983): 235 – 45를 보라. 신고전주의 경제학은 정치적으로 모호한 전통이다. 현재는 보수적이라는 정평이 나 있지만 20세기 전반기에는 많은 수가 좌파자유주의자거나 사회주의자였다.

18. Kantorovich, 'My Journey in Science', 259.

19. 칸토로비치의 기여는 원자폭탄의 임계질량을 면밀히 계산한 일이었다. Stanislav M. Menshikov, 'Topicality of Kantorovich's Economic Model', Journal of Mathematical Sciences 133 (2006): 1394.

20. Slava Gerovitch, From Newspeak to Cyberspeak: A History of Soviet Cybernetics (MIT Press, 2002), 269.

21. Adam E. Leeds, 'Dreams in Cybernetic Fugue: Cold War Technoscience, the Intelligentsia, and the Birth of Soviet Mathematical Economics', Historical Studies in the Natural Sciences 46, no. 5 (2016): 660. 반은 인간, 반은 기계인 건물에 대한 방안은 계획한 대로 실행되지 않아서 결국은 대부분 예전 관례에 따라 사용되었다.

22. 인공두뇌학은 단지 계산을 위해서라기보다는 경제처럼 복잡한 시스템을 통제하기 위해 컴퓨터를 사용하려는 방안들이 느슨하게 모인 것이었다. “일단 인공두뇌학이 유행하기 시작하자 전반적으로 칸토로비치의 사상에 더 우호적인 지적 풍

토가 형성되었다. 대체로 보아 최적 계획이라는 그의 개념의 대중성을 조성한 두 가지 결정적인 요인은, '해빙기'의 민주주의적 경향과, 스푸트니크에 도취되어 강화된 과학 발전에 대한 광범위한 낙관주의였다." Ivan Boldyrev and Till Düppe, 'Programming the USSR: Leonid V. Kantorovich in Context', The British Journal for the History of Science 53, no. 2 (2020): 268.

23. Jenny Andersson and Egle ̆ Rindzevic ̆iu‐te ̇, 'The Political Life of Prediction. The Future as a Space of Scientific World Governance in the Cold War Era', Les Cahiers europeens de Sciences Po, no. 4 (2012), 13; Richard E. Ericson, 'The Growth and Marcescence of the "System for Optimal Functioning of the Economy" (SOFE)', History of Political Economy 51, no. S1 (2019): 165.

24. Edwin Bacon, 'Reconsidering Brezhnev', in Brezhnev Reconsidered, ed. Edwin Bacon and Mark Sandle (Palgrave Macmillan, 2002), 11‐12; Abraham Katz, The Politics of Economic Reform in the Soviet Union (Praeger, 1972), 180‐1.

25 János Kornai는 관료들이 (1) 고귀한 목적에 대한 공동의 믿음과 그 목적에서 지니는 가치, (2) '권력을 유지하겠다는 결의', (3) 그들의 명망과 상대적 특권(자본주의 사회처럼 극심하지는 않지만), (4) 자기 수양으로 함께 결속되어 있었다고 주장한다. János Kornai, The Socialist System: The Political Economy of Communism (Princeton University Press, 1992), 41‐3. 역사가인 이반 볼디레프Ivan Boldyrev와 올레시아 키르치크Olessia Kirtchik에 따르면, 1930년대에 소련이 태동한 이래로 소련의 계획은 거의 변하지 않아서 마지막까지도 "고스플란, 정부 부처, 부족한 자원을 두고 경쟁하는 큰 산업체를 비롯한 서로 다른 주역들 사이의 협상"이었다고 한다. Ivan Boldyrev and Olessia Kirtchik, 'The Cultures of Mathematical Economics in the Postwar Soviet Union: More Than a Method, Less Than a Discipline', Studies in History and Philosophy of Science 63 (2017): 5.

26. Egle ̆ Rindzevic ̆iu‐te ̇, 'Toward a Joint Future Beyond the Iron Curtain: East‐West Politics of Global Modelling', in The Struggle for the Long‐Term in Transnational Science and Politics: Forging the Future, ed. Jenny Andersson and Egle ̆ Rindzevic ̆iu‐te ̇ (Routledge, 2015), 130.

27. Boldyrev and Düppe, 'Programming the USSR'.

28. Leonid Kantorovich, 'Mathematics in Economics: Achievements, Difficulties, Perspectives', Prize lecture given for the 1975 Sveriges Riksbank Prize in Economic Sciences in Memory of Alfred Nobel, nobelprize.org.

29. 우리보다 앞서 칸토로비치와 노이라트의 분석틀이 상호 보완적이라는 점을 주목한 사람들이 있었다. Paul Cockshott, 'Calculation In-Natura, From Neurath to Kantorovich', University of Glasgow, 15 May 2008, dcs.gla.ac.uk 참조.

30. 생각은 오래전부터 있었지만 지구위험 한계선이라는 개념을 처음 만들어 쓴 것은 Johan Rockström et al., 'Planetary Boundaries: Exploring the Safe Operating Space for Humanity', Ecology and Society 14, no. 2 (2009)이고, 그 이후 이런 문헌이 급증하기 시작했다. 리즈대학교의 줄리아 스타인버거Julia Steinberger의 연구팀은 이를 더 발전시켜 중요한 연구 작업을 해냈다. 예를 들어, Daniel O'Neill et al., 'A Good Life for All Within Planetary Boundaries', Nature Sustainability 1, no. 2 (2018): 88–95를 볼 것. 다른 주목할 만한 예로는 Kate Raworth, Doughnut Economics: Seven Ways to Think Like a 21st-Century Economist (Chelsea Green Publishing, 2017)가 있다.

31. 현재 사용되는 다양한 IAMs에 대한 개요로는 Alexandros Nikas, Haris Doukas, and Andreas Papandreou, 'A Detailed Overview and Consistent Classification of Climate-Economy Models', in Understanding Risks and Uncertainties in Energy and Climate Policy: Multidisciplinary Methods and Tools for a Low Carbon Society, ed. Haris Doukas, Alexandros Flamos, and Jenny Lieu (Springer, 2019), 1–54를 보라. 특히 독자 여러분의 관심을 끌 모형은 IPCC 기후보고서에서 사용되는 모형시나리오를 뒷받침하는 연산일반균형모형일 것이다.

32. IAMs에 대한 논의로는 Paul Parker et al., 'Progress in Integrated Assessment and Modelling', Environmental Modelling & Software 17, no. 3 (2002): 209–17; Frank Ackerman et al., 'Limitations of Integrated Assessment Models of Climate Change', Climatic Change 95, nos. 3–4 (2009): 297–315; Lisette van Beek et al., 'Anticipating Futures Through Models: The Rise of Integrated Assessment

Modelling in the Climate Science-Policy Interface Since 1970', Global Environmental Change 65 (2020): 102191 등을 참조.

33. 《네이처Nature》에 실린 한 뛰어난 논문은 BECCS 같은 탄소흡수 기술을 사용할 필요 없이 온난화를 1.5°C로 제한하는데, 축산업의 근본적인 축소와 에너지 사용의 상당한 감축, 급속한 재조림(우리가 이 책에서 옹호하는 것과 같은 정책)을 요구한다. Detlef P. van Vuuren et al., 'Alternative Pathways to the 1.5°C Target Reduce the Need for Negative Emission Technologies', Nature Climate Change 8, no. 5 (2018): 391 – 7, Arnulf Grubler et al., 'A Low Energy Demand Scenario for Meeting the 1.5°C Target and Sustainable Development Goals Without Negative Emission Technologies', Nature Energy 3, no. 6 (2018): 515 – 27을 보라.

34. Otto Neurath, 'Through War Economy to Economy in Kind', in Empiricism and Sociology, ed. Marie Neurath and Robert S. Cohen (D. Reidel, 1973 [1919]), 151.

35. Ibid., 151, 154.

36. Ibid., 154.

37. 예를 들어, C. T. M. Clack et. al., 'Linear Programming Techniques for Developing an Optimal Electrical System Including High-Voltage Direct-Current Transmission and Storage', International Journal of Electrical Power & Energy Systems 68 (2015): 103 – 14를 보라.

38. W. Paul Cockshott and Allin Cottrell, Towards a New Socialism (Spokesman, 1993). 이러한 '노동화폐' 프로젝트에 대한 훌륭한 검토와 반응으로는 Jasper Bernes, 'The Test of Communism', March 2021, jasperbernesdotnet.files. wordpress. com을 보라.

39. Rockström et al., 'Planetary Boundaries'.

40. 'Ambient (Outdoor) Air Pollution', World Health Organization, 2 May 2018, who.int.

41. 다음 논문은 2050년 전 지구적 에너지 사용을 149 EJ(15.3 GJ/cap/yr), 대략 485W로 추정한다. Joel Millward-Hopkins et al., 'Providing Decent Living with Minimum Energy: A Global Scenario', Global Environmental Change 65 (2020):

102168.

42. 배출 관련 자료는 Peter Scarborough et al., 'Dietary Greenhouse Gas Emissions of Meat-Eaters, Fish-Eaters, Vegetarians and Vegans in the UK', Climatic Change 125, no. 2 (2014): 179 - 92에서, 토지이용 자료는 Christian J. Peters et al., 'Carrying Capacity of U.S. Agricultural Land: Ten Diet Scenarios', Elementa: Science of the Anthropocene 4, no. 000116 (2016): Fig. 2에서 가져왔다. 2.05톤이라는 수치는 중간치 육류 소비자에 해당하는 것이고, 다량의 육류 소비자는 2.62톤이라는 엄청난 양을 배출한다.

43. 예를 들어, 재생농법—무경운 재배나 피복작물 활용처럼 토지가 대기의 탄소를 더 많이 흡수할 수 있도록 주의깊게 토지를 관리하는 방법—을 하면 식량으로 인한 배출을 70%까지 줄일 수 있다. (이 분야가 믿기 힘든 약속이 많이 한다고 악명 높긴 하다.) 아마 유기농법처럼 식량생산이 아닌 다른 분야에서 효율성을 높이면 또한 이 수치를 더 개선할 수 있을 것이다. 'Regenerative Agriculture: Good for Soil Health, but Limited Potential to Mitigate Climate Change', World Resources Institute, 12 May 2020, wri.org. 이 장 후반부에서 이 모형을 작동했을 때 깨닫게 된 것은, 완전한 채식주의의 식량 분야의 배출을 1년에 1.05톤으로 잡았을 때, 중간 정도 기후 민감도를 가정해도 이것만으로도 100억 인구가 사는 지구에서 1.5°C 시나리오에서 요구되는 1인당 탄소배출을 초과하므로 우리 모형의 목표치에 맞추려면 식량 분야 배출에서 이러한 개선을 가정할 필요가 있다는 것이었다.

44. OECD/FAO, OECD - FAO Agricultural Outlook 2018 - 2027 (OECD Publishing, 2018), Fig. 6.7, fao.org.

45. Summary report of the EAT-Lancet Commission, 'Food, Planet, Health: Healthy Diets from Sustainable Food Systems,' 14.

46. 핵에 대한 우리의 회의주의는 2장을 보라. 좀더 정교한 모형에서는 이 에너지원을 쉽게 포함시킬 수 있다.

47. 바이오연료의 출력밀도는 Vaclav Smil, Power Density: A Key to Understanding Energy Sources and Uses (MIT Press, 2015), 226 - 9에서 가져왔다. 바이오연료는 토양 탄소의 복잡성 탓에 탄소를 배출할 수도 있다. Anna Harper, 'Why BECCS

Might Not Produce "Negative" Emissions after All', Carbon Brief, 14 August 2018, carbonbrief.org를 보라.

48. Smil, Power Density, 227.

49. 다음 글에 따르면 천연가스의 탄소배출은 킬로와트당 0.91파운드로 추정된다. 'How Much Carbon Dioxide Is Produced Per Kilowatt-Hour of U.S. Electricity Generation?', US Energy Information Administration, 15 December 2020, eia. gov. 이를 전환하면 $3.61kgCO_2/W$가 되는데, 비산逸산배출과 탐사 및 생산과정에서 유출되는 메탄을 고려하면 지나치게 낙관적인 수치다. 스밀의 저서에는 주로 발전소의 배치에 따라 천연가스 전력 생산의 전력밀도에 광범위한 편차가 존재한다. 우리는 일본 미에현의 카와고에 발전소의 구간 상한을 나타내는 $4500W/m^2$를 선택했다. 그것은 일부 미국 발전소의 $1200W/m^2$부터 뉴욕 퀸즈의 레이븐우드 발전소의 2만 W/m^2까지 이르는 추정치의 중간 수치다. Smil, Power Density, 142-3.

50. Smil, Power Density, 238-43.

51. David McDermott Hughes, 'To Save the Climate, Give Up the Demand for Constant Electricity', Boston Review, 1 October 2020, bostonreview.net.

52. 예를 들어, 'Energy Perspectives: Industrial and Transportation Sectors Lead Energy Use by Sector', US Energy Information Administration, 18 December 2012, eia.gov를 보라.

53 에너지를 소비하는 이러한 부문이 건강보험과 교육 같은 기본적인 에너지 필요에 더해 각 개인의 2000W 할당량에 포함되어 있다. 많은 통계 합산에서 농업은 일종의 산업으로 긴급구제 취급된다.

54. 'After Many False Starts, Hydrogen Power Might Now Bear Fruit', Economist, 4 July 2020, economist.com. 수소에 대해서는 2장에서 짧게 논했다.

55. Mark Z. Jacobson and Mark A. Delucchi, 'Providing All Global Energy with Wind, Water, and Solar Power, Part I: Technologies, Energy Resources, Quantities and Areas of Infrastructure, and Materials.' Energy Policy 39, no. 3 (2011): 1154-69, Table 4.

56. Smil, Power Density, 244.

57. Ibid.

58. 2016년 연구는 전 지구적으로 바이오연료에 사용되는 토지의 양을 41만 3000km²
로 추정했다. Maria Cristina Rulli et al., 'The Water-Land-Food Nexus of First-
Generation Biofuels', Scientific Reports 6, no. 22521 (2016): Table 1.

59. Otto Neurath, 'The Orchestration of the Sciences by the Encyclopedism of
Logical Empiricism', Philosophy and Phenomenological Research 6, no. 4 (1946):
505.

60. Jordi Cat는 이렇게 적는다. (1) 기초적 상징은 일반 개념이나 유형을 대표하는 것
으로 자명하고 그 자체로 명료해야 한다. (2) 상징은 색과 무관해야 한다. (3) 색
의 사용에 대한 일반적 규정은 없다. (4) 상징은 원근법을 쓰지 않고 그린다. (5)
상징은 생생하고 지속적인 인상을 남겨야 한다. (6) 상징은 서로 결합할 수 있어
야 한다. (7) 하나의 상징은 그래픽 단위가 되면 수많은 대상을 대표할 수 있고, 수
많은 상징은 그에 해당하는 다수의 대상을 대표한다. (8) 지리적 지도 위에서 각
국가의 통계를 비교할 때를 제외하면, 그림 통계는 책과 마찬가지로 왼쪽 위에
서 오른쪽 아래로 읽어야 한다. (9) 상징의 조합은 이야기처럼 정보의 단위를 구
성할 수 있다. 확실히 그림언어는 의미론적으로나 구문론적으로나 화용론적으로
나 제한적이고 후진적이다. 덧붙여 전달은 명시적 이론이 아니라 예시와 교육에
의존한다. Jordi Cat, 'Visual Education' (supplement to 'Otto Neurath'), in Stanford
Encyclopedia of Philosophy (Fall 2019 Edition), ed. Edward N. Zalta (Stanford
University, 1997), plato.stanford.edu.

61. Otto Neurath, International Picture Language: The First Rules of ISOTYPE
(Kegan Paul, Trench, Trubner & Co., 1936), 22. Eve Blau, 'Isotype and Architecture
in Red Vienna: The Modern Projects of Otto Neurath and Josef Frank', Austrian
Studies 14 (2006): 227 – 59도 참조.

62. 위너는 "선박의 조타 기관이 피드백 기제의 가장 빠르면서 가장 잘 발달된 형태
라는 사실을 언급하고 싶다"고 적는다. Norbert Wiener, Cybernetics: Or Control
and Communication in the Animal and the Machine, 2nd ed. (MIT Press, 1961),

12.

63. Peter Galison, 'The Ontology of the Enemy: Norbert Wiener and the Cybernetic Vision', Critical Inquiry 21, no. 1 (1994): 228-66.

64. Ibid., 240.

65. Slava Gerovitch, From Newspeak to Cyberspeak: A History of Soviet Cybernetics, (MIT Press, 2002), 58-9.

66. Leeds, 'Dreams', 649.

67. Ibid., 633-68.

68. Benjamin Peters, 'Normalizing Soviet Cybernetics', Information & Culture 47, no. 2 (2012): 150, 160.

69. Leeds, 'Dreams', 665.

70. Kantorovich는 가령 강철 생산 같은 각 변수를 자신의 모형에서 오랫동안 시뮬레이션을 하려면 각 시점마다 그것을 독립된 변수로 다룰 수 있다는 사실을 깨달았다. "특정한 유형의 생산품은 그것이 생산되는 특정한 시한에 따라 구별된다." 이렇게 복제된 변수를 서로 연결하기 위해 특별한 규칙을 적용함으로써 칸토로비치는 단발식 선형계획법 알고리즘을 잘라내어 시간의 흐름에 따른 변화의 시뮬레이션을 수행할 수 있었다. 단지 최적화할 변수가 더 많아졌을 뿐이다. Leonid Kantorovich, 'A Dynamic Model of Optimum Planning', Problems in Economics 19, nos. 4-6 (1976 [1964]): 24-50.

71. 애덤 리즈는 최적화를 선호하는 수학경제학자와 통제를 선호하는 다양한 유형의 인공두뇌학자를 구분한다. Leeds, 'Dreams', 664-5.

72. "하지만 칸토로비치의 연구소와 CEMI의 관계는 기대한 만큼 가깝지 않았다. 칸토로비치는······ CEMI의 기대, 특히 진정 '소련을 프로그램'하려는 야심을 가졌던 이른바 경제의 SOFE에 걸었던 기대가 과장되었다고 보았다." Boldyrev and Düppe, 'Programming the USSR', 274.

73. Leonid V. Kantorovich et al., 'Toward the Wider Use of Optimizing Methods in the National Economy', Problems in Economics 29, no. 10 (1987 [1986]): 17.

74. Leeds, 'Dreams', 663.

75. 칸토로비치가 지나치게 자유주의적이라는 인상을 줄 수도 있겠지만, 리즈는 이를 다음과 같이 잘 요약했다. "요약하자면, 인공두뇌학이 잘 **통제되고** 목적지향적인 단 하나의 시스템을 상상했다면, 경제학자들은 통제하는 주체 외부에 존재하는 다른 시스템, 즉, 독립적 주체들의 진화하는 경제라는 시스템을 조정할 매개변수를 계산하는 일을 상상했다." Ibid., 664.

76. 컴퓨터과학에 익숙한 독자를 위해. 선형계획법의 최근 발전으로 행렬 계산의 시간 복잡성이 개선되었다. (Michael B. Cohen, Yin Tat Lee, and Zhao Song, 'Solving Linear Programs in the Current Matrix Multiplication Time', arXiv.org, 18 October 2018 참조). 더구나 선형계획법은 그래픽처리장치GPUs 같은 새로운 아키텍처로 사용 가능해진 하드웨어 가속도 이용할 수 있고, 어떤 경우에는 희소행렬 계산을 통해 속도를 높이거나 행렬을 분해해서 병렬화할 수도 있다. 하지만 이것으로도 문제를 풀기엔 충분치 않다. 하나의 거대한 선형계획법모형으로 소련을 계획하는 일이 왜 불가능했을지 그에 대한 논의로는 Cosma Shalizi, 'In Soviet Union, Optimization Problem Solves You', Crooked Timber, 30 May 2012, crookedtimber.org를 보라.

77. Friedrich Hayek, 'The Use of Knowledge in Society', American Economic Review 35, no. 4 (1945): 526.

78. Eden Medina, Cybernetic Revolutionaries: Technology and Politics in Allende's Chile (MIT Press, 2014), 28.

79. Cybernetic Revolutionaries, 26에서 인용.

80. W. Ross Ashby, 'Requisite Variety and Its Implications for the Control of Complex Systems', in Facets of Systems Science, ed. George J. Klir (Springer, 1991), 405–17.

81. 이 설명은 메디나가 비어의 글 여러 편을 종합해서 쓴, 비어의 자생시스템모형에 대한 뛰어난 설명을 따른 것이다. Medina, Cybernetic Revolutionaries, 34–9.

82. Ibid., 37.

83. Ibid.

84. Ibid., 38.

85. Ibid., 86.

86. Otto Neurath, 'A System of Socialisation', in Economic Writings: Selections 1904 – 1945, eds. Thomas E. Uebel and Robert S. Cohen (Springer, 2005), Fig. 5.

87. Henry Mauricio Ortiz Osorio and José Díaz Nafría, 'The Cybersyn Project as a Paradigm for Managing and Learning in Complexity', Systema 4, no. 2 (2016): 13.

88. Medina, Cybernetic Revolutionaries, 146 – 50.

89. Ibid., 81.

90. Ibid., 106.

91. Ibid. CHECO가 온전히 작동한 적은 한 번도 없지만, 칠레 기술자들이 사용했던 많은 시뮬레이션을 제공하기는 했다.

92. Cybernetic Revolutionaries, 107에서 재인용.

93. Medina, Cybernetic Revolutionaries, 211.

94. Daniel Kuehn, '"We Can Get a Coup": Warren Nutter and the Overthrow of Salvador Allende', in Research in the History of Economic Thought and Methodology: Including a Selection of Papers Presented at the 2019 ALAHPE Conference, ed. Luca Fiorito, Scott Scheall, and Carlos Eduardo Suprinyak (Emerald Publishing, 2021), 151 – 86.

95. 1980년 헌법이 시행된 후 얼마 되지 않아 하이에크는 칠레 일간지 《엘 메르쿠리오El Mercurio》와의 인터뷰에서 "난 자유주의가 부족한 민주 정부보다 자유주의적 독재자를 선호"한다고 말했다. 피노체트 정권과 하이에크의 관계에 대한 더 자세한 설명으로는 Andrew Farrant and Edward McPhail, 'Can a Dictator Turn a Constitution into a Can-Opener? F. A. Hayek and the Alchemy of Transitional Dictatorship in Chile', Review of Political Economy 26, no. 3 (2014): 331 – 48 참조. 2020년 10월 26일, 1980년 헌법을 폐지하고 새 헌법을 만드는 협의체를 구성하기 위한 국민투표에서 진보세력이 승리했다.

96. Diana Kurkovsky West, 'Cybernetics for the Command Economy: Foregrounding Entropy in Late Soviet Planning', History of the Human Sciences 33, no. 1 (2020): 44.

97. Olga Burmatova, Optimizatsiia prostranstvennoi struktury TPK: ekologicheskii aspect [Optimization of the spatial structure of TPC: The ecological aspect] (Nauka, 1983), 32, quoted in West, 'Command Economy', 47.

98. West, 'Command Economy', 48.

99. Burmatova, Optimizatsiia, 218, quoted in West, 'Command Economy', 48.

100. 이 넓은 분야를 '자료동화'라고 부르는데, 이 장의 끝에서 짧게 논의하겠다. 사용된 주요 알고리즘은 칼만 필터Kalman filter(그리고 그와 한 벌인 변수) 같은 베이즈 방법, 4DVAR(날씨 예보에서 아주 흔한) 같은 '변분법', 그 외 다양한 필터다. 더 자세한 내용을 원하면 Sebastian Reich and Colin Cotter, Probabilistic Forecasting and Bayesian Data Assimilation (Cambridge University Press, 2015); Mark Asch, Marc Bocquet, and Maëlle Nodet, Data Assimilation: Methods, Algorithms, and Applications (SIAM, 2016), and Kody Law, Andrew Stuart, and Konstantinos Zygalakis, Data Assimilation: A Mathematical Introduction (Springer, 2015) 참조.

101. Rindzevic ̆iu‐te ̇, 'Toward a Joint Future', 127–28.

102. Paul N. Edwards, A Vast Machine: Computer Models, Climate Data, and the Politics of Global Warming (MIT Press, 2010), 8.

103. Rasmus Benestad, 'Downscaling Climate Information', Oxford Research Encyclopedia of Climate Science, 7 July 2016, oxfordre.com.

104. 한 예로 Reich and Cotter, Probabilistic Forecasting, 33–64 참조.

105. Medina, Cybernetic Revolutionaries, 79.

106. Otto Neurath, 'Character and Course of Socialization', in Empiricism and Sociology, 140.

107. 바르샤바조약 국가 내에서 개혁 논쟁에 아주 적극적으로 참여한 코르나이는 자신의 책에서 칸토로비치와 서구 신고전주의 경제학자들이 실제 경제를 지나치게 단순히 이해했다면서 둘 다 비판했다. Anti-Equilibrium: On Economic Systems Theory and the Tasks of Research (North-Holland Publishing Company, 1971).

108. Kornai, The Socialist System, 233–4.

109. 형편없이 경영하더라도 연줄이 좋은 기업이나 사회 핵심적 기업은 위기를 맞아도

언제나 정부의 긴급구제를 기대할 수 있기 때문에 소위 '레몬사회주의'는 자본주의 국가에서도 생겨날 수 있다.

110. Robert Brenner, The Economics of Global Turbulence: The Advanced Capitalist Economies from Long Boom to Long Downturn, 1945 – 2005 (Verso, 2006).

111. 언론에서는 '일본화'라고도 부른다. 서머스의 시각을 보여주는 한 예로는 Lawrence H. Summers, 'Accepting the Reality of Secular Stagnation', Finance and Development 57, no. 1 (2020): 17 – 19를 보라. 맑스주의 시각으로는 Aaron Benanav, Automation and the Future of Work (Verso, 2020) 참조.

112. Ibid., 569-70.

4장 2047년이 보낸 소식

1. Karl Marx and Friedrich Engels, The German Ideology (Prometheus Books, 1998), 53.

2. Leonid Kantorovich, 'Mathematics in Economics: Achievements, Difficulties, Perspectives', 1975년 노벨 경제학상 수상 연설, nobelprize.org.

3. Ron Scollon and Suzie Wong Scollon, 'The Axe Handle Academy: A Proposal for a Bioregional, Thematic Humanities Education', in Lessons Taught: Lessons Learned: Teachers' Reflections on Schooling in Rural Alaska, ed. Ray Barnhardt and J. Kelly Tonsmeire (Alaska State Dept. of Education, 1986), available at ankn. uaf.edu.

에필로그: 휴식의 시대

1. William Morris, News from Nowhere (Cambridge University Press, 1995 [1890]), 135.

2.　Aaron Bastani, Fully Automated Luxury Communism: A Manifesto (Verso, 2019), 189. 재야생화와 축산업 폐지를 지지하는 바스타니는, 다른 면에서 반환경론적인 FALC 집단에서 예외적인 인물이다.

3.　헤겔과 모리스가 섞인 또다른 예로는 Rudolphus Teeuwen, 'An Epoch of Rest: Roland Barthes's "Neutral" and the Utopia of Weariness', Cultural Critique 80 (2012): 1 – 26 참조.

4.　J. Bruce Glasier, William Morris and the Early Days of the Socialist Movement (Longmans, Green, and Co., 1921), 150.

5.　William Morris, review of Looking Backward: 2000 – 1887, by Edward Bellamy, Commonweal 5, no. 180 (1889): 194 – 5, marxists.org.

6.　William Morris, 'The Aims of Art', in Signs of Change: Seven Lectures Delivered on Various Occasions (Reeves and Turner, 1888), 136.

7.　Friedrich Hayek, 'The Trend in Economic Thinking', Economica no. 40 (1933): 123.

8.　Friedrich Hayek, The Counter-Revolution in Science: Studies on the Abuse of Reason (Free Press, 1952), 88.

9.　John Oswald, 'The Cry of Nature: Or, an Appeal to Mercy and to Justice, on Behalf of the Persecuted Animals', History of Vegetarianism. https://ivu.org.

10.　Carol J. Adams, The Sexual Politics of Meat: A Feminist-Vegetarian Critical Theory (Continuum, 2010 [1990]), 268n6.

11.　Percy Bysshe Shelley, A Vindication of Natural Diet (Offices of the Vegetarian Society, 1884 [1813]), 20, 9.

12.　Edward and Eleanor Marx-Aveling, 'Shelley and Socialism', To-Day, April 1888, 103 – 16, marxists.org.

13.　Adams, The Sexual Politics of Meat, 155.

14.　Julia V. Douthwaite and Daniel Richter, 'The Frankenstein of the French Revolution: Nogaret's Automaton Tale of 1790', European Romantic Review 20, no. 3 (2009): 381 – 411.

15. Mary Shelley, Frankenstein: Or the Modern Prometheus (Routledge 1888 [1818]), 77, archive.org.

16. Fiona MacCarthy, review of Edward Carpenter: A Life of Liberty and Love, by Sheila Rowbotham, Guardian, 1 November 2008, theguardian.com.

17. Leah Leneman, 'The Awakened Instinct: Vegetarianism and the Women's Suffrage Movement in Britain,' Women's History Review 6, no. 2 (1997): 271 – 87.

18. Karl Marx, Capital: A Critique of Political Economy, vol. 1 (Penguin, 1976 [1867]), 343.

19. George Orwell, The Road to Wigan Pier (Harcourt Brace, 1958 [1937]), 216, 222.

20. Ursula K. Le Guin, A Wizard of Earthsea (Houghton Mifflin, 2012 [1968]), 54.

21. Colin Burrow, 'It's Not Jung's, It's Mine', London Review of Books 43, no. 2 (2021): 12.

22. Ursula K. Le Guin, 'A Left-Handed Commencement Address', Mills College, 22 May 1983, americanrhetoric.com.

23. Ursula K. Le Guin, 'The Carrier Bag Theory of Fiction', in The Ecocriticism Reader: Landmarks in Literary Ecology, ed. Cheryll Glotfelty and Harold Fromm (University of Georgia Press, 1996), 154.

지구의 절반을 넘어서

기후정치로 가는 길

초판 인쇄 2023년 6월 14일
초판 발행 2023년 7월 3일

지은이   트로이 베티스, 드류 펜더그라스
옮긴이   정소영

책임편집 박영서
편집   심재헌 김승욱
디자인   조아름
마케팅   정민호 박치우 한민아 이민경 박진희 정경주 정유선 김수인
브랜딩   함유지 함근아 박민재 김희숙 고보미 정승민 배진성
제작   강신은 김동욱 임현식 이순호

발행인   김승욱
펴낸곳   이콘출판(주)
출판등록 2003년 3월 12일 제406-2003-059호
주소   10881 경기도 파주시 회동길 455-3
전자우편 book@econbook.com
전화   031-8071-8677(편집부) 031-955-2689(마케팅부)
팩스   031-8071-8672

ISBN   979-11-89318-44-4 03300